Decolonise Lehrer*innenbildung

Susanne Leitner · Anselm Böhmer
(Hrsg.)

Decolonise Lehrer*innenbildung

Hegemoniekritische Perspektiven auf schulische Bildungsprozesse

Hrsg.
Susanne Leitner
PH Ludwigsburg
Ludwigsburg, Deutschland

Anselm Böhmer
PH Ludwigsburg
Ludwigsburg, Deutschland

ISBN 978-3-658-43409-0   ISBN 978-3-658-43410-6 (eBook)
https://doi.org/10.1007/978-3-658-43410-6

Die Deutsche Nationalbibliothek verzeichnet diese Publikation in der Deutschen Nationalbibliografie; detaillierte bibliografische Daten sind im Internet über https://portal.dnb.de abrufbar.

© Der/die Herausgeber bzw. der/die Autor(en), exklusiv lizenziert an Springer Fachmedien Wiesbaden GmbH, ein Teil von Springer Nature 2024

Das Werk einschließlich aller seiner Teile ist urheberrechtlich geschützt. Jede Verwertung, die nicht ausdrücklich vom Urheberrechtsgesetz zugelassen ist, bedarf der vorherigen Zustimmung des Verlags. Das gilt insbesondere für Vervielfältigungen, Bearbeitungen, Übersetzungen, Mikroverfilmungen und die Einspeicherung und Verarbeitung in elektronischen Systemen.
Die Wiedergabe von allgemein beschreibenden Bezeichnungen, Marken, Unternehmensnamen etc. in diesem Werk bedeutet nicht, dass diese frei durch jedermann benutzt werden dürfen. Die Berechtigung zur Benutzung unterliegt, auch ohne gesonderten Hinweis hierzu, den Regeln des Markenrechts. Die Rechte des jeweiligen Zeicheninhabers sind zu beachten.
Der Verlag, die Autoren und die Herausgeber gehen davon aus, dass die Angaben und Informationen in diesem Werk zum Zeitpunkt der Veröffentlichung vollständig und korrekt sind. Weder der Verlag noch die Autoren oder die Herausgeber übernehmen, ausdrücklich oder implizit, Gewähr für den Inhalt des Werkes, etwaige Fehler oder Äußerungen. Der Verlag bleibt im Hinblick auf geografische Zuordnungen und Gebietsbezeichnungen in veröffentlichten Karten und Institutionsadressen neutral.

Planung/Lektorat: Stefanie Laux
Springer VS ist ein Imprint der eingetragenen Gesellschaft Springer Fachmedien Wiesbaden GmbH und ist ein Teil von Springer Nature.
Die Anschrift der Gesellschaft ist: Abraham-Lincoln-Str. 46, 65189 Wiesbaden, Germany

Das Papier dieses Produkts ist recycelbar.

Inhaltsverzeichnis

Einführung 1
Susanne Leitner und Anselm Böhmer

Theoretische Grundlegungen: Decolonise Wissen in der Lehrer*innenbildung

Dekonstruktionen und (Re)Konstruktionen im Spannungsfeld
von Genese und Geltung aus Sicht erwägungsorientierter Bildung 13
Bettina Blanck

Zeichen der Ungleichheit. Soziale Diskriminierung in der
postkolonialen Pädagog*innenbildung 35
Anselm Böhmer

Der Preis der Entlastung. Psychodynamische Überlegungen zu
Rassismus und Lehrer*innenbildung 59
Yandé Thoen-McGeehan und Jonas Becker

Wie sprechen wir *miteinander* über Rassismus und
Diskriminierung? Überlegungen zur Notwendigkeit des
Austauschs aus zwei unterschiedlichen Perspektiven 69
Nesibe Odabasi und Katharina Julia Lang

Decolonise Praxistransfer in der Lehrer*innenbildung

Das richtig eingepackte Pausenbrot. (Post-)Kolonialität
in pädagogischen Alltagssituationen 77
Susanne Leitner

„Zugang und Teilhabe auf dem Bildungsweg von Kindern mit
eigener oder familiärer Zuwanderungsgeschichte" 87
Henriette Spellenberg und Lâle Tipieser

**Inklusion und Diversität im Angesicht ungleicher
Machtverhältnisse von Bildungssituationen** 97
Katja Beck und Lynn Hartmann

**Geschichten der „Anderen": Dekolonialisierung der historischen
Bildung durch den Dialog mit Geflüchteten** 109
Illie Isso

**Südosteuropa als (post-)koloniale Spielwiese am Beispiel der
Lehrer*innenbildung in Rumänien** 127
Mirona-Horiana Stănescu und Stefan Jeuk

**Die Vor(ur)teile des islamischen Religionsunterrichts
– *Sonderstellung eines neuen Faches*** 147
Atraa Al-Hashimi und Nicanora Wächter

Autorenverzeichnis

Atraa Al-Hashimi ist Lehrbeauftragte für interkulturelle Kommunikation an der Pädagogische Hochschule Ludwigsburg.

Katja Beck ist wissenschaftliche Mitarbeiterin im Metavorhaben Inklusive Bildung (MInkBi) an der Goethe-Universität Frankfurt. Ihre Forschungsschwerpunkte sind Inklusive Bildung, Governance und International Comparisons in Education.

Jonas Becker ist wissenschaftlicher Mitarbeiter am Arbeitsbereich Bildung und Erziehung im Kontext sozialer Marginalisierung am Institut für Sonderpädagogik an der Goethe-Universität Frankfurt am Main. Sein aktueller Forschungsschwerpunkt liegt in der psychoanalytisch informierten Forschung zu Subjektivierungsprozessen und Biographieforschung im Kontext von Zwangsmigrationserfahrung.

Bettina Blanck, Dr. phil. habil. ist Professorin an der Pädagogischen Hochschule Ludwigsburg. Ihre Forschungsschwerpunkte sind Erwägungsorientierung in Forschung, Lehre und Unterrichtspraxis mit Fokus auf individuelle und gemeinsame Entscheidungen, verantwortbaren Umgang mit Nicht-Wissen und Demokratisierung.

Anselm Böhmer, Dr. ist Professor für Allgemeine Pädagogik an der Pädagogischen Hochschule Ludwigsburg. Seine Forschungsschwerpunkte sind die Bildungstheorie in der späten Moderne, poststrukturalistische Ansätze der Subjektivierung, Bildung & soziale Ungleichheit, Diversität & Inklusion, Migration sowie Sozialräume.

Lynn Hartmann, M.Ed. ist Sonderpädagogin und Akademische Mitarbeiterin am Institut für Philosophie der Pädagogischen Hochschule Ludwigsburg. Ihre

Forschungsschwerpunkte sind Inklusion, Körperlichkeit, narrative Identität und Medienethik.

Illie Isso Illie Isso ist wissenschaftlicher Mitarbeiter und Promovend am Institut für Erziehungswissenschaften an der Pädagogischen Hochschule Ludwigsburg. Seine Forschungsschwerpunkte umfassen Bildungsprozesse im Kontext von Migrations- und Fluchterfahrung, Diversität und Global Education.

Stefan Jeuk, Dr. ist Professor für Sprachdidaktik Deutsch an der Pädagogischen Hochschule Ludwigsburg und leitet dort das Sprachdidaktische Zentrum. Seine Forschungsschwerpunkte sind Spracherwerb, Mehrsprachigkeit, Schriftspracherwerb und Anfangsunterricht im Fach Deutsch.

Katharina Julia Lang ist Studentin an der PH Ludwigsburg im Aufbaustudiengang in der Sonderpädagogik mit den Förderschwerpunkten emotionale und soziale Entwicklung und Lernen.

Susanne Leitner, Dr. ist Juniorprofessorin für Inklusionspädagogik im Förderschwerpunkt Emotionale und Soziale Entwicklung an der Pädagogischen Hochschule Ludwigsburg. Ihr Forschungsschwerpunkt liegt in diskriminierungskritischen Perspektiven auf die Arbeit mit jungen Menschen in psychosozial hochbelasteten Lebenslagen.

Nesibe Odabasi, Dipl.-Pädagogin Erwachsenenbildnerin, ist Lehrbeauftragte an der PH Ludwigsburg. Sie hat die Ausbildung zur Systemischen Beraterin gemacht und befindet sich aktuell in der Ausbildung zur Paartherapeutin. Hauptberuflich ist sie in der Jugendsozialbetreuung im Jugendwohnheim für junge Geflüchtete tätig.

Henriette Spellenberg ist staatlich anerkannte Jugend- und Heimerzieher*in, hat den Bachelor Lehramt Sonderpädagogik mit Hauptfach Politikwissenschaften an der PH Ludwigsburg absolviert und ist momentan Student*in im Master Lehramt Sonderpädagogik an der PH Ludwigsburg.

Mirona-Horiana Stănescu, Dr. ist Dozentin an der Fakultät für Psychologie und Erziehungswissenschaften der Babeș-Bolyai Universität Cluj. Ihre Forschungsschwerpunkte sind Didaktik Deutsch, Kinder- und Jugendliteratur und Theaterpädagogik.

Yandé Thoen-McGeehan, M. A. ist Erziehungswissenschaftlerin sowie Kinder- und Jugendlichenpsychotherapeutin. Sie arbeitet als wissenschaftliche Mitarbeiterin am Institut für Sonderpädagogik an der Uni Frankfurt. Ihre Forschungsschwerpunkte sind psychoanalytische Entwicklungspsychologie und Rassismuskritik.

Lâle Tipieser, Dipl. Kunsttherapeutin (FH) ist städtische Mitarbeiterin der Universitätsstadt Tübingen. Bei der Stabsstelle Gleichstellung und Integration ist sie Koordinatorin für das Interkulturelle Netzwerk Elternbildung Tübingen INET.

Nicanora Wächter ist Wissenschaftliche Mitarbeiterin an der PH Schwäbisch-Gmünd. Ihre Forschungsschwerpunkte sind soziale Identität, Kategorisierungen und Diversität.

Einführung

Susanne Leitner und Anselm Böhmer

In den Erziehungswissenschaften wie auch im gesellschaftlichen Diskurs finden in den letzten Jahren Überlegungen, die an *postcolonial studies* (vgl. exemplarisch Bhabha, 2000; Castro Varela, 2008; Said, 1978; Spivak, 1988) anschließen, vermehrt Beachtung. Als Grundannahme gilt dabei, dass die Kolonialisierung nicht vorbei, sondern weiterhin wirkmächtig ist. Nach Vanyoro (2020) ist Kolonialität „the domination that remains long after the end of the formalised political domination of Western Europe over its former colonised" (S. 4). Dies betrifft nicht zuletzt die auf einer vierhundertjährigen Geschichte imperialer Herrschaft beruhende Dominanz in der Produktion und Tradierung von Wissensbeständen (Wekker, 2016). Khan et al. (2022) fordern daher einen Paradigmenwechsel in der Wissensproduktion. Zu untersuchen und zu dekonstruieren sei dabei vor allem die komplexe Verschränkung von Wissen und Macht (Bhabha, 2000; Castro Varela, 2008; Spivak, 1988; Thompson, 2021).

Ausgehend von einer grundlagentheoretischen Fundierung dieser Position gilt es kritisch in den Blick zu nehmen, wie westlich dominierte Praktiken der Wissensproduktion aufgrund funktionaler Macht- und Gewaltstrukturen ihre Hegemonialstellung auch in der Lehrer*innenbildung verteidigen (Hall, 1996, 1997). Dies gilt für offenkundige Dominanzkonstrukte (wie etwa den sog.

S. Leitner · A. Böhmer (✉)
PH Ludwigsburg, Baden-Württemberg, Deutschland
E-Mail: boehmer@ph-ludwigsburg.de

S. Leitner
E-Mail: susanne.leitner@ph-ludwigsburg.de

© Der/die Autor(en), exklusiv lizenziert an Springer Fachmedien Wiesbaden GmbH, ein Teil von Springer Nature 2024
S. Leitner und A. Böhmer (Hrsg.), *Decolonise Lehrer*innenbildung*,
https://doi.org/10.1007/978-3-658-43410-6_1

„Migrationshintergrund" und die damit nicht selten assoziierten Wissens- und Lerndefizite). Doch ebenso sind verborgenere Strukturen auf ihre Imprägnierung mit kolonialen Wissensbeständen und -positionen hin zu befragen; in dieser Hinsicht hat sich mittlerweile z.b. ein intensives Ringen um angemessene Sprachpraktiken in pädagogischen und erziehungswissenschaftlichen Zusammenhängen eingestellt (vgl. dazu die Beiträge in Binder et al., 2023).

Im Zugang zum vorliegenden Band sind dabei insbesondere jene Wissensbestände zu hinterfragen und zu irritieren, die als koloniales Wissen gesellschaftliche Ungleichheitsverhältnisse entlang der Achse rassialisierter Differenzsetzungen produzieren. Damit adressiert sind Wissensproduktionen, -prozesse und -bestände, die gerade „die Akkumulation des Wohlstands im europäischen Zentrum auf Dauer gewährleiste" (Brunner, 2020, S. 43). Fragen wir im vorliegenden Band also nach kolonialen Strukturen des Wissens und seiner (akademischen) Folgen für die pädagogische Qualifizierung, so rühren wir damit nicht allein an Fragen der Professionalisierung und der akademischen Selbstverständigung. Vielmehr wird deutlich, dass sie die dabei thematisierten (und auch die noch immer verschatteten) Wissensbestände auf eine gesellschaftliche und historische Matrix beziehen, die Ungleichheit zum Programm und Akkumulation zum Ziel macht. Die Frage von Wissen, Lernen und Emanzipation bleibt also stets verbunden (und ist folglich auch als solche zu analysieren) mit materiellen, sozialen und diskursiven Ordnungen, die sich dieses Wissens ebenso bedienen wie sie es umgekehrt weiter prägen.

Damit stellen sich Fragen des Zugangs zum Feld der akademischen Wissensproduktion: „The question arises: whose knowledge counts and whose reality?" (Du Plessis, 2021, S. 64). Die konkurrenzierenden (Klingovsky et al., 2021) oder gar antagonistischen Zutrittsansprüche spiegeln sich gerade im Feld akademischer Wissensproduktion und der dortigen Lernverhältnisse wider. Nicht jeder* wird der Zutritt gestattet (es bedarf in der Regel der Allgemeinen Hochschulreife oder eines gleichbewerteten Zertifikats), Statusunterschiede werden prozessiert und prolongiert, und gerade die rassifizierenden Differenzsetzungen innerhalb der *academia,* von der viele der hier versammelten Autor*innen sprechen – als Forscher*innen, oft aber auch als ausgegrenzte Andere –, adressiert. Wissen und Lernen sind in dieser Hinsicht politische Kategorien, die sich nicht allein individualistisch als Kompetenzen in einem Maß-geblichen Umfeld bewähren müssten, sondern das Geflecht von Subjekten und materiellen, sozialen und diskursiven Ordnungen ebenso schaffen wie daraus neuerlich transformiert hervorgehen. Dekolonisierung kann als ein Prozess der Transformation globaler Machtstrukturen und -beziehungen verstanden werden, der sich unmittelbar auf Institutionen und Handlungspraktiken auswirkt (Puszka et al., 2022). Bildung und

Bildungseinrichtungen sind in vielfältiger Weise in die hegemonialen Strukturen von Gesellschaften eingebunden (Klingovsky et al., 2021).

An dieser Stelle sei darauf verwiesen, dass ein Diskurs über den Unterschied zwischen Dekolonisationsbestrebungen und Postkolonialität besteht (Ndlovu-Gatsheni, 2015), der in diesem Band nicht direkt adressiert wird. Dieser beschäftigt sich vor allem mit der Frage nach dem Umgang mit Wissenserbschaften der europäischen Aufklärung. Zudem ist zu beachten, dass es durchaus berechtigte Kritik an einer inflationären Bemühung des Begriffs der Dekolonisierung gibt. So weisen Tuck und Yang (2012) darauf hin, dass Kolonisierung vor allem eine spezifische Form der *territorialen* Unterdrückung bezeichnet und nicht als Metapher verstanden werden sollte.

Im Wissen um diese Spannungen, die hier nicht aufgelöst werden können, werden in diesem Band bewusst beide Konzepte, Dekolonialität und Postkolonialität bemüht – auch, weil sie sich nicht in allen Schriften so klar voneinander abgrenzen lassen, wie dies etwa bei Castro Varela (2021) geschieht. Zudem können beide Aspekte – die Postkoloniale Theorie insbesondere im Umgang mit Wissens(re)produktion und die Dekolonisierung mit Blick auf Systemfragen – wichtige Anregungen für einen kritischen Blick auf Schule als Bildungsort und Sozialisationsinstanz bieten. Diese fungiert erklärtermaßen als Ort der Bildung, ist dabei aber häufig auch Ort der Hervorbringung und Tradierung von Othering und Diskriminierung (Dirim & Mecheril, 2018; Fereidooni & Zeoli, 2016; Mecheril et al., 2010). Sie steht damit vor der Herausforderung, sich mit dem Verhältnis von Aufklärung und Selbstbildung angesichts von Unterordnung und Ausschluss auseinanderzusetzen. Somit wird erforderlich, die Verwicklungen von Macht und Bildung im Zusammenhang historischer, gesellschaftlicher und intersubjektiver Lernverhältnisse zu ergründen.

Daher gilt es, bereits in der ersten Phase der Lehrer*innenbildung einen nachhaltigen Diskurs zu initiieren, der zur kritischen Auseinandersetzung mit der eigenen (oft privilegierten) Positioniertheit im Kontext eines „Normalisierungs- und Disziplinierungsregime" (Castro Varela, 2008, S. 79) sensibilisiert. Dabei sollten diese Themen nicht isoliert innerhalb vereinzelter Fächer oder Kurse problematisiert, sondern vielmehr in einem übergreifenden Dialog zum Thema gemacht werden: "It is also necessary for the content or curriculum of teacher education programs to be reviewed and problematized so that multiculturalism, diversity, anti-racism, and cultural pluralism are not marginalized to a single course" (Carr, 2017, S. 885).

Die aufgerufenen Überlegungen werden in einigen Bereichen der Erziehungswissenschaft derzeit stark rezipiert und weiterentwickelt. Inzwischen haben sich vor allem im Bereich der Rassismuskritischen Migrationspädagogik (Heinemann & Mecheril, 2023; Mecheril, 2004) einschlägige Expertisen entwickelt, die teilweise auch die Lehrer*innenbildung in den Blick nehmen (Fereidooni & El, 2017; Ivanova-Chessex et al., 2022; Shure, 2021). An einigen größeren Universitäten haben sich bereits Arbeitsgruppen organisiert, um die postkoloniale Verfasstheit des Wissenschaftssystems kritisch zu reflektieren (vgl. exemplarisch Universität zu Köln, 2021).

Gleichzeitig ist zu beobachten, dass ein Bewusstsein für die postkoloniale Struktur von Gesellschaft und damit auch Schule sowie Bestrebungen, diese bewusst zu machen und aufzubrechen, keineswegs flächendeckend in Ausbildungsprozessen angehender Lehrer*innen mitgedacht werden. Wo dies geschieht, lässt sich eine große Bandbreite an Theoriebezügen und Denkrichtungen finden, die postkoloniale und dekoloniale Aspekte in Bildungsprozessen aufzeigen. Dennoch erfahren die bisherigen Strukturen und Ordnungen der Lehrer*innenbildung durchaus auch Verteidigung gegen eine Dekolonialisierung, die bestehende Plausibilitäten und soziale wie internationale Ordnungen in Bewegung zu bringen versucht. Du Plessis (2021) bemerkt: „education continues to produce a system in which student disengagement, inequality and social injustice continues to take place" (S. 55).

Denn, dies sei bereits einleitend keineswegs verschwiegen, die Dekolonialisierung bestehender Beziehungen und Verhältnisse in der nationalen Lehrer*innenbildung wie in den Bezügen von *global education* bringen nicht nur bestehende Positionen und Privilegien zur Sprache, wie zuvor bereits angemerkt wurde. Sie reihen sich außerdem ein in die strittigen Fragen nach Ressourcenzugängen, Deutungsansprüchen und Wissensregimen, die legitimes und illegitimes Wissen und deren Produktionsorte, -verhältnisse und -akteur*innen verhandeln.

Nicht zuletzt im Zusammenhang mit einer weltweit zunehmenden Sensibilisierung für (insbesondere) rassistische Gewalt, wie etwa im Zuge der Black Lives Matter- oder der #FeesMustFall (FMF)-Bewegung (Du Plessis, 2021; Thompson, 2021), werden kolonial gewachsene und über Jahrhunderte verfestigte Ungleichheits- und Machtstrukturen zunehmend infrage gestellt.

In diese Debatten reiht sich auch der vorliegende Band ein. Dabei ist sein grundlegendes Interesse nicht, eine politische Hegemonie zu bedrängen, zu usurpieren oder delegitimieren. Eine Orientierung könnte vielmehr die vom Literaturwissenschaftler Edward Said eingeführte und insbesondere von Castro Varela (2021) für die deutschsprachige Erziehungswissenschaft rezipierte Idee des *kontrapunktischen Lesens* sein: „My method is to focus as much as possible on individual works, to read them first as great products of the creative or interpretative imagination, and then to show them as part of the relationship between culture and empire" (Said, 1994, S. xxvii). Wie bei der vor allem in der Musik des europäischen Barocks beliebten Figur des *Kontrapunkts* werden zwei sich potentiell entgegenlaufende Melodien nebeneinandergestellt, ohne dass sie sich gegenseitig eliminieren würden. Vielmehr reichern sie sich gegenseitig an – ohne die kritische Stimme des Kontrapunkts bliebe die dominante Stimme nur eine eindimensionale Melodie, erst zusammen ergibt sich die gesamte Komplexität. In diesem Sinne geht es den Herausgebenden darum, mit den hier versammelten Beiträgen einen weiteren wissenschaftlichen Beitrag zu einer Debatte zu leisten, die sich nicht allein in der *academia* bewegen kann, sondern zugleich soziale und (welt-)gesellschaftliche Verhältnisse thematisiert, dies aber jeweils mit dem Anspruch auf die wissenschaftliche Frage nach der Wahrheit. Ausgebreitet auf das hier skizzierte Problemgeflecht bedeutet dies:

- Was kann Dekolonialisierung in den thematisierten pädagogischen und gesellschaftlichen Feldern terminologisch, politisch, erziehungswissenschaftlich heißen?
- Welche Herausforderungen zeigen sich für eine Lehrer*innenbildung, die sich der kolonialistischen Zusammenhänge eines nationalen Bildungssystems, aber auch einer globalen Verstrickung von Bildung, Macht und kolonialisierter Ungleichheit stellt?
- Welche Kompetenzen[1], aber zuvor vermutlich bereits: welche Fragen sind daher für künftige Lehrpersonen entscheidend, um ein Bildungsangebot entwickeln zu können, das sich der kolonialen Zusammenhänge der eigenen Wissenslegitimationen und -produktionen im Sinne einer selbstkritischen Aufklärung stellen kann?
- Welche Konsequenzen haben diese Zusammenhänge für die akademischen, die schulischen und die gesellschaftlichen Prozesse der Dekonstruktion von postkolonialen und emanzipatorischen Bildungsangeboten?

An der Pädagogischen Hochschule Ludwigsburg fand im Sommersemester 2022 in Form einer Ringvorlesung ein erster Auftakt zu einer fächer- und fakultätsübergreifenden Annäherung an diese Thematik statt. Ziel war es, den Blick auf Bildung, Schule und die meist in ihrem „Windschatten" verdeckt mitlaufenden Themen zu erweitern, koloniale Selbstverständlichkeiten zu dekonstruieren, für Diskriminierungswirkungen des hegemonialen Wissens zu sensibilisieren und der

---

[1] Eine kluge Auseinandersetzung mit dem nicht unproblematischen Kompetenzbegriff findet sich bei Akbaba und Wagner (2023).

epistemologischen Gewalt eine Dekonstruktion hegemonialen Wissens entgegenzusetzen. Dabei war es uns als Verantwortlichen dezidiert wichtig, Offenheit für eine Vielfalt an Themen und Bezügen herzustellen, sodass Beteiligte aus unterschiedlichen Disziplinen und Statusgruppen in einen Austausch und das gemeinsame Lernen von- und miteinander treten konnten. Die sich daraus ergebenden Konsequenzen für akademische Wissensarbeit, so unsere Annahme, wirken sich nicht allein auf die Ausbildung künftiger Lehrer*innen aus, sondern zugleich auf das Selbstverständnis und das gesellschaftlich wirksame Selbstverhältnis der *academia*. Den gemeinsamen Bezugsrahmen bildete dabei die Bildung angehender Lehrer*innen in Baden-Württemberg. Einige Beiträge der Ringvorlesung konnten für diesen Band verschriftlicht werden. Da die Zielsetzung nicht nur in der Tradierung respektive Rezeption von Wissensbeständen, sondern insbesondere auch in einem kritischen Dialog von Angehörigen verschiedener Disziplinen und Statusgruppen lag, finden sich darüber hinaus studentische Beiträge, die aus der Auseinandersetzung mit den in der Ringvorlesung angeregten Themen entstanden sind. Dabei handelt es sich zum Teil um Überlegungen, die dem eigenen alltagsweltlichen Erleben entspringen sowie aus dem Bemühen, postkoloniale und dekoloniale Überlegungen auf (künftige) berufspraktische Tätigkeitsfelder als Lehrer*in zu übertragen. Dieser Band versteht sich nicht als Abschluss, sondern vielmehr als Zwischenergebnis eines Austauschprozesses, der in verschiedenen Formaten weitergeführt wird.

Zu den Beiträgen

Theoretische Grundlegungen: *Decolonise* Wissen in der Lehrer*innenbildung

Bettina Blanck thematisiert in ihrem Beitrag zu Dekonstruktionen und (Re)Konstruktionen im Spannungsfeld von Genese und Geltung aus Sicht erwägungsorientierter Bildung verschiedene Aspekte von Überwältigungen und Kritikkimmunisierungen. Dabei verfolgt sie die These, dass es eine Erwägungsorientierung erlaube, sich in der Bildungsarbeit zugleich engagieren und auch distanzieren zu können, ohne sich selbst und andere zu überwältigen. Dies verdeutlicht sie an zwei Szenen aus dem Grundschulunterricht, mit deren Hilfe sie Konsequenzen der Umsetzung von Erwägungsorientierung in Bildungsgängen zu verdeutlichen vermag. Somit gelangt sie dazu, ihre Realisierung der Erwägungsorientierung zu artikulieren: die Dinge frag-würdig machen und frag-würdig halten.

Anselm Böhmer thematisiert die Bedeutung von Zeichen und Bezeichnungspraxis für soziale Aspekte der Migrationsgesellschaft. Dabei macht er insbesondere auf die herrschenden Wissensformen und die Bedeutung ihrer Dekonstruktion aufmerksam. Auf diese Weise findet er zu einigen Hinweisen für eine postmigrantische Pädagog*innenbildung.

Yandé Thoen-McGeehan und *Jonas Becker* lenken den Blick auf Rassismus in der Schule und analysieren diesen aus einer psychodynamischen Perspektive. Dabei beziehen sie rassistische Praktiken wie Wir-Ihr-Grenzmarkierungen auf das Modell der Abwehr in Anlehnung an Melanie Kleins Objektbeziehungstheorie und schlagen damit eine theoretische Fundierung für psychodynamisch-rassismuskritische (Selbst-)Reflexion als Teil von Professionalisierung in der Lehrer*innenbildung vor.

Nesibe Odabasi und *Katharina Lang* sind in einen persönlichen Austausch über ihre divergierenden Erfahrungen mit Positionierung und Rassismus getreten und reflektieren diese vor dem Hintergrund gesellschaftlicher und politischer Diskurse. Dies führt sie zu offenen Fragen in Hinblick auf ihre aktuelle bzw. zukünftige Tätigkeit als Pädagoginnen.

Decolonise Praxistransfer in der Lehrer*innenbildung

Im zweiten Teil des Bandes finden sich Beiträge, die de- und postkoloniale Überlegungen auf ihre Implikationen für praxisorientierte Kontexte in Pädagogik und Bildung befragen.

Susanne Leitner zeigt anhand von Interviewsequenzen mit einer Lehrerin in einer Internationalen Vorbereitungsklasse, wie koloniale Dominanzvorstellungen implizit, aber wirksam die alltägliche pädagogische Arbeit in der Schule überformen können. Die scheinbar banale Frage, wie der Pausenproviant für ein Schulkind zu packen sei, wird dabei zur Aushandlungsfolie für Hegemonie von Wissensformen und Unterwerfung.

Henriette Spellenberg ist mit *Lâle Tipieser* ins Gespräch gegangen und hat diese zu ihrer Arbeit im *Interkulturellen Netzwerk Elternbildung Tübingen (INET)* befragt. Ihr gemeinsamer Beitrag macht deutlich, wie sich Diskriminierungen und Dominanzverhältnisse in der Praxis der Elternbildungsarbeit zeigen. Gleichzeitig entwickeln sie konkrete Strategien des Empowerments durch Peer-to-Peer-Arbeit und Desiderata für eine dekolonisierte Lehrer*innenbildung.

Katja Beck und *Lynn Hartmann* setzen sich ausgehend von internationalen Übereinkommen zu Menschenrechten sowie zu nachhaltiger Entwicklung (BNE), die Chancengerechtigkeit aller Menschen in ihrer Unterschiedlichkeit einfordern, mit dem Verhältnis von Inklusion, Diversität und Macht in Bildungskontexten auseinander. Dabei fragen sie insbesondere nach den Auswirkungen epistemischer Gewalt auf eine Inklusion anstrebende Schule und Lehrer*innenbildung.

Illie Isso fragt nach der nationalgeschichtlichen und eurozentrischen Meistererzählung und ihren Implikationen für hegemoniale Strukturen und Prozesse in der

Bildungsarbeit, insbesondere für den Geschichtsunterricht. Ausgehend vom Status Quo des Geschichtsbewusstseins und des historischen Lernens im Geschichtsunterricht diskutiert er die Bedeutung historischer Erzählungen für diesen Geschichtsunterricht. Dabei rückt er besonders leibphänomenologische Erwägungen in den Mittelpunkt seiner Darstellung. Auf dieser Basis plädiert er für eine Dekonstruktion der Meistererzählung, die er nicht zuletzt durch die die leiblichen Verknüpfungen von Vergangenheit mit Gegenwart und Zukunft in einer postmigrantischen Gesellschaft ausmacht.

Mirona Stanescu und *Stefan Jeuk* nehmen kritisch Stellung zu Südosteuropa als (post-)kolonialer „Spielwiese" und diskutieren diesen Aspekt am Beispiel der Lehrer*innenbildung in Rumänien. Durch ihre detailreiche historische Rekonstruktion, besonders an den Beispielen der deutschen Minderheit in Siebenbürgen sowie der deutschen Schulen in Rumänien, entwickeln sie einen (post-)kolonialen Blick auf die koloniale Haltung der dortigen Siedler*innengruppen und bieten vor diesem Hintergrund kritisch revidierte Perspektiven auf Schule, Bildung und Europa.

Atraa Al-Hashimi und *Nicanora Wächter* beschäftigen sich mit Islamischem Religionsunterricht und dem Stellenwert, der ihm von Bildungspolitik und muslimischen Elternteilen innerhalb deutscher Curricula zugewiesen wird. Sie arbeiten heraus, dass dieses Unterrichtsfach im Vergleich zu christlichen Konfessionslehren eine Sonderrolle erhält und zeigen anhand von Interviewsequenzen auf, dass diese von in der Praxis tätigen islamischen Religionslehrkräften ambivalent wahrgenommen wird.

Auch wenn in diesem Band die Dominanz bestimmter, formal legitimierter Stimmen über andere in der *academia* kritisch thematisiert wird, reproduziert er sie gleichermaßen. So ist es aus verschiedenen Gründen nicht gelungen, Texte von Personen, die aus einer marginalisierten Position außerhalb der Hochschulsphäre berichten, abzubilden. Wichtig für einen Diskurs erachten wir jedoch, nicht nur Lehrende zu Wort kommen zu lassen. So haben sich im Umfeld der benannten Ringvorlesung studentische Initiativen und Auseinandersetzungen ergeben, deren Beiträge hier ebenfalls einfließen.

An dieser Stelle möchten wir einen besonderen Dank an Simon Winter für seine kompetente und engagierte Mitarbeit beim Redigieren der Texte aussprechen.

Wir wünschen den Lesenden eine Lektüre, die ihr Weiterdenken inspiriert und ihre Bildungspraxis weiter anregt. Der Weg zu einer dekolonisierten Lehrer*innenbildung wird vermutlich ein durchaus längerer sein.

Ludwigsburg, im Juni 2024
Susanne Leitner und Anselm Böhmer

Literatur

Akbaba, Y., & Wagner, C. (2023). Postmigrationsgesellschaftliche Kompetenz. Verhandlungen von Rassismus zwischen Reproduktion weißer Vorherrschaft und dezentrierender Transformation. *Jahrbuch für Pädagogik. Rassismuskritik und (Post)Kolonialismus.* (S. 116–130). Beltz.

Bhabha, H. K. (2000). *Die Verortung der Kultur.* Stauffenburg.

Binder, U., Böhmer, A., & Oelkers, J. (Hrsg.) (2023). *Sprache und Pädagogik.* Waxmann.

Brunner, C. (2020). *Epistemische Gewalt. Wissen und Herrschaft in der kolonialen Moderne.* Transcript.

Carr, P. R. (2017). Whiteness and White Privilege: Problematizing Race and Racism in a „Color-blind" World and in Education. In K. Fereidooni & M. El (Hrsg.), *Rassismuskritik und Widerstandsformen* (S. 871–889). Springer VS. https://doi.org/10.1007/978-3-658-14721-1_52.

Castro Varela, M. (2021). Kontrapunktische Bildung, Critical Literacy und die Kunst des Verlernens. In S. O. Dankwa, S.-M. Filep, U. Klingovsky, & G. Pfruender (Hrsg.), *Bildung.Macht.Diversität. Critical Diversity Literacy im Hochschulraum* (S. 111–127). Transcript.

Castro Varela, M. (2008). „Was heißt hier Integration?": Integrationsdiskurse und Integrationsregime. In Stelle für interkulturelle Arbeit der Landeshauptstadt München/Sozialreferat (Hrsg.), *Interkulturelle Verständigung. Dokumentation der Fachtagung „Alle anders – alle gleich? Was heißt hier Identität? Was heißt hier Integration?"* (S. 77–87). Landeshauptstadt München.

Dirim, I., & Mecheril, P. (2018). *Heterogenität, Sprache(n) und Bildung. Eine differenz- und diskriminierungstheoretische Einführung.* Julius Klinkhardt.

Du Plessis, P. (2021). Decolonisation of education in South Africa: Challenges to decolonise the university curriculum. *South African Journal of Higher Education, 35*(1), 54–69. https://doi.org/10.20853/35-1-4426.

Fereidooni, K., & Zeoli, A. P. (2016). Managing Diversity – Einleitung. In K. Fereidooni & A. P. Zeoli (Hrsg.), *Managing Diversity. Die diversitätsbewusste Ausrichtung des Bildungs- und Kulturwesens, der Wirtschaft und Verwaltung* (S. 9–15). Springer VS.

Fereidooni, K., & El, M. (2017). Rassismus im Lehrer_innenzimmer. In K. Fereidooni & M. El. (Hrsg.), *Rassismuskritik und Widerstandsformen* (S. 477–492). Springer VS.

Hall, S. (1996). The west and the rest: Discourse and power. In S. Hall, D. Held, D. Hubert, & K. Thompson (Hrsg.), *Modernity. An introduction to modern societies* (S. 184–224). Blackwell Publishing.

Hall, S. (1997). Old and new identities, old and new ethnicities. In A. D. King (Hrsg.), *Culture, globalization and the world-system. Contemporary conditions for the representation of identity* (S. 41–68). University of Minnesota Press.

Heinemann, A. M. B., & Mecheril, P. (2023). Erziehungswissenschaftliche Diskriminierungsforschung. In A. Scherr, A. El-Mafaalani, & A. C. Reinhardt (Hrsg.), *Handbuch Diskriminierung* (S. 1–16). Springer VS. https://doi.org/10.1007/978-3-658-11119-9_6-2.

Ivanova-Chessex, O., Shure, S., & Steinbach, A. (2022). *Lehrer*innenbildung. (Re-)Visionen für die Migrationsgesellschaft.* Beltz Juventa.

Khan, M., Ruszczyk, H. A., Rahman, F., & Huq, S. (2022). Epistemological freedom: Activating co-learning and co-production to decolonise knowledge production. *Disaster Prevention and Management, 31*(3), 183–192. https://doi.org/10.1108/DPM-03-2021-0070.

Klingovsky, U., Dankwa, S. O., Filep, S.-M., & Pfruender, G. (2021). Bildung.Macht.Diversität – ein verschlungenes Feld. In S. O. Dankwa, S.-M. Filep, U. Klingovsky, & G. Pfruender (Hrsg.), *Bildung.Macht.Diversität. Critical Diversity Literacy im Hochschulraum* (S. 17–35). Transcript.

Mecheril, P. (2004). *Einführung in die Migrationspädagogik*. Beltz.

Mecheril, P., Dirim, I., Gomolla, M., Hornberg, S., & Stojanov, K. (2010). Spannungsverhältnisse. Assimilationsdiskurse und interkulturell-pädagogische Forschung. In P. Mecheril, I. Dirim, M. Gomolla, S. Hornberg, & K. Stojanov (Hrsg.), *Spannungsverhältnisse. Assimilationsdiskurse und interkulturell-pädagogische Forschung* (S. 7–10). Waxmann.

Ndlovu-Gatsheni, S. J. (2015). Decoloniality in Africa: A continuing search for a new world order. *The Australasian Review of African Studies, 36*(2), 22–50. https://search.informit.org/doi/10.3316/informit.640531150387614.

Puszka, S., Walsh, C., Markham, F., Barney, J., Yap, M., & Dreise, T. (2022). Towards the decolonisation of disability: A systematic review of disability conceptualisations, practices and experiences of First Nations people of Australia. *Social Science and Medicine, 305*. https://doi.org/10.1016/j.socscimed.2022.115047.

Said, E. W. (1994). *Culture and imperialism*. Vintage.

Said, E. W. (1978). *Orientalism*. Penguin.

Shure, S. (2021). *De_Thematisierung migrationsgesellschaftlicher Ordnungen. Lehramtsstudium als Ort der Bedeutungsproduktion*. Beltz Juventa.

Spivak, G. C. (1988). Can the subaltern speak? In C. Nelson & L. Grossberg (Hrsg.), *Marxism and the interpretation of culture* (S. 271–313). Macmillan Education.

Thompson, V. E. (2021). Rassismus an der Hochschule. Intersektionale Verstrickungen und Möglichkeiten des Abolitionismus. In S. O. Dankwa, S.-M. Filep, U. Klingovsky, & G. Pfruender (Hrsg.), *Bildung.Macht.Diversität. Critical Diversity Literacy im Hochschulraum* (S. 131–149). Transcript.

Tuck, E., & Yang, K.W. (2012). Decolonization is not a metaphor. *Decolonization: Indigeneity, Education & Society, 1*(1), 1–40.

Universität zu Köln. (2021). Forum Decolonizing Academia. Abgerufen am 25. März 2023 von https://decolonizing-academia.uni-koeln.de/.

Vanyoro, K. (2020). Learning How Language is Used in Higher Education to Strategically Marginalise Female, Queer, and Gender Non-Conforming People: An Autoethnographic Account. *Educational Research for Social Change, 9*(Special Issue), 1–14. https://www.researchgate.net/publication/342851537_Learning_How_Language_is_Used_in_Higher_Education_to_Strategically_Marginalise_Female_Queer_and_Gender_Non-Conforming_People_An_Autoethnographic_Account.

Wekker, G. (2016). *White innocence*. Duke University Press.

Theoretische Grundlegungen: Decolonise Wissen in der Lehrer*innenbildung

Dekonstruktionen und (Re)Konstruktionen im Spannungsfeld von Genese und Geltung aus Sicht erwägungsorientierter Bildung

Bettina Blanck

1 Vorbemerkungen

Zu Beginn möchte ich kurz angeben, was ich nicht mache und woran ich anknüpfe. Im Rahmen dieser Arbeit ist es nicht möglich, alternative Verständnisse von Dekonstruktions- und (Re)Konstruktionsprozessen zu diskutieren.

Wichtig für meinen Beitrag ist das Anliegen von Dekonstruktion, „das Andere in dessen Alterität wahrzunehmen und *nicht zu vereinnahmen* [Hervorhebung hinzugefügt]" (Zima, 1994, S. XI) und *radikal skeptisch gegenüber jeweiligen Deutungen/Interpretationen zu sein und nach alternativen Lesarten zu fragen* (Gessmann, 2009, S. 150) – ein Anliegen, das Dekonstruktion mit anderen kritischen Konzepten, wie Kritischer Theorie, teilt (Zima, 1994). Dekonstruktion heißt, eine kritische Haltung einzunehmen, die man im Sinne von Oliver Flügel-Martinsen als einen *emanzipatorischen Akt* (2011, S. 115) verstehen kann, „um nicht von der Einverleibungskraft" – etwa des philosophischen oder wissenschaftlichen Diskurses – „verschluckt" zu werden „und dadurch jede Aussicht auf die Möglichkeit zu verlieren, das argumentative Spiel der Philosophie" (Flügel-Martinsen, 2011, S. 101) oder der Wissenschaften und des wissenschaftlichen Wissens zu befragen. Problematisch ist dabei nach Oliver Flügel-Martinsen eine Wahrheitsidee, „derzufolge sich die Wahrheit im kategorialen Denken mit Gewissheit gleichsam präsentieren lässt" (Flügel-Martinsen, 2011, S. 108). Man könne aber „nicht von einem neutralen Erkenntnisinteresse" ausgehen, sondern müsse das jeweilige Herrschaftsinteresse beachten (Flügel-Martinsen, 2011, S. 104). Diese These

---

B. Blanck (✉)
PH Ludwigsburg, Baden-Württemberg, Deutschland
E-Mail: bettina.blanck@ph-ludwigsburg.de

wurde und wird u. a. auch von feministischer Wissenschaftskritik und Wissenschaft geteilt, wenn sie patriarchale Strukturen in bisherigen Wissenschaften nachweist (vgl. statt Anderer z. B. Hausen & Nowotny, 1986). Schließlich ist noch wichtig, dass Dekonstruktion *Nicht-Wissen und damit einhergehen könnende Ungewissheiten* aufdeckt (Flügel-Martinsen, 2011, S. 120), was zu einer *Offenheit* führt, die sich nicht nur auf mögliche *alternative Sichten und Lesarten vergangener Texte* bezieht, sondern mit der auch *in der Gegenwart und für die Zukunft Entscheidungen zu treffen und zu verantworten sind* (Flügel-Martinsen, 2011, S. 119 ff.).

Bei einer Dekonstruktion geht es im Folgenden darum, danach zu fragen, wer was wie aus welchen (etwa Herrschafts-/Macht-)Interessen heraus thematisiert und was warum ausgegrenzt, ignoriert, verschwiegen wird. Im weitesten Sinne geht es um Fragen von vor allem versteckter (z. B. nicht bewusster) Überwältigung. Die Befragungshaltung gilt es auch gegenüber jeweiliger Dekonstruktion selbst einzunehmen, womit Grenzen jeweiliger Dekonstruktionen sowie Nicht-Wissen und damit einhergehen könnender Ungewissheiten sichtbar werden. In diesem Sinne geht es dann auch um Fragen möglicher versteckter Selbstüberwältigung.

2 Überwältigungen und Kritikimmunisierungen: Ausgangslagen, Problementfaltung und Überblick

Überwältigungen – seien es offene, insbesondere durch sogenannte große Erzählungen, oder auch verdeckte etwa im Sinne eines hidden curriculum [Beispiel der nicht intendierten Reproduktion von Stereotypen] – sind auch in alltäglichen Bildungsgängen eine Herausforderung, wenn sich hier vor allem mit scheinbar klaren Wissensständen und weniger mit Fragehorizonten und möglichen Alternativen auseinandergesetzt wird (s. hierzu etwa die Kritik von Roland Reichenbach an Schule und Bildung, z. B. 2001, S. 416 und 2018, S. 237 – ich komme am Ende darauf zurück). Inwiefern hier der Beutelsbacher Konsens nicht hinreichend weiterhilft, wird weiter unten ebenfalls erläutert. Der in Bildungsgängen erlernte und zur Gewohnheit gewordene Umgang mit „Wissen"[1] beeinflusst auch den Umgang mit Fragen und Antworten in allen anderen gesellschaftlichen Bereichen.

---

[1] Leider ist es vom Verlag nicht vorgesehen, ungeklärte Sachverhalte eigens mit entsprechenden Sonderzeichen hervorzuheben. In meinen Veröffentlichungen verwende ich üblicherweise durchgehend doppelte eckige An- und Abführungszeichen (Chevrons) zur Kennzeichnung, dass jeweilige Sachverhalte in ihrer Bedeutung mehrdeutig verstanden werden und der jeweils verwendete Terminus zu klären ist. Im Folgenden wird diese Unterscheidung

Dies betrifft insbesondere den Umgang mit Nicht-Wissen und Ungewissheiten sowie den Umgang mit Nicht-Gelingen, wie z. B. „Fehlern". Auch dies wird noch Thema sein. Im Unterschied zu der noch zu erläuternden Perspektive einer Erwägungsorientierung dominieren konkurrenzorientierte Lösungskulturen (s. hierzu Greshoff, 1989, der bezüglich einer Auseinandersetzung mit Max Weber sogar von „kampforientierter" Wissenschaft spricht). Dieser Kampf wird von einigen, etwa Vertreter:innen eines Kritischen Rationalismus, als notwendiger Wettkampf konkurrierender Paradigmen/Positionen betrachtet, der gleichsam der Motor für eine kontinuierliche Fortentwicklung und Verbesserung von Wissenschaft sei: Das Prinzip der Falsifikation (Widerlegung) jeweils vorherrschender Paradigmen/ Positionen lebt dabei davon, dass zwar (Lösungs-)Alternativen gegeneinander antreten. Bei den Vertreter:innen jeweiliger Paradigmen/Positionen selbst tendiert diese Konkurrenz, etwa als Wettkampf, aber eher zu einer Kritikimmunisierung und Abwehr von alternativen Erwägungen.

Dieses Problem einer zunehmenden Kritikimmunisierung von entwickelten wissenschaftlichen Paradigmen ist nicht neu und vor dem Hintergrund bestehender Strukturen des Wissenschaftssystems zu verstehen. Nach Thomas Kuhn hängt das Problem auch mit einer starken Identifikation von Wissenschaftler:innen mit ihren jeweiligen Positionen zusammen. Mit zunehmender Identifikation, so scheint es, besteht die Gefahr, sich nicht mehr auf Kritik und Alternativen einzulassen, denn:

Gefahr für die Theorie ist … Gefahr für das wissenschaftliche Leben, und obwohl die Wissenschaft durch solche Gefährdungen Fortschritte macht, übersieht sie der einzelne Wissenschaftler, solange er nur kann. Das tut er besonders dann, wenn ihn seine eigene bisherige Tätigkeit bereits auf die Verwendung der bedrohten Theorie festgelegt hat.

(Kuhn, 1978, S. 283)

Fehlende Fähigkeit zur Selbstkorrektur ist strukturell im Wissenschaftssystem angelegt und keine Frage des Bildungsgrades! Im Gegenteil! Sebastian Herrmann stellt fest:

Kognitives Vermögen und ein hoher Bildungsgrad erhöhen die Wahrscheinlichkeit, jegliche Informationen als Bestätigung zu interpretieren – und senken die Chance, den Glauben an einmal akzeptierte Fake News wieder zu beheben. ‚Sobald jemand seinen

---

nicht beachtete und ungeklärte Sachverhalte werden gleichermaßen wie Zitate und Hervorhebungen von Worten in doppelte An- und Abführungszeichen gesetzt. Für den hierdurch bedingten Bedeutungsverlust ist der Verlag verantwortlich.

Doktor gemacht hat, ist er zehn Mal so schwer zu überzeugen, dass er falschliegen könnte', hat einmal der US-amerikanische Statistiker Nate Silver gesagt.
(Herrmann, 2021, S. 1015)

Derartige Kritikimmunisierung hat so gesehen etwas von einer Selbstüberwältigung und lässt die Frage nach Grenzen zwischen Vorurteil, Wahn und Wissenschaft aufkommen (dazu Loh, 1989).

Je stärker sich Ergebnisse konkurrenzorientierter Wissenschaften in der Schule dergestalt wiederfinden, dass Schüler:innen (und Lehrer:innen) sich vornehmlich mit den gerade vorherrschenden siegreichen Paradigmen auseinandersetzen und zu ihnen denkbare Alternativen allenfalls als geschichtliche überholte Positionen in der *Genese* der (vorerst) siegreichen Position kennenlernen, desto mehr findet eine Überwältigung mit (vorerst) als richtig erachtetem Wissen statt. Denn Alternativen spielen allenfalls in der *Genese* von Positionen eine Rolle. Sie haben keine systematische Relevanz für die *Geltung* der jeweiligen Position. Es wäre grundlegend zu fragen: Warum aber werden zu erwägende problemadäquate Alternativen nicht mit zur *Geltung* von Positionen herangezogen und als Bezug genommen, um die Güte einer Position einschätzen und begründen zu können? Das ist Frage und Ansatz einer Erwägungsorientierung.

Meine *Forschungsfragen* lauten: Inwiefern kann das Konzept einer Erwägungsorientierung mit seiner besonderen Zusammenführung von Genese und Geltung auch (Re)Konstruktions- und Dekonstruktionsprozesse in einer Weise verbinden, die die grundsätzliche Kritisier- und Verbesserbarkeit von jeweiligen Positionen erhält und damit keine Überwältigungen ermöglicht? Inwiefern lassen sich Dekonstruktionen als Suche nach zu erwägenden problemadäquaten Alternativen verstehen, sodass Dekonstruktionen zugleich alternative Wege von (Re)Konstruktionen aufzeigen könnten? Inwiefern wären umgekehrt erwägungsorientierten Konstruktionen mögliche Dekonstruktionen inhärent? In diesem Zusammenhang lässt sich außerdem fragen: Kann man Dekonstruktionen als besondere Gestaltung von Analysen begreifen und umgekehrt (Re)Konstruktionen als besondere Gestaltungen von Synthesen?

Meine *These* ist: Im Unterschied zu einer Haltung der Dekonstruktion, die gegenüber Auszeichnungen von jeweiligen Positionen als vorerst gut begründbaren Positionen skeptisch bleiben (sie auflösen) muss, kann man sich mit einer Haltung einer Erwägungsorientierung zugleich engagieren und auch distanzieren, ohne sich selbst und andere zu überwältigen. Die für derartiges distanzfähiges Engagement charakteristische Orientierung an jeweils erwogenen problemadäquaten Alternativen zur Einschätzung der Güte/Qualität eines Lösungsvorschlags/ einer Position hätte als verbreitete Entscheidungspraxis gesamtgesellschaftliche

Folgen (etwa von der Wirtschaft und Politik bis hin zur Philosophie), auf die hier nicht näher eingegangen werden kann. Der Wissenschaftsbetrieb wäre grundlegend anders zu organisieren, etwa auch was die Verteilung von Ressourcen oder die Praxis von Veröffentlichungen usw. betrifft. Im Rahmen dieses Beitrags interessiert vor allem, was Erwägungsorientierung für Bildungsgänge bedeutet und wie sie von Anfang an gefördert werden könnte.

Im Folgenden sollen zwei kurze Szenen zunächst einen Einblick in erwägungsorientierte Grundschulpraxis geben, die vielleicht ahnen lassen, wieso meine Forschungsfragen einen Zusammenhang zwischen erwägungsorientierter Kritikfähigkeit sowie Dekonstruktion annehmen lassen. Außerdem sollen sie konkrete Bezüge für die Darlegungen zu Erwägungsorientierung und die vermuteten Gemeinsamkeiten und Unterschiede zu einer Orientierung an Dekonstruktion sein. Anschließend wird das Konzept einer Erwägungsorientierung genauer dargelegt und sein auch selbstreferentiell kritisches Potenzial herausgearbeitet. Schließlich wird auf die Relevanz von Erwägungsorientierung für Bildung eingegangen und dabei die hier zu Beginn schon angedeuteten Themen, wie etwa den Beutelsbacher Konsens, den Umgang mit Nicht-Gelingen (wie z. B. Fehlern) sowie mit Nicht-Wissen und Ungewissheiten aufgegriffen. Im letzten Abschnitt geht es um die Relevanz einer erwägungsorientierten Begriffsarbeit von Anfang an. Der Beitrag endet mit einem Plädoyer für ein mehr Frag-würdig machen und Frag-würdig halten.

3 Beispielsbezogene Einstimmung: Erwägungsorientierte Bildung – zwei Szenen aus dem Grundschulunterricht

Erste Szene: Im Sportunterricht wird immer *abgestimmt,* welches Spiel zum Abschluss gespielt wird. Es gilt als „gerechtes" Verfahren, eine Lösung zu finden, und für manche sogar als gelebte Demokratie im Kleinen. Trotzdem haben etliche Schüler:innen schon gar keine Lust mehr zum Abstimmen, weil sich sowieso immer die Fußball-Fraktion durchsetzt und die meisten Stimmen bekommt, während die Schüler:innen mit Interesse z. B. für Basket-, Volley- oder Brennball keine Chance haben, sich mit ihrer Spielidee durchzusetzen. Aber ist Abstimmung gleich Abstimmung? Muss da immer das gleiche bei rauskommen? Die Lehrerin schlägt vor, in der nächsten Sachunterrichtsstunde unterschiedliche Verfahren auszuprobieren: Ranking-Verfahren, paarweises Vergleichen, geheime Abstimmung, offene Abstimmung usw. Zur Überraschung aller ist es möglich, mit den unterschiedlichen Verfahren sogar allen anderen Spielideen zum „Sieg" zu verhelfen, insbesondere beim paarweisen Vergleich kann Fußball ausscheiden, wenn sich alle Schüler:innen, die etwas anderes spielen wollen für die zweite Option entscheiden, auch wenn sie diese vielleicht noch weniger mögen als Fußball. Einige Schüler:innen überlegen: „Dann müssen wir ja immer erst mal abstimmen, wie wir abstimmen!" Und weitergedacht fügt jemand hinzu: „Das geht dann aber immer so weiter! Und wir kommen nie zu einem Spiel!" Da man vielleicht deshalb nicht abstimmt, wie man über Abstimmungen abstimmt, stellt sich eine weitere Frage: Wer darf bestimmen, wie abgestimmt wird? Und wer bestimmt, wer Bestimmer:in ist? In der Klasse, von der hier berichtet wird, hat das zum Verwerfen des Abstimmungsverfahrens geführt und es wurde durch andere Aushandlungsprozesse ersetzt, bei der die Schüler:innen nun auf ganz andere Aspekte achteten, wie etwa, dass alle mal mit ihren Spielideen drankommen sollten. Wie dieses Vorgehen dann seinerseits wieder kritisch zu prüfen wäre, habe ich nicht weiterverfolgen können.

Das Beispiel gibt zunächst nur einen Eindruck davon, wie Erwägungsorientierung zu einer Fragehaltung des „Könnte es auch anders sein?" motiviert und scheinbar Selbstverständliches – wie eine positive Bewertung von Abstimmung als Mittel der Lösung von divergierenden Interessen – frag-würdig machen und auflösen kann. Dieses Vorgehen hat eine Nähe zu anderen z. B. dialogischen Konzepten.

Mit dem zweiten Beispiel sollen weitere zusätzliche Merkmale einer Erwägungsorientierung sichtbar werden.

Zweite Szene: In einer zweiten Grundschulklasse sitzen Schüler:innen vor einem Tisch mit einer großen Vielfalt an Obst- und Gemüsesorten. Wie könnte man diese sortieren und das Ganze etwas übersichtlicher gestalten, sodass man sich besser/leichter/schneller zurechtfindet? Die Schüler:innen machen sich an die Arbeit und entwickeln sehr unterschiedliche Vorschläge: Es wird nach Form, Farben, Rollbarkeit, Empfindlichkeit, Größe unterschieden oder auch danach, ob man es kennt oder nicht, weiterhin auch danach:

- mag ich – mag ich nicht; bei einigen kommt hinzu: mag ich (manchmal)
- kann man ganz essen – kann man nur essen, wenn das Äußere (die Schale) weggenommen wird – kann man bis auf das Innere (Kern) essen (hierbei wieder differenziert: mitessbare Kerne und nicht mitessbare Kerne)
- ist teuer und können wir nur selten essen – ist günstig
- …

Die Liste der Überlegungen von Schüler:innen ist noch lange nicht zu Ende. Deutlich wird: Es gibt verschiedene Sortierungsmöglichkeiten (konstruktive Synthesen). Für viele gibt es gute Gründe. Wir können nicht wissen, wie viele weitere

Sortierungsmöglichkeiten es gibt. Warum aber sieht, wenn wir auf den Markt gehen oder in eine Gemüse- und Obstabteilung, die Sortierung ähnlich aus? Welche Gründe könnte es dafür geben? Was wäre, wenn das anders wäre und jede:r Gemüse-/Obstverkäufer:in die Produkte nach der eigenen Ordnung auslegen würde? Hier können weitere Gedankenfäden, die sich ergeben mögen, nicht ausgeführt und nur noch zwei Überlegungen angedeutet werden: Gleiche Sortierungen, die alle kennen, helfen, sich schneller zurechtzufinden. Aber warum ist es wichtig, sich schnell zurechtzufinden? Mit der letzten Frage würde sich der Kreis zur Einstiegsfrage schließen und deren Sinnhaftigkeit kritisch reflektieren lassen (Die Einstiegsfrage war: Wie können wir die verschiedenen Früchte übersichtlicher auslegen, damit man sich schneller/leichter zurechtfindet?).

Vor dem Hintergrund dieser Beispiele wird nun das Konzept einer Erwägungsorientierung skizziert. Dabei soll gezeigt werden, wie Konstruktion, Dekonstruktion und Rekonstruktion durch das besondere Aufeinanderbezogensein von Genese und Geltung von Lösungen/Positionen miteinander verwoben sind.[2] *Es soll deutlich werden, dass in erwägungsorientierter Konstruktion immer schon zu erwägende Alternativen mitzudenken sind, sodass sowohl Möglichkeiten von Dekonstruktionen als auch Rekonstruktionen Teil einer erwägungsorientierten Konstruktion sind. Eine besondere Rolle spielt hierbei ein reflexives Wissen um Nicht-Wissen mit den hiermit einhergehen könnenden Ungewissheiten.*

4 Erwägungsorientierung als philosophisches Konzept

Ausgangspunkt von Erwägungsorientierung ist die Frage, wie sich die Güte von eigenen und Entscheidungen anderer, die Vorgaben für einen selbst sein können, einschätzen lässt. Mit Güte oder Qualität einer Entscheidung ist gemeint, wie sich die Entscheidung z. B. verantworten lässt (etwa hinsichtlich ihrer möglichen

---

[2] Auf den Zusammenhang zwischen Rekonstruktion, Konstruktion und Dekonstruktion gehen auch andere Autor:innen ein, auch wenn es ihnen dabei nicht auf die Unterscheidung zwischen Genese und Geltung im erwägungstheoretischen Sinne ankommt. Trotzdem wäre zu klären, inwiefern es hier Gemeinsamkeiten gibt, wenn z. B. Oliver Hidalgo in einem Artikel zu „Derrida, Kant und das Zusammenspiel von Dekonstruktion und Konstruktion" feststellt: „Die klassisch-ideengeschichtliche Arbeit der Rekonstruktion relevanter Ansätze ist insofern von der Tätigkeit der (aktualisierenden) Konstruktion *begründbarer* Positionen sowie der (dekonstruktivistischen) *Reflexion von Brüchen, Widersprüchen, Anwendungsbedingungen, Reichweiten und Grenzen des eigenen Arguments* nicht zu trennen und fällt normativ gesehen auch niemals neutral aus" (Hidalgo 2013, S. 60, Kursivsetzung B. B.).

Folgen für nachfolgende Generationen; man denke hier z. B. an Entscheidungen über den Bau von Atomkraftwerken).

Im Konzept einer Erwägungsorientierung wird den jeweils in der *Genese* erwogenen problemadäquaten Alternativen eine zentrale Rolle bei der Einschätzung der Güte einer Begründung *(Geltung)* einer Position/Lösung beigemessen. Indem sich die Einschätzung der Begründungsgüte *(Geltung)* an den jeweils erwogenen problemadäquaten Alternativen orientiert, müssen in der *Genese* erwogene problemadäquate Alternativen als *Erwägungs-Geltungsbedingung* bewahrt werden. Genese und Geltung werden in besonderer Weise von der Erwägungs-Geltungsbedingung zusammengeführt. (Für zukünftige Generationen wäre so z. B. transparent, von wem welche Argumente und alternativen Positionen bei der Frage des Baus von Atomkraftwerken thematisch und bewertend erwogen wurden. Die Angabe des jeweils Erwogenen ermöglicht dabei auf das zu verweisen, was nicht oder/und anders erwogen wurde.)

Diese *Erwägungs-Geltungsbedingung* ist das erste von drei Merkmalen einer Erwägungsorientierung. Bevor auf die weiteren zwei Merkmale eingegangen wird, sei kurz das Verständnis von „Entscheidung" erläutert, was einer Erwägungsorientierung zugrunde liegt (ausführlich Blanck, 2002; eine Kurzfassung ist Blanck, 2004; zur Vielfalt der Entscheidungsverständnisse siehe statt anderer das *Forschungsforum* „Begriffsklärungen in Wissenschaft und Bildung: Entscheidung" in der Zeitschrift für inter- und transdisziplinäre Bildung (Bleicher et al., 2021)).

Unter einer Entscheidung wird im Folgenden das thematische und bewertende Erwägen von mindestens einer thematischen Möglichkeit als Antwort auf einen Auswahlgedanken (Frage/Problem) verstanden. Gegenüber meinen bisherigen Veröffentlichungen ist die explizite Unterscheidung zwischen thematischem und bewertendem Erwägen hinzugekommen. Im Unterschied zu anderen Entscheidungsverständnissen zählt die Setzung einer Lösung und ihre mögliche gelingende oder nicht-gelingende Realisierung nicht mehr mit zur Entscheidung, wohl aber natürlich mit zum Entscheidungszusammenhang.

Folgendes Beispiel kann die Unterscheidung zwischen *thematischem* und *bewertendem* Erwägen verdeutlichen. Auf die Frage nach dem kürzesten Weg zum Bahnhof, könnten mögliche Antworten von Passant:innen z. B. sein:

- Person 1 schlägt vor: Ich habe keine Ahnung, aber ich komme gerade diesen Weg (A) vom Bahnhof und war nicht lange unterwegs.
- Person 2, die zufällig hört, was Person 1 rät, mischt sich ein: Ich bin Stadtplanzeichnerin und weiß, dass es folgende fünf verschiedene Wege zum Bahnhof gibt. Inwiefern Weg B oder D aber der kürzere ist, hängt vermutlich davon ab,

ob Sie mit dem Auto fahren oder zu Fuß gehen. Weg D ist nämlich sehr steil und es könnte sein, dass man deshalb auf dem etwas längeren Weg B zu Fuß schneller ist.
- Daraufhin meint jedoch Person 3, die Person 2 begleitet: Ich glaube, alle drei Wege (A, B und D) sind nicht lang. Welcher der kürzeste ist, weiß ich nicht, aber meine Familie geht Weg B schon seit ewigen Zeiten, wenn wir schnell zum Bahnhof wollen. Ich selbst kenne gar keine Alternative dazu, auch nicht die neu gebauten Wege in den letzten Jahren.

Was heißt es nun, angesichts dieser Antwortenlage und der unterbreiteten Alternativen, eine Entscheidung zu treffen? Das *thematische* Erwägen bezieht sich auf die Wege und was man über sie durch die drei Personen erfahren hat. Die thematischen Erwägungen werden schließlich mit Blick auf die Problemstellung bewertet (*bewertendes* Erwägen). Angesichts von möglicher Zeitknappheit erwäge ich thematisch vielleicht auch nach der Einschätzung von Person 3 gar nicht länger, sondern gehe gleich zum bewertenden Erwägen der Wege über und beschließe, den mir empfohlenen bewährten Familienweg zu nehmen. In diesem Fall vertraue ich der Erfahrung einer anderen Person. Ich selbst kann nicht einschätzen und gegenüber zu erwägenden Alternativen angeben, dass es sich bei diesem Familienweg um den kürzesten Weg zum Bahnhof handelt. Die Erwägungs-Geltungsbedingung beschränkt sich auf das Wissen, dass es andere Wege gibt, aber es lässt sich für mich nichts über sie sagen im Vergleich zum Familienweg. Vielleicht muss ich zukünftig diesen Weg täglich gehen, weil es der neue Weg zur Arbeitsstelle ist und deshalb gehe ich die Problemstellung später nochmals genauer an, um den für mich kürzesten Weg herauszufinden. Ich nutze hierfür einen Stadtplan und gehe probehalber die nächsten Male alle Wege, die gleich lang zu sein scheinen. Nach diesen vergleichenden Erfahrungen komme ich dann möglichweise auch zu der Erkenntnis, dass der Familienweg der kürzeste ist. Geändert hat sich allerdings, dass ich dies nun weitaus umfassender begründen kann und eine entsprechend ausgearbeitetere Erwägungs-Geltungsbedingung vorliegt.

Das erste Merkmal von Erwägungsorientierung, die *Erwägungs-Geltungsbedingung*, führt oft zu *zwei* gegensätzlichen Reaktionen.

Mit Blick auf Wissenschaft wird *einerseits* festgestellt: Was soll denn daran Neues sein? Erwägen tun wir alle immer schon, wenn wir Entscheidungen treffen und in den Wissenschaften gehört der kritische Umgang mit Alternativen zum Kerngeschäft. Bei dieser Reaktion wird – wie schon dargelegt – übersehen, dass ein Erwägen von Alternativen in den Wissenschaften sich vornehmlich auf die *Genese* (context of discovery) bezieht und häufig auf der Lösungsebene in

Form eines Wettstreits konkurrierender Paradigmen stattfindet. Erwogene Alternativen werden nicht systematisch für die *Geltung* (context of justification) genutzt. *Zu jeweiligen Forschungsständen gibt es eben keine zugehörigen institutionalisierten Erwägungsforschungsstände, auf die man sich auch kritisch-forschend beziehen kann und die methodisch systematisch darlegen, welche problemadäquaten Alternativen erwogen wurden.*

Die *zweite* Reaktion ist *andererseits:* Das ist ein nicht-realisierbarer Ansatz, der handlungsunfähig macht. Man kann nicht alles erwägen. Diese Reaktion lässt sich polemisch zuspitzen: Wer für alles offen ist, kann nicht ganz dicht sein. Erwägungsorientierung heißt aber nicht, für alles offen zu sein, obwohl sich diese Problemlage zunächst noch zu verschärfen scheint, wenn man das *zweite Merkmal von Erwägungsorientierung* betrachtet. Bei diesem geht es nämlich um *ein Verbesserungsinteresse und Engagement für Verbesserungen von Erwägungs-Geltungsbedingungen und damit besserer Begründbarkeit der auf sie bezogenen Lösungen.* Wenn Erwägungs-Geltungsbedingungen angegeben werden, sind diese auch ein Bezugspunkt für Verbesserungen, wenn nachgefragt wird, was mit dieser oder jener zu erwägender Alternative sei und wieso man jene nicht erwogen habe. Kritik wird leichter verortbar und kann auf der Erwägungsebene in der Erwägungs-Geltungsbedingung integriert werden sowie einen Beitrag der Verbesserung der Begründungsgüte der jeweiligen Lösung leisten. Durch den engen Zusammenhang zwischen erwogenen Alternativen und vorläufiger Lösung/Position ist es leichter, diese bisherige Position aufzugeben, wenn sich herausstellt, dass eine bisher nicht bedachte Alternative eine bessere Lösung wäre. Der Unterschied zu einer Aufgabe und einem Positionswechsel ohne Erwägungs-Geltungsbedingung macht sich daran fest, dass für jemanden mit einer erwägungsorientierten Mentalität die Position/Lösung, die man aufgibt, nicht wertlos wird. Sie wechselt von der Lösungs- auf die Erwägungsebene und trägt als eine zu erwägende Möglichkeit im Rahmen der Erwägungs-Geltungsbedingung mit zur Begründung der nun vertretenen neuen Position bei – ein Zusammenspiel also von Dekonstruktion und (Re)Konstruktion.

Die von Thomas Kuhn angesprochene Problematik einer Gefährdung der Identität, z. B. als Wissenschaftler:in, stellt sich nicht oder zumindest ganz anders, wenn man sich nicht nur mit einer jeweiligen Lösung/Position, sondern zugleich mit der ihr zugehörigen Erwägungs-Geltungsbedingung identifiziert. Diese Identifikation nicht nur mit einer Lösung/Position, sondern auch mit ihrer Erwägungs-Geltungsbedingung kann zur Entwicklung einer Identität des distanzfähigen Engagements führen (Blanck, 2016). Eine umfassende Erwägungs-Geltungsbedingung kann einem Engagement für eine bestimmte Position eine gute Begründungsbasis liefern, mittels derer man andere vielleicht von dieser

Position überzeugen kann. Umgekehrt ermöglicht ein Wissen um die Erwägungs-Geltungsbedingung, dass man leichter und mit guten Gründen sich von einer bisher vertretenen Lösung/Position distanziert und diese Lösung in den Stand einer nur zu erwägenden Alternative versetzt.

Da das zweite Merkmal von Erwägungsorientierung die Frage der Machbarkeit verschärft, ist das *dritte Merkmal von Erwägungsorientierung* zentral: *Es gilt reflexiv zu erwägen, was zu erwägen ist*, da man nicht alles erwägen und vermutlich nur sehr weniges umfassend erwägen kann. Für das Vertrauen auf Gewohnheiten und bewährte Traditionen oder auch das Verfolgen von Lösungen und Positionen, die man kaum gegenüber zu erwägenden Alternativen zu begründen vermag, kann es reflexiv gute Gründe geben, etwa, dass man so Zeit gewinnt für relevante Entscheidungen. Das Merkmal eines reflexiven Erwägens, nicht zu erwägen, macht Erwägungsorientierung zu einer Orientierung der Vorsichtigkeit. Selbst wenn man auch reflexiv vermutlich eher selten dazu kommt, hinreichend zu erwägen, was zu erwägen ist, pflegt man mit dieser Einstellung ein Bewusstsein dafür, aufmerksam zu sein für das, was nicht erwogen wurde – aus welchen Gründen auch immer. Man wird korrekturbereiter mit wenig/kaum gegenüber zu erwägenden Alternativen begründbaren Positionen/Lösungen umgehen, jedenfalls dann, wenn man begründbarere Positionen/Lösungen weniger begründbaren vorzieht.

Hier besteht ein Unterschied zwischen einem Verständnis von „Dekonstruktion" als „fortlaufenden Prozess, ohne Endpunkt" (Voss, 2010, S. 6) und „Verzicht auf eine Zielbestimmung" (Flügel-Martinsen, 2011, S. 115).

Denn Erwägungsorientierung verfolgt grundsätzlich das Ziel, gut begründbare von weniger gut begründbaren Lösungssetzungen/Positionen/Vorgaben usw. unterscheiden zu können, ohne dabei aber davon auszugehen, dass alles gut begründet und hierfür entsprechend erwogen werden könnte oder auch müsste. Im Gegenteil resultiert eine erwägungsorientierte Vorsicht gerade aus der Einsicht, dass sich nur weniges umfassendes erwägen lässt und es deshalb darauf ankommt, auch verantwortbar mit Nicht-Wissen und Ungewissheiten umzugehen. Es kann reflexiv auch gute Gründe gegen Erwägen geben.

Erwägungsorientierung nutzt das Dekonstruktions-, aber auch das Konstruktions- und Rekonstruktionspotenzial von alternativen Konstruktionen, indem sie diese als Erwägungs-Geltungsbedingungen bewahrt. Dabei bietet die Erwägungs-Geltungsbedingung nicht nur immanent ein Dekonstruktionspotenzial, sondern sensibilisiert durch ihr Explizieren von dem, was jeweils nur bedacht werden konnte, für die Grenzen jeweiligen Erwägens und Begründenkönnens von Positionen. Dieses reflexive Wissen um Nicht-Wissen (Grenzen des Wissens) zeigt weitere mögliche Dekonstruktions- und auch Konstruktionshorizonte einschließlich ihrer jeweiligen Grenzen an.

Erwägungsorientierung bietet mit Erwägungs-Geltungsbedingungen gleichermaßen einen Einblick in jeweilige Begründungsgüten (mit möglichen Re(Konstruktionen)) und zugleich weisen Erwägungs-Geltungsbedingungen auf offen Gebliebenes, Fehlendes, Frag-würdiges hin (Dekonstruktionen). Einen *Erwägungsdogmatismus* kann es nicht geben, weil dieser das Konzept aufheben würde. Denn wesentliches Merkmal von Erwägungsorientierung ist auch, das der Idee nach reflexiv zu erwägen ist, was zu erwägen ist. Das heißt, gegenüber dem Erwägen ist auch eine kritisch-reflexive Haltung einzunehmen (zur Unterscheidung kritischer Reflexivität von anderen Weisen der Reflexivität vgl. Albers & Blanck, 2022).

Erwägungsorientierung zielt auf Handlungsfähigkeit und einen verantwortbaren Umgang mit Nicht-Wissen und den damit einhergehen könnenden Ungewissheiten. Hierzu zählt auch, Konstellationen erkennen zu können, in denen man nicht mit hinreichenden Gründen eine zu erwägende Lösungsmöglichkeit anderen vorzuziehen vermag (dezisionäre Konstellation). Das mag zur Entwicklung einer Haltung aufgeklärter Toleranz und zu einem gelebten Pluralismus (auf der Lösungsebene) führen (Blanck, 2019b). Denn es gibt in dezisionären Konstellationen keine hinreichenden Gründe, bestimmte Positionen abzulehnen, auch wenn man selbst eine bestimmte Vorliebe hat.

Insgesamt, so meine Abschlussthese, kann Erwägungsorientierung zu einem klärungsförderlichen Umgang miteinander beitragen, wenn Horizonte möglichen Andersverstehens, Ausgegrenztem und Noch-nicht-Gedachtem mitbedacht werden sowie kritisch-reflexiv mit Grenzen jeweiligen Wissens umgegangen und auf Begründungen geachtet wird.

5 Denken in Alternativen und erwägungsorientierte Bildung

Im Folgenden werden einige der eingangs angesprochenen Punkte (Kap. 2) aufgegriffen, um Konsequenzen der Umsetzung von Erwägungsorientierung in Bildungsgängen zu verdeutlichen.

5.1 Zum Problem übersehener Überwältigungen durch Konsensuelles im Beutelsbacher Konsens[3]

Der Beutelsbacher Konsens ist u. a. auch eine leitende Orientierung für alle Schulformen und fest verankert im Bildungsplan von Baden-Württemberg (Pant, 2016).

Der Beutelsbacher Konsens ist Ergebnis einer Kontroverse über die Funktion politischer Bildung, nämlich die „Bewusstseinsbildung zum Zwecke der gesellschaftlichen Stabilisierung oder zum Zwecke der politischen Veränderung" (Buchstein et al., 2016, S. 102). Im Rahmen einer Tagung von Politikdidaktiker:innen in Beutelsbach wurde für diese Kontroverse nach einer Lösung gesucht. Im Anschluss an die Tagung hielt Georg Wehling drei Prinzipien Politischer Bildung als Minimalkonsens fest:

1. Überwältigungsverbot. Es ist nicht erlaubt, den Schüler – mit welchen Mitteln auch immer – im Sinne erwünschter Meinungen zu überrumpeln und damit ‚an der Gewinnung eines selbständigen Urteils' zu hindern … Hier genau verläuft nämlich die Grenze zwischen Politischer Bildung und Indoktrination. Indoktrination aber ist unvereinbar mit der Rolle des Lehrers in einer demokratischen Gesellschaft und der – rundum akzeptierten – Zielvorstellung von der Mündigkeit des Schülers.
2. Was in Wissenschaft und Politik kontrovers ist, muß auch im Unterricht *kontrovers* erscheinen. Diese Forderung ist mit der vorgenannten aufs engste verknüpft, denn wenn unterschiedliche Standpunkte unter den Tisch fallen, Optionen unterschlagen werden, Alternativen unerörtert bleiben, ist der Weg zur Indoktrination beschritten. Zu fragen ist, ob der Lehrer nicht sogar eine *Korrekturfunktion* haben sollte, d. h. ob er nicht solche Standpunkte und Alternativen besonders herausarbeiten muß, die den Schülern (und anderen Teilnehmern politischer Bildungsveranstaltungen) von ihrer jeweiligen politischen und sozialen Herkunft her fremd sind. Bei der Konstatierung dieses zweiten Grundprinzips wird deutlich, warum der persönliche Standpunkt des Lehrers, seine wissenschaftstheoretische

---

[3] Die folgenden Überlegungen wurden erstmals in dieser Zuspitzung in einem Vortrag auf der GDSU-Tagung 2022 dargelegt, der im entsprechenden Tagungsband veröffentlicht wurde (Blanck, 2023).

Herkunft und seine politische Meinung verhältnismäßig uninteressant werden. ... Sein Demokratieverständnis stellt kein Problem dar, denn auch dem entgegenstehende andere Ansichten kommen ja zum Zuge.
3. Der Schüler muß in die Lage versetzt werden, eine politische Situation und seine eigene Interessenlage zu analysieren, sowie nach Mitteln und Wegen zu suchen, die vorgefundene politische Lage im Sinne seiner Interessen zu beeinflussen. Eine solche Zielsetzung schließt in sehr starkem Maße die Betonung operationaler Fähigkeiten ein, was aber eine logische Konsequenz aus den beiden vorgenannten Prinzipien ist.

(Wehling, 1977, S. 179 f.; alte und nicht gendersensible Rechtschreibung wie im Original)

Für viele gilt der Beutelsbacher Konsens nicht nur als ein Prinzip für politische Bildung, sondern als Orientierung für Bildung und Wissenschaft insgesamt (Sander, 2009).

Es gab und gibt viele Diskussionen und Kontroversen um die nähere Ausgestaltung des Beutelsbacher Konsenses (siehe statt Anderer Frech & Richter, 2017 oder Widmaier & Zorn, 2016). Selbstreferentiell ließe sich fragen, inwiefern es grundlegend ist, dass die Prinzipien des Beutelsbacher Konsenses (insbesondere das Kontroversitätsprinzip) auf seine Diskussion selbst angewendet werden, um nicht von ihm überwältigt zu werden. Das Spektrum der Positionen ist umfassend und hat viel z. B. damit zu tun, was als „kontrovers" erachtet wird (Salomon, 2016; Weyland, 2016). Manche halten den Beutelsbacher Konsens z. B. für „überflüssig" und setzen sich stattdessen für einen „kompetenz-orientierten Politikunterricht" ein (Weißeno, 2017, S. 50). Andere attestieren ihm blinde Flecken, z. B. bezüglich des Ausblendens von Macht- und Herrschaftsverhältnissen in pädagogischen Zusammenhängen (Hammermeister, 2016). Werner Friedrichs spricht vom „Paradox der *unvermeidlichen Überwältigung* [Hervorhebung hinzugefügt] in jedem Akt des Erklärens" als „eine Grundvoraussetzung für die Existenz pädagogischer Konstellationen überhaupt" (2016, S. 143).

Aus erwägungsorientierter Perspektive ist solche Form der Überwältigung nicht unvermeidlich und Resultat fehlender Erwägungs-Geltungsbedingungen. Würde man diese berücksichtigen, so könnte man nicht mehr so leicht überwältigen. Dabei wäre eine wesentliche Korrektur des Prinzips des Kontroversitätsgebotes vorzunehmen. Die Gefahr, dass Lehrer:innen bei Themen, die in der Gesellschaft kontrovers diskutiert werden, die jeweiligen Kontroversen nicht in ihren Unterricht einbinden würden, sondern mit ihrer Position die Schüler:innen zu überwältigen und zu indoktrinieren versuchten, ist wohl weitaus geringer einzuschätzen als die Gefahr der Überwältigung bei der Vermittlung von Konsensuellem. Bei Kontroversität in der Gesellschaft haben Schüler:innen zumindest außerhalb der Schule die Möglichkeit, sich eine eigene Position im Wissen um kontroverse Alternativen zu erschließen bzw. sind Kontroversen ausgesetzt. Bedenkt man, dass Schule und Unterricht geprägt sind von ungleichen Machtverhältnissen (Schulpflicht!), insbesondere zwischen Lehrer:innen und Schüler:innen, so ist aus erwägungsorientierter Sicht zu fragen, ob es gerade für eine nicht überwältigende Vermittlung eines Konsenses guter Begründungen bedarf, warum solcher Konsens gegenüber zu erwägenden Alternativen vorzuziehen ist? In diese Richtung gehen Überlegungen der Autorengruppe Fachdidaktik:

> Das Beutelsbacher Minimum reicht für Mündigkeit nicht aus. Eigenständigkeit, Ergebnisoffenheit und Selbstbestimmung setzen voraus, dass Lehrende existierende Kontroversen aufgreifen. Sie müssen aber auch Alternativen zu nicht kontroversen Sachverhalten und Positionen aufzeigen. Erst das Wissen um Alternativen macht Mündigkeit möglich, erst der Widerspruch gegen angebliche Alternativlosigkeit bringt sie zur Geltung.
> (Autorengruppe Fachdidaktik, 2017, S. 16)

Der letzte Satz weist kontroversen (widersprechenden) Alternativen als mögliche zu erwägende Antworten/Lösungen auf eine Frage/ein Problem eine zweifache Rolle zu. Für Schüler:innen wird ein Wissen um Alternativen als Ausgang für mündige, selbstbestimmte Positionierungen gesehen. Die Alternativen sind damit relevant in der *Genese* der schließlich vertretenden Position. Verworfene und negativ bewertete Alternativen tragen außerdem zur *Geltung* der gewählten Position und damit zu ihrer Begründung bei.

Aus erwägungsorientierter Perspektive wäre dabei das Frag-würdig machen und Frag-würdig halten sowie die jeweiligen Grenzen des Wissens (reflexives Wissen um Nicht-Wissen) mit den einhergehen könnenden Ungewissheiten systematisch dekonstruktiv in den Blick zu nehmen, einschließlich der Option zu erwägen, nicht zu erwägen. Dies ist vor allem deshalb wichtig, weil es in Bildungsgängen wesentlich um die Vermittlung/Weitergabe von Vorgaben (bisherigen Wissensständen und kulturellen Gewohnheiten und Traditionen) geht. Diese müssen aber grundsätzlich befragbar sein und befragbar gehalten werden hinsichtlich ihres Gewordenseins (mit ihren Ausgrenzungen, möglichen Überwältigungen, Begründungen gegenüber Alternativen) sowie ihrer Veränderbarkeit (ausführlich erstmals zur Kritik am Beutelsbacher Konsens vgl. Blanck, 2006b).

5.2 Erwägungsorientiertes Denken in Alternativen und Nicht-Gelingen

Die Wertschätzung von erwogenen Alternativen als möglichen Lösungsmöglichkeiten für die Geltung und Begründung einer Position führt auch zu einem anderen Umgang mit Nicht-Gelingen (z. B. Fehlern). Denn das, was negativ (eher als falsch oder nicht adäquat) bewertet wird, behält eine Funktion, indem es zum Begründen der positiv eingeschätzten Lösung beiträgt (ausführlich Blanck, 2006a). Das macht es viel leichter und selbstverständlicher, sich (auch vor anderen) zu korrigieren, denn Korrekturen werden nicht mit einem „Gesichtsverlust" oder „Umfallen" assoziiert, sondern mit einer verbesserten Begründungslage. Das Verschieben einer ehemaligen Lösung auf die Erwägungsebene mag man als dekonstruktive Tätigkeit verstehen, die zugleich aber wiederum konstruktives Potenzial hat, weil sie bewahrt wird und später vielleicht einmal hilfreich sein kann. Um zu einer neuen adäquaten Lösung zu gelangen, mag die bisherige Erwägungs-Geltungsbedingung nicht ausreichend sein. Von daher lebt ein erwägungsorientiertes Denken in Alternativen davon, den Suchraum selbst zu verändern – sei es durch Vergrößerung oder Verkleinerung des Suchraums mit seiner Fragestellung oder durch eine Infragestellung der Fragestellung insgesamt.

In diesem Sinne ist aus erwägungsorientierter Perspektive im Umgang mit Nicht-Gelingen auch zu klären, wann ein Nicht-Gelingen als Fehler verstanden werden sollte. Denn das, was für die Einen ein „Fehler" ist, muss es für Andere nicht sein (Blanck, 2006a, 2019a). Hier stellt sich wie beim Abstimmungsbeispiel die (dekonstruktive) Frage, wer eigentlich bestimmt (konstruiert), wann was ein „Fehler" ist, und wer die Bestimmer:innen bestimmt, die bestimmen, was „richtig" und was „falsch" ist. Dies als Problemlage zu erfassen ist keineswegs zu abstrakt für Grundschüler:innen (vgl. Blanck, 2019a, S. 127 f.).

Überall, wo es um Lernen und Erschließen von Neuem geht, lässt sich zudem fragen, inwiefern man dabei überhaupt von „Fehlern" ausgehen kann. Versteht man nämlich unter einem „Fehler", dass man etwas entgegen der Intention und obwohl man es hätte eigentlich richtig machen können, falsch gemacht hat, dann können in Lernprozessen in diesem Sinne keine Fehler vorkommen, weil Lernen ja bedeutet, dass man etwas noch nicht kann. In der Literatur hat dies bisher dazu geführt, zwischen Fehlern in Lern- und Leistungsphasen zu unterscheiden. Die Frage ist, ob es gerade auch für eine kritische und auch dekonstruktiv-kritische vorgehende und nach Alternativen fragende Erschließung von Themen förderlicher wäre, deshalb den Ausdruck „Fehler" gänzlich aus dem Vokabular zur Bezeichnung von Nicht-Gelingen in Lernphasen zu entfernen. Denkt man dann die Überlegung weiter, dass jede:r erst dann in eine Leistungsphase übergehen können sollte, wenn sie:er es gelernt hat und in der Lage ist, es richtig zu machen, stellt sich die weiterführende Frage, inwiefern man dann noch Noten braucht. Denn eigentlich müssten in der Leistungsphase alle auch ihr Können zeigen können. Falls nicht, wäre zu fragen, woran es gelegen hat, dass jemand entgegen des potenziellen Vermögens die Leistung nicht abrufen konnte.

5.3 Erwägungsorientierter Umgang mit Nicht-Wissen und mit diesem einhergehen könnenden Ungewissheiten

Nicht-Wissen und Ungewissheiten können beängstigend sein und den Wunsch und die Suche nach Vorgaben und Gewissheiten verstärken. Sie können aber auch Ausgang für neugieriges offenes Erkunden und kreative Aufmerksamkeit sein. In der Literatur findet man hierzu die Unterscheidung zwischen eher gewissheits- und eher ungewissheitsorientierten Mentalitäten, auch als „open" und „closed minded" bezeichnet. Die mit den Bezeichnungen einhergehenden positiven und negativen Konnotationen sind genauer zu bedenken und zu fragen ist vor allem, ob nicht jede:r in bestimmten Lebensbereichen eher gewissheits- und in anderen eher ungewissheitsorientiert ist und sich das Ganze vermutlich auch immer wieder neu ausrichten kann. Im Rahmen dieses Artikels kann das nicht näher erörtert werden (zu einigen Überlegungen hierzu vgl. Blanck, 2007). Hier soll aber der Bogen zurück zum Beginn des Beitrags geschlagen werden, wo dargelegt wurde, inwiefern die Trennung von Genese und Geltung zu einer eher konkurrenz- und insbesondere kampforientierten Wissenschaft mit entsprechenden Problemen der Kritikimmunisierung tendiert. Meine spekulative Vermutung ist, dass nicht allein nur in den Wissenschaften ein Zusammenhang zwischen Konkurrenz-/Kampforientierung und Ängsten vor Nicht-Wissen und Ungewissheiten besteht. Wäre Erwägungsorientierung eine verbreitetere Haltung in unserer Gesellschaft, würde dies vermutlich zu grundlegenden Änderungen im Zusammenleben und beim Lösen von Problemen führen.

5.4 Relevanz erwägungsorientierter Begriffsarbeit von Anfang an

Unterscheidet man im Sinne des semiotischen Dreiecks zwischen Gegenstand/Sache sowie Begriff (Vorstellung/gedankliche Erfassung oder Verständnis der Sache) und dem Wort/Ausdruck/Terminus, mit dem der Begriff und die Sache bezeichnet wird, so wird deutlich, dass Menschen von Anfang an versuchen, sich die Dinge auf den Begriff zu bringen, um identifizieren zu können, auch wenn ihnen (zunächst) Worte hierfür fehlen. Deutlich wird auch: Aus der Verwendung gleicher Worte/Termini/Ausdrücke lässt sich nicht schließen, dass Personen, die sie verwenden, auch das Gleiche meinen und den gleichen Begriff haben. Umgekehrt kann aus der Verwendung unterschiedlicher Termini/Worte/Ausdrücke zur Beschreibung/Erläuterung eines Sachverhaltes nicht geschlossen werden, dass Personen, die sie verwenden, nicht doch gleiches meinen und einen ähnlichen Begriff haben (z. B. wenn es in einer Diskussion um „Autonomie", „Freiheit" und „Selbstbestimmung" geht). Für Lehrer:innen ist dies grundlegend zu beachten: Nur weil gewisse Worte von Schüler:innen genannt werden, heißt das nicht, dass sie den jeweiligen Sachverhalt begriffen haben. Und umgekehrt können Schüler:innen den Sachverhalt begriffen haben, aber ihnen fehlen die Worte, die dafür in dem jeweiligen Kontext in der Regel verwendet werden.

Schon beim noch sprachlosen/spracharmen Erschließen und Begreifen/Aufbau von Begriffen spielt ein Denken und Durchspielen von Alternativen eine zentrale Rolle. Spätestens ab dem Alter von 18 Monaten wird Erwägen als ein Denken in Möglichkeiten (Alternativen) zunehmend bewusster eingesetzt, insbesondere, wenn Kinder mit symbolischen Als-ob-Spielen beginnen. „Solche Spiele setzen kontrafaktisches Denken voraus – die Vorstellung, dass die Dinge auch anders sein könnten" (Gopnik, 2011, S. 103). Dies hat erhebliche Konsequenzen für die Entwicklungspsychologie (Loh, 2020), was hier aber nicht weiter vertieft werden kann. Aus erwägungsorientierter Perspektive wäre es grundlegend und entsprechend zu erforschen, dieses Denken in Alternativen in seiner Entwicklung hin zu einem kritisch-reflexiven Denken zu unterstützen, dass zu erwägende problemadäquate Alternativen heranzuziehen oder nach ihnen zu fragen vermag, um ggf. Begründungsniveaus von Lösungen/Positionen einschätzen zu können. In dem Maße, wie dabei auch immer deutlich wird, dass man wohl nur selten davon ausgehen kann, alle problemadäquaten Alternativen erschlossen zu haben, kann sich im reflexiven Wissen um Grenzen des Wissens sowie Nicht-Wissen mit einhergehen könnenden Ungewissheiten ein grundlegendes Verbesserungsengagement entwickeln, das vor Fremd- und Selbstüberwältigungen schützen kann.

Für gegenseitiges Verstehen und Verständlichmachen stellt sich in Bildungsgängen die Herausforderung: Wie ist Bildung möglich, dass die Einzelnen sprachlich (mündlich oder/und schriftlich) oder auch nicht sprachlich vermitteln bzw. mitteilen können, worum es ihnen hinsichtlich eines Gegenstands geht und wie sie ihn begrifflich fassen? Wenn Lehrer:innen die Vielfalt von Schüler:innenvorstellungen und -äußerungen hierbei nicht übergehen und für diese Vielfalt selbst auch sensibilisiert sein wollen, ist es erforderlich, dass sie selbst jeweilige Worte/Termini für mögliche thematische Grundbegriffe in ihrer Vielfalt beispielsbezogen suchend erschlossen und verschiedene mögliche Verständnisse (Begriffe) herausarbeiten, die man z. B. mit Worten wie „Arbeit", „Demokratie", „Familie", „Freundschaft", „Heimat", „Krieg", „Natur" usw. verbindet. Eine erwägungsorientierte Auseinandersetzung mit der Vielfalt unterschiedlicher Verständnisse versucht durch ihre sprachliche und begriffliche Klärungsarbeit offen zu legen, welche alternativen Verständnisse bedacht wurden. Sie lädt zu weiteren Verbesserungen der jeweils hierfür erarbeiteten Erwägungs-Geltungsbedingungen mit ihren möglichen konstruktiven und dekonstruktiven Möglichkeiten ein, etwa für die Aufklärung binärer Differenzlinien zu „Behinderung", „Ethnie", „Geschlecht" usw.).

6 Ausblick: Die Dinge frag-würdig machen und frag-würdig halten

Die vorangegangenen Ausführungen sollten darlegen, wie Erwägungsorientierung *konstruktiv-dekonstruktives Denken in Möglichkeiten* zu fördern und zu sensibilisieren vermag für jeweilige Begründungsniveaus sowie insbesondere jeweiliges Nichtwissen mit möglichen einhergehen könnenden Ungewissheiten. In Bildungsgängen müsste demnach viel mehr im Mittelpunkt stehen, dass die Dinge (Inhalte/Themen) frag-würdig gemacht und frag-würdig gehalten werden. Zu Beginn des Beitrags wurde diesbezüglich schon auf Roland Reichenbach verwiesen, der nun abschließend zitiert wird:

Demokratische Gesellschaften tradieren Fragezeichen, während anti-demokratische Gesellschaften letzte Antworten anstreben und als verbindlich ausformulieren. Pädagogisch geht es also darum, Fragen hervorzubringen und die Fraglichkeit eigener Antworten zu erkennen.

(Reichenbach, 2018, S. 237)

Und:

Demokratische Erziehung hat sich der Tätigkeit des Fragens mehr als den Antworten zu widmen. Ihr Ziel ist es, daß die Kinder und Jugendlichen ein Gefühl dafür entwickeln, daß jede Antwort nur vorläufig sei kann und daß Fragen nur in einer unvollkommenen Welt möglich und nötig sind.

(Reichenbach, 2001, S. 416)

Erwägungsorientierung kann dabei, so hoffe ich gezeigt zu haben, helfen, durch Nachfragen nach erwogenen (und nicht erwogenen) Alternativen die Dinge nicht nur frag-würdig zu machen, sondern mit Blick auf Erwägungs-Geltungsbedingungen frag-würdig zu halten und so Identitätsentwicklungen zu ermöglichen, die sich als *Identität eines distanzfähigen Engagements* beschreiben lassen. Eine solche Identität eines distanzfähigen Engagements zeichnet sich dadurch aus, dass sie Erwägungsorientierung konstruktiv und dekonstruktiv nutzt, um sich für potenzielle Fremd- und Selbstüberwältigungen zu sensibilisieren.

Literatur

Albers, S., & Blanck, B. (2022). Kritische Reflexivität als Ausgang für Entfaltung von Subjektivität im Grundschullehramtsstudium. In E. Gläser, J. Poschmann, P. Büker, & S. Miller (Hrsg.), *Jahrbuch Grundschulforschung: Bd. 26. Reflexion und Reflexivität im Kontext Grundschule: Perspektiven für Forschung, Lehrer:Innenbildung und Praxis* (S. 295–300). Klinkhardt.
Autorengruppe Fachdidaktik (2017). *Was ist gute politische Bildung? Leitfaden für den sozialwissenschaftlichen Unterricht.* Wochenschau Verlag.
Blanck, B. (2002). *Erwägungsorientierung, Entscheidung und Didaktik.* Lucius & Lucius.
Blanck, B. (2004). Erwägungsorientierung. *Information Philosophie, 32*(1), 42–47.
Blanck, B. (2006a). Entwicklung einer Fehleraufsuchdidaktik und Erwägungsorientierung – unter Berücksichtigung von Beispielen aus dem Grundschulunterricht. *Schweizerische Zeitschrift für Bildungswissenschaften, 28*(1), 63–86. https://doi.org/10.25656/01:4139.
Blanck, B. (2006b). Erwägungsdidaktik für Politische Bildung. *Politisches Lernen, 24*(3–4), 22–37.
Blanck, B. (2007). Unterrichtsqualität entwickeln durch professionellen Umgang mit Ungewissheiten beim Lernen und Lehren. In K. Möller, P. Hanke, C. Beinbrech, A. K. Hein, T. Kleickmann, & R. Schages (Hrsg.), *Jahrbuch Grundschulforschung: Bd. 11. Qualität von Grundschulunterricht entwickeln, erfassen und bewerten* (S. 111–114). VS.
Blanck, B. (2016). Distanzfähiges Engagement: Mit Vielfalt und Unübersichtlichkeit erwägungsorientiert-deliberativ umgehen. *IDE-Online Journal (International Dialogues on Education: Past and Present), 3*(3), 64–69.
Blanck, B. (2019a). Kann ein Fehler kein Fehler sein? „Forschendes Lernen" mit vielperspektivischen erwägungsorientiert aufbereiteten Fehlerknobelfällen. In M. Knörzer, L. Förster, U. Franz, & A. Hartinger (Hrsg.), *Probleme und Perspektiven des Sachunterrichts: Bd. 29. Forschendes Lernen im Sachunterricht* (S. 122–129). Klinkhardt.
Blanck, B. (2019b). Wege zu aufgeklärter Toleranz durch erwägungsorientierte Bildung von Anfang an. *Politische Psychologie, 7*(2), 228–244.
Blanck, B. (2023). Vom Beutelsbacher Konsens zur erwägungsorientierten Kontroversität: Für einen demokratieförderlichen Sachunterricht. In D. Schmeinck, K. Michalik, & T. Goll (Hrsg.), *Herausforderungen und Zukunftsperspektiven für den Sachunterricht* (S. 134–141). Klinkhardt.

Bleicher, A., Fink, S. B., Funke, J., Göbel, E., Krischer, A. J., Martin, A., Priddat, B. P., Reese-Schäfer, W., Rieber, V., & Saretzki, T. (2021). Forschungsforum „Begriffsklärungen in Wissenschaft und Bildung: Entscheidung". *itdb (inter- und transdisziplinäre Bildung), 1*, 1–85. https://doi.org/10.5281/zenodo.5012120.

Buchstein, H., Frech, S., & Pohl, K. (Hrsg.). (2016). *Beutelsbacher Konsens und politische Kultur*. Wochenschau Verlag.

Flügel-Martinsen, O. (2011). *Jenseits von Glauben und Wissen. Philosophischer Versuch über das Leben in der Moderne*. Transcript.

Frech, S., & Richter, D. (Hrsg). (2017). *Der Beutelsbacher Konsens. Bedeutung, Wirkung, Kontroversen*. Wochenschau Verlag.

Friedrichs, W. (2016). Den Beutelsbacher Konsens radikaler denken! In B. Widmaier & P. Zorn (Hrsg.), *Brauchen wir den Beutelsbacher Konsens? Eine Debatte der politischen Bildung* (S. 140–147). Bundeszentrale für politische Bildung.

Gessmann, M. (2009). Dekonstruktion. In M. Gessmann (Hrsg.), *Philosophisches Wörterbuch* (S. 149–151). Kröner & Lizenzausgabe Wissenschaftliche Buchgesellschaft Darmstadt (WBG).

Gopnik, A. (2011). *Kleine Philosophen. Was wir von unseren Kindern über Liebe, Wahrheit und den Sinn des Lebens lernen können*. Ullstein.

Greshoff, R. (1989). Kampf- oder erwägungsorientierte Wissenschaft? Max Webers Umgang mit „deskriptiver" und „präskriptiver" Vielfalt. In A. Bienfait & G. Wagner (Hrsg.), *Verantwortliches Handeln in gesellschaftlichen Ordnungen. Beiträge zu Wolfgang Schlüchters „Religion und Lebensführung"* (S. 225–269). Suhrkamp.

Hammermeister, J. (2016). Macht- und Herrschaftsverhältnisse. In B. Widmaier & P. Zorn (Hrsg.), *Brauchen wir den Beutelsbacher Konsens? Eine Debatte der politischen Bildung* (S. 171–178). Bundeszentrale für politische Bildung.

Hausen, K., & Nowotny, H. (Hrsg.). (1986). *Wie männlich ist die Wissenschaft?* Suhrkamp.

Herrmann, S. (2021). Prof. Dr. Irrlicht. Wann ist kritisches Denken attraktiv? *Forschung & Lehre, 28*(12), 1014–1016.

Hildalgo, O. (2013). Derrida, Kant und das Zusammenspiel von Dekonstruktion und Konstruktion. *Zeitschrift für Politische Theorie, 4*(1), 43–65.

Kuhn, T. S. (1978). *Die Entstehung des Neuen. Studien zur Struktur der Wissenschaftsgeschichte*. Suhrkamp.

Loh, W. (1989). Wahn, Vorurteil und Wissenschaft. *Conceptus, 23*(59), 31–48.

Loh, W. (2020). Zur historisch-logischen Positionierung der Entwicklungspsychologie. *Psychologische Rundschau, 71*(1), 43–44.

Pant, H. A. (2016). Einführung in den Bildungsplan 2016. Ministerium für Kultus, Jugend und Sport Baden-Württemberg. http://www.bildungsplaene-bw.de/,Lde/LS/BP2016BW/ALLG/EINFUEHRUNG. Zugegriffen: 23. Febr 2022

Reichenbach, R. (2001). *Demokratisches Selbst und dilettantisches Subjekt. Demokratische Bildung und Erziehung in der Spätmoderne*. Waxmann.

Reichenbach, R. (2018). *Ethik der Bildung und Erziehung*. UTB.

Salomon, D. (2016). Konsens oder Dissens. Von Beutelsbach nach Heppenheim? In B. Widmaier, & P. Zorn (Hrsg.), *Brauchen wir den Beutelsbacher Konsens? Eine Debatte der politischen Bildung* (S. 285–293). Bundeszentrale für politische Bildung.

Sander, W. (2009). Bildung und Perspektivität – Kontroversität und Indoktrinationsverbot als Grundsätze von Bildung und Wissenschaft. *Erwägen Wissen Ethik, 20*(2), 239–248 (Hauptartikel gefolgt von 33 Kritiken und einer Replik).
Voss, H.-J. (2010). Konstruktivismus und Dekonstruktion – und deren Bedeutung für emanzipative Biologie-Kritik aus Geschlechterperspektive. In I. Nagelschmidt, K. Wojke, & B. Borrego (Hrsg.), *Interdisziplinäres Kolloquium zur Geschlechterforschung* (S. 61–74). Lang.
Wehling, H.-G. (1977). Konsens à la Beutelsbach? Nachlese zu einem Expertengespräch. In S. Schiele & H. Schneider (Hrsg.), *Das Konsensproblem in der politischen Bildung* (S. 173–184). Klett.
Weißeno, G. (2017). Zur Historisierung des Beutelsbacher Konsenses. In S. Frech & D. Richter (Hrsg), *Der Beutelsbacher Konsens. Bedeutung, Wirkung, Kontroversen* (S. 35–56). Wochenschau Verlag.
Weyland, J. (2016). Blinde Flecken des Kontroversitätsgebotes. In B. Widmaier & P. Zorn (Hrsg.), *Brauchen wir den Beutelsbacher Konsens? Eine Debatte der politischen Bildung* (S. 334–342). Bundeszentrale für politische Bildung.
Widmaier, B., & Zorn, P. (Hrsg.). 2016. *Brauchen wir den Beutelsbacher Konsens? Eine Debatte der politischen Bildung.* Bundeszentrale für politische Bildung.
Zima, P. V. (1994). *Die Dekonstruktion.* Francke Verlag & UTB.

Zeichen der Ungleichheit. Soziale Diskriminierung in der postkolonialen Pädagog*innenbildung

Anselm Böhmer

Der Appell „*Decolonise*" fordert dazu auf, sich der kolonialen Vergangenheiten und Gegenwartsbezüge bewusst zu werden. Dabei zeigt sich, dass soziale Ordnungen, Machtverhältnisse und Zugehörigkeiten vor allem als Bezeichnungspraxen hergestellt werden. Nur wer der hegemonialen Position zugerechnet und als deren Inhaber*in bezeichnet wird, kann sich in postkolonialen Konstruktionen der eigenen Position sicher sein – und sich gegen die subalternen abgrenzen (Castro Varela, 2016). Auf diese Weise wird die besondere Bedeutung von Bezeichnungen für die Herstellung von Macht, aber auch ihre Dekonstruktion im Sinne einer dekolonialen Infragestellung bestehender Verhältnisse sichtbar. Die soziale Praxis der Signifikation markiert somit historische, politische und kulturelle Positionen von Hegemonie und Subalternität und etabliert soziale Strukturen, die sich nicht zuletzt durch Wissensarchitekturen und deren Schatten, die Ignoranz (Castro Varela, 2016, S. 52–53), historisch, politisch und kulturell verfestigen.

Dekonstruktion ist notwendig, wenn koloniale Benennungen überwunden und so koloniale Ordnungen, Machtverhältnisse und damit verbundene Zugehörigkeiten verändert werden sollen. Im Sinne Butlers bedarf es einer Resignifizierung (Rose, 2014), einer Umbezeichnung also, die eine Umstrukturierung der kolonialen Gegebenheiten ermöglicht (Böhmer, 2016, S. 40–41). Ein solches Vorgehen erscheint immer nur situiert möglich (Böhmer, 2020a; Haraway, 1988), da in

---

A. Böhmer (✉)
Pädagogische Hochschule Ludwigsburg, Baden-Württemberg, Deutschland
E-Mail: boehmer@ph-ludwigsburg.de

© Der/die Autor(en), exklusiv lizenziert an Springer Fachmedien Wiesbaden GmbH, ein Teil von Springer Nature 2024
S. Leitner und A. Böhmer (Hrsg.), *Decolonise Lehrer*innenbildung*,
https://doi.org/10.1007/978-3-658-43410-6_3

einem solchen Wissen der Umbezeichnung globale und historische Prozesse zusammenkommen und in der gegebenen Situation wirksam werden.

Nicht ganz trivial ist allerdings die Frage, welche Resignifizierungen in welchen Diskurszusammenhängen und auf welche Weise zum Zweck der Dekolonisierung vorgenommen werden sollen. Welche Zeichen bleiben erhalten, welche müssen umstrukturiert werden? Dieser Aufsatz versucht, auf diese Fragen einige Antworten zu geben. Dazu wird zunächst eine soziosemiotische Konzeptualisierung von Zeichen eingeführt (1), um das Feld von Bezeichnung und Resignifizierung näher in den Blick zu nehmen. Um der gesellschaftlichen Situiertheit der vorgestellten Überlegungen Rechnung zu tragen, werden anschließend soziale Aspekte der Migrationsgesellschaft aufgegriffen und empirisch ausgeleuchtet (2). Dabei wird schnell deutlich, dass soziale Diskriminierungen in der postmigrantischen Gesellschaft fungieren (3). Der Beitrag schließt, indem er die vorangegangenen Überlegungen zueinander in Beziehung setzt und die soziale Diskriminierung in der postmigrantischen Pädagog*innenbildung diskutiert (4).

1 Zeichen

Zeichen prägen menschliche Kommunikation und menschliche Ordnungen, sie dienen der Orientierung, sie regulieren, sie schließen ebenso ein wie aus. Für eine sozial- und erziehungswissenschaftliche Theorie von Zeichen sind insbesondere jene Praktiken von Interesse, die soziale Ordnungen zum Ausdruck bringen, sie damit überhaupt erst funktional machen und somit fortführen.

1.1 Subjektivierende Zeichen

Bestimmte Subjektpositionen werden erst dadurch aufgerufen und wirksam, dass sie mithilfe von Bezeichnungen (Althusser, 1977), die ihrerseits in Diskurse eingebunden sind (Butler, 2001, S. 11), angerufen werden – erst das „He, Sie da!" des Polizisten (Althusser, 1977, S. 142) macht der*die*Davoneilende* in den Augen der Umstehenden zu einer potentiellen Straftäter*in und motiviert die Anwesenden zu Antworten auf diese Bezeichnung – das gebannte Anstarren des Außergewöhnlichen, die schaudernde Abkehr von der Szenerie, das erschrockene Schutzsuchen angesichts einer Straftat in unmittelbarer Nähe oder auch das Aufnehmen der Verfolgung. Aber wie auch immer die Reaktionen ausfallen mögen: Soziale Ordnungen entstehen durch die Praxis der Bezeichnung, durch Zuordnungen und eine soziale Zeichensprache von Zugehörigkeit und Ausschluss – letztlich von sozialer Präsenz überhaupt, die in der Anrufung ‚überprüft' (Althusser, 1977, S. 153) und darin bewahrheitet wird.

Eine solche Subjektivierung durch Anrufung und Bezeichnung gilt nun nicht allein für Individuen. Vielmehr werden auch Gruppen durch Bezeichnungspraktiken überhaupt erst formuliert, formiert und dann in der sozialen Praxis als gegeben behandelt. Hierzu hat sich der Begriff des Gruppismus (Brubaker, 2004) etabliert, um deutlich zu machen, dass durch Bezeichnungen Gruppen geschaffen, identifiziert und dann als homogene Größe adressiert werden. Durch gruppistische Bezeichnungen ergibt sich eine Homogenisierung, die sodann Möglichkeiten der Reifizierung[1] und Stereotypisierungen eröffnen: Werden Menschen trotz aller Unterschiede in eine homogenisierte Gruppe gezählt, können sie sich auch dann nicht der Anrufung und Identifizierung entziehen, wenn sie selbst eine solche Bezeichnung für sich gar nicht akzeptieren würden. „Ich meine die Tendenz, solche Gruppen zu reifizieren, indem ich von Serb*innen, Kroat*innen, Muslim*innen und Albaner*innen im ehemaligen Jugoslawien [...] spreche, als ob es sich um intern homogene, extern abgegrenzte Gruppen, gar um einheitliche kollektive Akteure mit gemeinsamen Zielen handelte." (Brubaker, 2002, S. 164; Übers. A.B.)

1.2 Signifikation als performative Rede

Auf diese Weise dient Bezeichnung in der sozialen Interaktion der Zuweisung und der Affirmation von Identität. Denn Identität wird durch Bezeichnung geschaffen und nach ihrer Kreation werden Identitäten in sozialen Praxen angewandt, reifiziert und als Differenzen kategorisiert. Damit wird Identität durch Bezeichnung präzisiert. Wer jemand sei, ist damit erst einmal von den Anderen her zu denken; Identität ist keine Entscheidung oder auch nur Praxis des Individuums. Insofern muss eine „Gesellschaft der Singularitäten" (Reckwitz, 2020) nicht zurückgewiesen werden, ihre Entstehung jedoch fußt auf einem kollektiven Diskurs und gerade nicht auf einer singulären Entscheidung.

Identität wird erst durch Bezeichnungen möglich. Der Ausruf der Hebamme: „Es ist ein Mädchen!" (Butler, 1997, S. 29; später Moebius, 2018, S. 12) macht eben deutlich, dass durch diesen Akt der Signifikation, der performativen Rede,

---

[1] Also eine sozial konstruierte Größe, die als „sachlich gegeben" aufzufassen ist (res = lat. Ding, Sache).

eine geschlechtliche Identität bezeichnet und begründet wird, die in der sozialen Praxis folgenreich ist (Adressierung, individuelle Körperschemata, Begehren etc. werden im Allgemeinen davon ebenso berührt wie soziale Positionierungen, Einkommensverhältnisse und sozial häufig erwartete Verhaltensrepertoires).

Man kann also festhalten, dass Bezeichnung eine soziale Praxis ist, die soziale Wirklichkeiten schafft. Dies gilt zunächst für das Individuum selbst, das eben unterschiedlich identifiziert und adressiert wird, damit aber auch eigene Antworten auf die Anrufungen seiner Umwelt formuliert. Es gilt aber auch für die soziale Umwelt der Bezeichneten, die als sympathisch, bedrohlich oder anderes mehr eingeordnet werden. Denn die Antworten der sozialen Umwelt auf solche Identifizierungen sind dann erneute und weiterreichende Identifizierungen: einer Person dieser konkreten Gruppe wird ein bestimmtes Verhalten zugeschrieben, darauf antworten die Personen aus ihrem Umfeld in einer bestimmten Weise, was erneute Antworten der Identifizierten zur Folge hat.[2]

Aus einer solchen sozialen Bezeichnungspraxis ergeben sich *Bedeutung als klassifizierender Ausdruck* und *Sinn als Argumentation mit komplexen Inhalten* (in Rezeption von Mason, 2014; eine allgemeine Übersicht der inhaltlichen und theoretischen Spannweite aus soziolinguistischer Perspektive vermittelt Spitzmüller, 2022). Insofern muss nach aller Einschätzung von Bedeutungszuordnungen in der Bezeichnungspraxis auch danach gefragt werden, wie die so bezeichneten Inhalte als Sinn konstruiert werden. Bedeutet z. B. der schon erwähnte Ausruf „He, Sie da!" Bedrohung, Spannung, Motivation zur eigenen Handlung oder etwas anderes? Bereits für diese Bedeutung sind Rahmenbedingungen, aber ebenso allgemein bekannte Konventionen (etwa über Intonation, Lautstärke etc.) relevant, um die in der gegebenen Situation angesprochene Bedeutung erschließen zu können. Bedeutung kann also eng mit Wissen und Wissenskonzepten verbunden werden – Wissen ermöglicht bestimmte Bedeutungen für die einzelne Person (Mason, 2014, S. 210). Zugleich aber ergibt sich nur mit zusätzlichen situativen, individuellen und weiteren Aspekten ein spezifischer Sinn, der die Bedeutung für die einzelnen Individuen in der Situation geradezu „architektonisch" aus den Wissensbedeutungen errichtet und wiederum auf sie einwirkt (Mason, 2014, S. 209–210).

Soll also die Aussage verstanden werden „sie*er ist anders", so lassen sich zu einer Unterscheidung verschiedene Bedeutungen und Sinn-Entwürfe anführen. Hier sollen solche der Soziosemiotik, ausgehend von Saussure (1989), genutzt

---

[2] Dass solche Bezeichnungen und ihre Antworten nicht mechanisch ablaufen, sondern stets ein gewisser Spielraum der Möglichkeiten besteht, muss wohl kaum erwähnt werden. Dennoch ist dieser Spielraum unterschiedlich weit – und gerade für die Pädagog*innenbildung mit ihrem klar umrissenen Anspruchshorizont für so manche Individuen merklich eng.

werden. Deutlich wird dabei, dass die Verbindung von Zeichen und Bezeichnetem, Signifikant und Signifikat, arbiträr, also willkürlich ist und nicht der Bezeichnung vorausliegenden Regeln folgt. Was also wie bezeichnet wird, muss sich gerade der Bezeichnungspraxis entnehmen lassen, der Signifikant wird sozial kreiert.

Kress (2010) macht seinerseits auf die soziale Erzeugung von Bedeutung durch soziosemiotische Praktiken aufmerksam und betont zugleich die verhältnismäßige Stabilität der so erzeugten Bedeutungen, die den Regelmäßigkeiten des sozialen Austauschs entsprechen (Kress, 2010, S. 8). Doch werden Bedeutungen durch ihre soziale Erzeugung gerade nicht überzeitlich fixiert. Soziale Bedeutungen hängen ab von den sozialen Bedingungen – und wandeln sich deshalb mit ihnen. Zugleich wirken weitere Umweltfaktoren auf die semiotische Praxis und ihre sozialen Folgen ein. So hat Digitalität, gerade in der post-pandemischen Kommunikation und in der internationalen Lehre, besondere Bedeutung erlangt und zeigt eine Vielzahl von Konsequenzen für deren praktische Umsetzung (mit Blick auf Körperlichkeit als soziosemiotische Artikulation der Digitalität und der ihr eingeschriebenen Undurchsichtigkeit (Böhmer, 2023).

1.3 Das soziosemiotische Dreieck

Führt man die bisherigen Erkenntnisse von sozialer Herstellung, Verwendung und Bedeutung der Bezeichnungspraxis zusammen, ergibt sich ein soziosemiotisches Dreieck (Abb. 1): Bedeutung wird hergestellt durch das Wechselspiel von Signifikat und Signifikant, doch anders als bei Saussure (1989) soll hier die Auffassung vertreten werden, dass dies nicht allein durch die Relation der beiden erfolgt. Vielmehr geschieht diese Herstellung von Bedeutung durch eine Verschiebung im Signifikat, die durch den Signifikanten und dessen soziale Praxis hervorgerufen wird. Dabei denke ich den Signifikanten als aufgerufen durch das Signifikat der Adressierenden, die*der durch die Adressierung zu allererst die *Produktion* des Signifikanten aus dem Signifikat bewerkstelligt und somit einen semantisch spezifisches Signifikat$_P$ zum Ausdruck bringt.

Um diesen etwas komplexeren Gedanken zu illustrieren: Die bereits oben formulierte Aussage „sie*er ist anders" nutzt den Signifikanten „anders", um ein Signifikat auszudrücken – der Mensch gegenüber erscheint als verschieden und diese Einschätzung soll ausgesagt werden. Wie genau aber diese Aussage zu verstehen ist, wie also das semantische Feld des Ausdrucks „anders" definitiv beschaffen und abgegrenzt ist, was der Ausdruck „anders" nun für die Sprecher*in bedeutet – das hängt auch vom Ausdruck und seiner Verwendung in

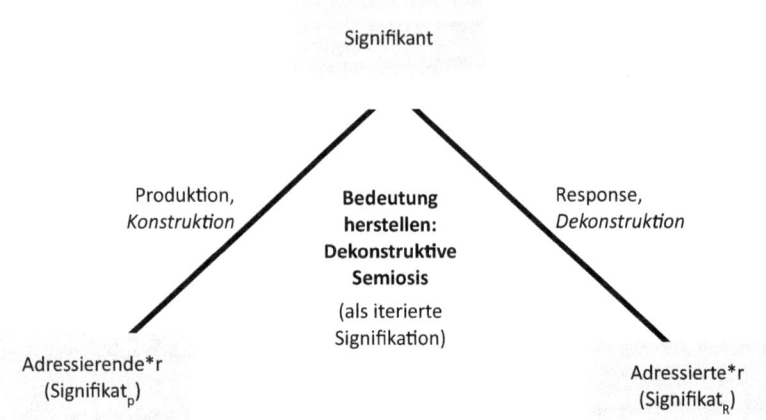

Abb. 1 Das soziosemiotische Dreieck

der Situation ab: Auf dem Sportplatz kann „anders" vielleicht das Mitglied einer anderen Mannschaft bezeichnen, das aber nach dem Spiel zum gemeinsamen geselligen Abend eingeladen wird. In einer aufenthaltsrechtlichen Anhörung der öffentlichen Verwaltung hingegen kann der Ausdruck dazu führen, dass dem Gegenüber das Recht auf legalen Aufenthalt abgesprochen wird und die*der Adressierte in kürzester Zeit den Aufenthaltsort verändern und ausreisen muss. Nicht allein der Signifikant ist also von Bedeutung, sondern bereits das Signifikat kann sich semantisch unterschiedlich zeigen, damit unterschiedlich Bedeutendes ansprechen und durch dieses Ansprechen soziosemiotisch Differenzen kreieren.

Dieser Signifikant ist nun wiederum nicht einfachhin im Sinne von Reiz/Reaktion unmittelbar durch die*den Adressierten zu entschlüsseln, sondern im Sinne einer *Response* (Waldenfels, 1994) in einem semantischen Spektrum der Antwortmöglichkeiten platziert; seine Konkretisierung erfährt er als Signifikat$_R$.

Bedeutung wird in diesem Wechselspiel also durch einen zweifachen Dechiffrierungsprozess erreicht: Wer anspricht, transportiert in der Ansprache ein semiotisches Konzept der jeweils angenommenen Bedeutung, das als solches entschlüsselt und in den – als geeignet verstandenen – Signifikanten übertragen wird. Die Konstruktion des Signifikanten ist somit die *erste Dechiffrierung*. Wer angesprochen wird, nimmt den dazu genutzten Signifikanten wiederum auf, dechiffriert ihn erneut in das eigene semantische Konzept hinein und dekonstruiert auf diese Weise die entgegenkommende Bedeutung als eine eigene. Die responsive Dekonstruktion des Signifikanten ist somit die *zweite Dechiffrierung,* die zugleich produktive Aspekte einer Einordnung in das eigene Konzept umfasst und somit als Verstehen bereits responsiv[3] agiert.

Somit wird eine soziale dekonstruktive *Semiosis* verwirklicht, ein Bezeichnungsprozess, der durch die Dekonstruktion (Derrida, 2007) von bezeichneten Bedeutungen neue Bedeutungen offenlegt. Dies geschieht durch die iterierte, also immer wieder neu erfolgende und dabei Abweichungen erzeugende Signifikation von Signifikaten, die nie gänzlich aufeinander verweisen (s. o. zur Differenz von Signifikat$_P$ und Signifikat$_R$) und bereits eine strukturelle Dekonstruktion bewirken, die dem Verstehen von Bezeichnungen immer schon eingeschrieben ist.

Folglich wird in dieser *Semiosis* Sinn konzeptualisiert. Signifikat$_P$ und Signifikat$_R$ erfordern jeweils, dass zur Herstellung ihrer Bedeutung auf Sinn referenziert wird: Die Ausdrucksgestalt von Wissen (Bedeutung) kann nur dadurch chiffriert und dechiffriert werden, indem die Kohärenz[4] von Bedeutungen (Sinn) als Referenz dafür dient, dass eine neue Bedeutung ausgedrückt werden kann. Daher überschneiden sich Bedeutung als Ausdrucksgestalt und Sinn als Kohärenz darin, dass sich einzelne Bedeutungen aus einem Gesamt des Ausdrucks ableiten lassen und zu einem neuen Gesamt beitragen.

Daraus wiederum folgt eine perpetuierte Opazität; eine fortgesetzte Undurchschaubarkeit also, die sich auf responsives Verstehen verlegen muss, weil eine Sinnvermittlung des Bedeuteten nach den obenstehenden Überlegungen *unisono* nicht möglich ist. Es kommt vielmehr zu einem dauerhaften Operieren und Adressieren im Vorläufigen, sodass Bedeutungen stets als schemenhaft-schematisch zu begreifen sind. Bezeichnungen können folglich nicht eindeutig sein, sie beinhalten immer schon die Tendenz der Abweichung. Einander Verstehen bedeutet somit stets, die Abweichung des Bedeuteten und des damit transportierten Sinnes zumindest als möglich anzusetzen.

Dies hat Folgen für eine soziosemiotische Epistemologie, die Bedeutung und Sinn ebenso wie Sozialität nicht einfachhin im Wissen abbilden kann. Zu aller Situativität und Singularität des Wissens kommt die konstitutive Differenz im Wissen hinzu. Alles Wissen ist immer schon unterschieden vom Wissen der anderen, auch auf das Wissen der einzelnen Wissenden selbst kann es sich nicht

---

[3] Wenn ich es richtig sehe, setzt sich diese Auffassung von Verstehen bereits als Response von jener Waldenfels' (1994) ab, der erst in der Antwort auf das Verstandene responsive Aktivität ausmacht.

[4] Im Sinne von Mason's „Verbindung, Verursachung, Prozess, Analyse und Sondierung" (Mason, 2014, S. 210; Übers. A.B.).

mehr *unisono* reflexiv beziehen. Die dekonstruktive *Semiosis* macht die Kluft der Signifikate deutlich, die somit nicht mehr als identische erwartet werden können. Signifikat$_P$ und Signifikat$_R$ bleiben in ihrer iterativen Response korrelativ aufeinander verwiesen, eine Identität des Wissens lässt sich jedoch nicht mehr vertreten. Eher wäre von einer ‚strukturellen Negativität des Wissens' in Anlehnung an Adorno (2020) auszugehen.

1.4 Abweichende Identitäten

Bezeichnungen schaffen Identitäten. Doch diese Bezeichnungen weichen permanent voneinander ab (Derrida, 2007) – die Identitäten folglich auch. Zwar vermittelt Kommunikation unter dieser Hinsicht identitäre Zuordnungen, doch diese können von den Individuen auch subversiv unterlaufen werden (Butler, 2003).

Identitäten schaffen soziale Verhältnisse, schon durch Bezeichnungen, und soziale Verhältnisse legen mit ihren Machtstrukturen Identitätsbezeichnungen nahe. Zudem hat sich in den oben dargebotenen Analysen ergeben, dass Wissen als responsiver Prozess der Dechiffrierung zu verstehen ist, der soziosemiotische Dekonstruktionen verwirklicht.

2 Soziale Aspekte der Migrationsgesellschaft

Wurden bislang die Bezeichnungspraktiken in sozialen Zusammenhängen noch recht allgemein dargestellt, soll nun – der Themenstellung des vorliegenden Bandes folgend – die Frage aufgeworfen werden, wie sich solche Bezeichnungen in einer postkolonialen Gesellschaft zeigen und welche dekolonialisierenden Implikationen dies nach sich ziehen kann. Das Verhältnis von Migrations- zur postkolonialen Gesellschaft wird dabei auch die folgende Darstellung prägen; insofern wird diese Relation hier kurz konzeptualisiert: Migration wird im Folgenden verstanden als das soziale Phänomen einer dauerhaften Änderung des räumlichen Bezugs von Menschen, postkolonial als die machtbezogene Ausgestaltung sozialer Verhältnisse von Menschen, die unter einer kolonialen Perspektive als „Andere" bezeichnet werden (Hall, 1997; grundlegend Said, 2019). Damit beschreiben beide Begriffe, Migrationsgesellschaft und postkoloniale Gesellschaft, für die hier diskutierten deutschen Verhältnisse einen Zusammenhang, der sich durch *Othering* als Zuschreibung einer Andersheit sowie durch Historie und soziale Folgen verbindet.

Meine hiesigen Darstellungen folgen der These, dass koloniale Strukturen sich insbesondere mit dem als anders und fremd Bezeichneten befassen, dessen Phänomene als different markieren und daraus hegemoniale Positionen und Zuordnungen vornehmen:

> Postkoloniale Theorie interessiert sich dabei insbesondere für die epistemische Gewalt, die die imperialen Projekte begleiteten und durch Bildungsinstitutionen durchgesetzt wurde. Spivak hat dies einmal provokativ als *mindfucking* charakterisiert. Dies impliziert die Disqualifizierung wie auch Auslöschung vorkolonialen Wissens wie auch die Setzung von unerschütterlichen Wahrheiten – und zwar auf beiden Seiten der kolonialen Grenzziehung –, die die koloniale Macht und Herrschaft stabilisierten. (Castro Varela, 2016, S. 48)

Dementsprechend wird hier einerseits die Lage ‚diesseits der kolonialen Grenzziehung' abgebildet. Sodann sind die empirischen Befunde mit Blick auf soziale Differenzen und Diskriminierungen zu skizzieren, um auf diese Weise den postkolonialen *Nexus* von Migrantisierung und Diskriminierung zu umreißen.

Somit sollen zunächst einige Aspekte der postkolonialen Gesellschaft vorgestellt werden. Dazu ist eine methodisch-begriffliche Vorbemerkung vonnöten: Zuvor wurde bereits viel Aufwand betrieben, um Bezeichnungspraktiken allgemein und für die hier zur Debatte stehende Thematik der Dekolonialisierung zu erfassen, diese Befunde sollen auch hier eingebracht werden. Bereits einleitend ist nun auf die Problematik der Kategorien, ihrer Verwendung und die damit erforderliche spätere Dekonstruktion hinzuweisen. Wenn hier also bestimmte Statistiken und Befunde präsentiert werden, so nutzen sie häufig jene Kategorisierung und damit Homogenisierung, die zuvor bereits als Ergebnis eines sozialen Konstruktionsprozesses dechiffriert wurde. Zugleich aber können solche Darstellungen ein Bild jener alltäglichen Praktiken und der *mit ihnen einhergehenden Diskriminierungen* eröffnen, die ja gerade solche Homogenisierungen nicht allein hervorbringen, sondern durch ihre Anwendung noch bestätigen und weiter transferieren. In dieser Ambivalenz von analytischer Kritik und empirischer Affirmation wird folglich der erste Schritt der nun erfolgenden Darstellung verlaufen, um sich sodann erneut auf die – soziosemiotisch gelesene – Genese dieser Befunde zu konzentrieren.

Geht man unter solchen epistemologischen Vorbehalten an die verfügbaren Daten heran (Destatis, 2022a), so zeigt sich zunächst, dass Deutschland erkennbar ein Einwanderungsland ist (Abb. 2). Seit den hier verfügbaren Daten ab 1967 ist die Tendenz der in Deutschland lebenden Ausländer*innen nahezu kontinuierlich steigend, für das Jahr 2021 werden knapp 12 Mio. Menschen nicht deutscher Staatsangehörigkeit für Deutschland ausgewiesen.

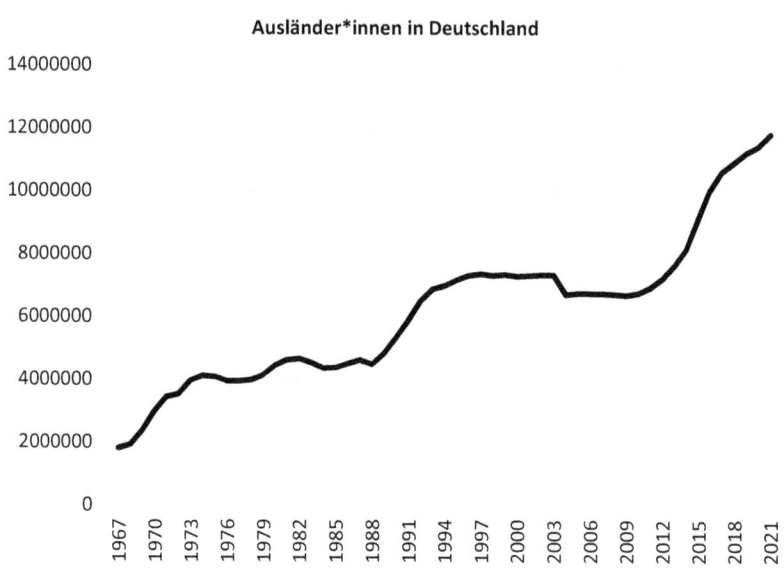

Abb. 2 In Deutschland lebende Menschen ohne deutsche Staatsangehörigkeit

Damit verbunden sind die Wanderungssalden in Deutschland (Destatis, 2022b), die Frage also, ob jährlich mehr Menschen nach Deutschland einwandern als von dort auswandern (Abb. 3). Auch hier zeigt sich eine recht klare Tendenz: Mit Ausnahme des Jahres 2008 waren die Zahlen der Zuzüge im Zeitraum 2000–2020 stets positiv.

Betrachtet man nicht allein die Bevölkerungsentwicklungen allgemein, sondern zudem jene an den Hochschulen in Deutschland (DAAD, 2022), so kann man – bei immer noch merklich geringer Grundgesamtheit – eine doch anteilig wachsende Zahl ausländischer Studierender feststellen (Abb. 4). Während in den hier untersuchten zehn Jahren die Zahl aller Studierender um 33 % zunahm, wuchs die der Studierenden mit internationaler Herkunft um 75 %. Diese Tendenz macht deutlich, dass in der Hochschulbildung ebenso wie in den zuvor beschriebenen Sektoren Zuwanderung selbstverständliche Realität ist.

Zeichen der Ungleichheit. Soziale Diskriminierung in der ... 45

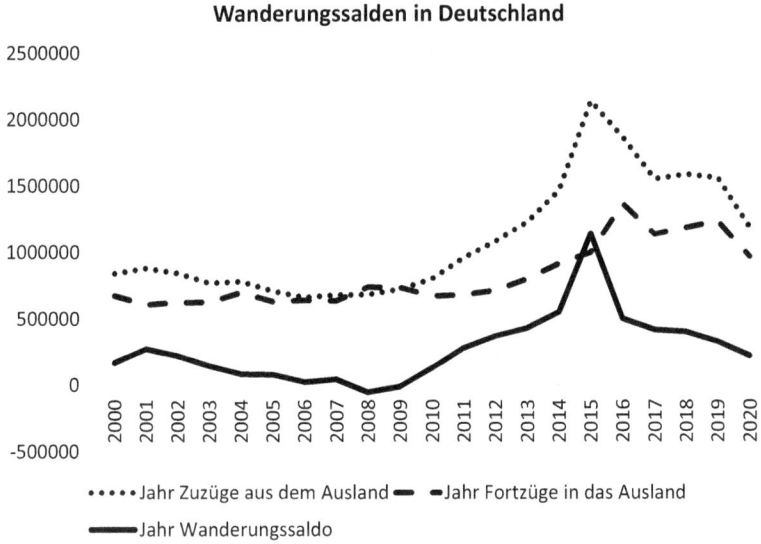

Abb. 3 Wanderungssalden in Deutschland

Weiter wird mit Blick auf die berufliche Stellung von Menschen, die persönliche oder familiäre Migrationserfahrungen haben (Destatis, 2021),[5] deutlich, dass die Zuschreibung von Migration dazu führt, dass sich so bezeichnete Menschen statistisch weit häufiger in den Berufsgruppen der Arbeiter*innen und der einfachen Angestellten finden, hingegen weit seltener in gehobenen und verbeamteten beruflichen Positionen (Abb. 5). Hier zeigt sich nun die unterschiedliche berufliche Teilhabe jener Menschengruppen, die als Migrant*innen bezeichnet werden. Geht man davon aus, dass Erwerbsarbeit nach wie vor eine zentrale Bedeutung für die Vergesellschaftung und Inklusion von Menschen hat (Böhmer, 2017), so wird zugleich deutlich, wie problematisch ein solcher Differenzbefund inklusionstheoretisch ist: Menschen, denen ein sogenannter „Migrationshintergrund" zugeschrieben wird, sind damit weit häufiger nicht nur von bestimmten

---

[5] In der Quelle wird hierfür der Begriff „Migrationshintergrund" verwendet. Gerade an diesem Terminus wird deutlich, dass die Bezeichnung höchst unterschiedlicher Menschen mit einem homogenisierenden Signifikanten zu den oben bereits ausgeführten Problemkonstellationen führt. Die Bezeichnung wird hier also unter Vorbehalt verwendet; diese Verwendung ist einzig der Datenlage und der Terminologie der Quelle geschuldet.

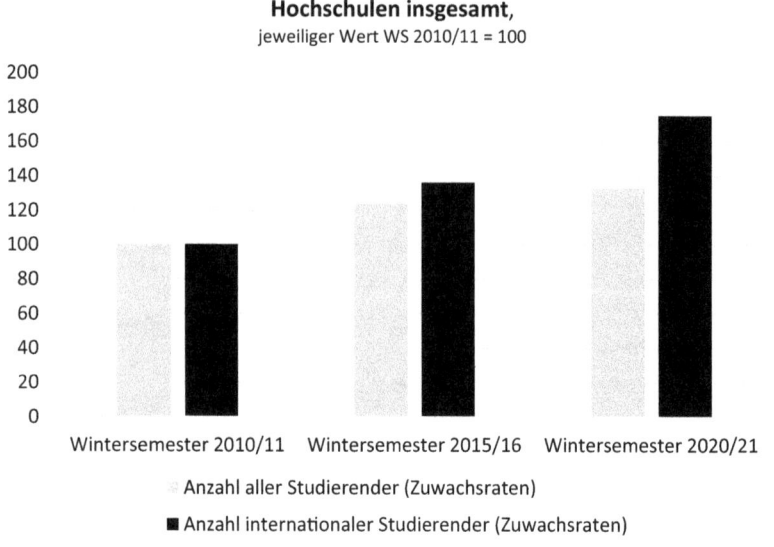

Abb. 4 Zuwachsraten internationaler Studierender an deutschen Hochschulen

Tätigkeiten ausgeschlossen, sondern damit verbunden eben auch von bestimmten sozialen Positionen und gesellschaftlichen Ressourcen. Folglich ist die berufliche Ungleichheit ein Faktor für die soziale Benachteiligung derjenigen, denen Fremdheit zugeschrieben wird.

Erkennbar wird somit: Migration gehört seit vielen Jahren zur Gesellschaft in Deutschland. Migration betrifft dabei alle Lebensfelder dieser Gesellschaft, weil migrierte Menschen in allen Lebensfeldern angetroffen werden können und folglich die Ausgestaltung dieser Felder mitprägen. Und doch ist zwar Migration Thema für alle Lebensfelder, jedoch für verschiedene Gruppen unterschiedlich. Denn nicht allein die Teilhabe in Bildung und Erwerbsarbeit gestaltet sich sehr unterschiedlich, sondern auch die daraus folgenden Konsequenzen für die betreffenden Menschen – und dies sind keineswegs nur jene, die als Migrant*innen bezeichnet werden, – sind von dieser Ungleichheit bestimmt.

Insofern lautet meine Schlussfolgerung: Die ungleiche Teilhabe liegt weniger an den „migrantisch gelesenen" Menschen, sondern offenkundig mehr noch an den gesellschaftlichen Verhältnissen, ihrer soziosemiotischen Praxis

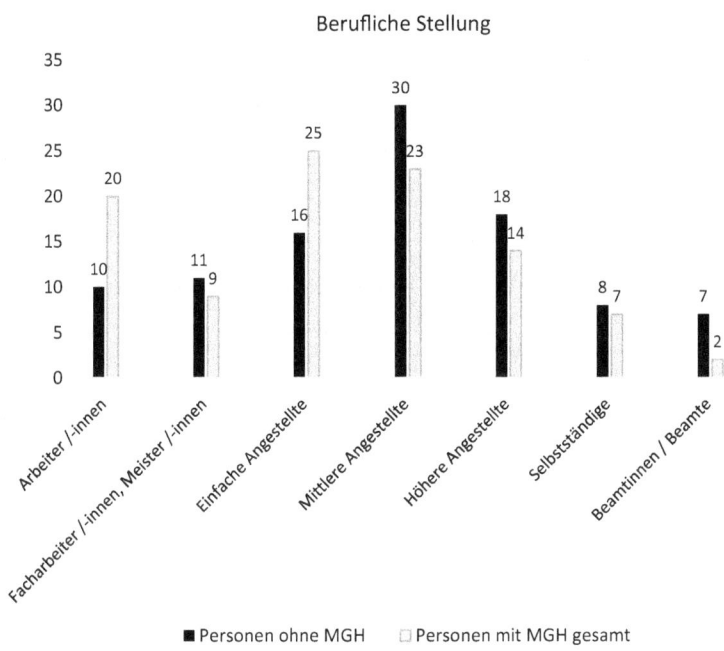

Abb. 5 Berufliche Stellungen, Angaben in %

und den daraus folgenden sozialen Praktiken der Zuteilung oder Verweigerung gesellschaftlicher Ränge und Positionen.

Ein weiterer Aspekt kommt in den Blick, der die obige Berufsverteilung erläutern kann. Scherr (2012) macht diskriminierungstheoretisch für die Verbindung von Sprachpraxis und Rassismus deutlich, dass sich dabei eine wechselseitige Stabilisierung exkludierender Praktiken einstellt:

> Schulen können zwar verlernen, ethnische Unterscheidungen als relevant zu betrachten, aber aufgrund ihrer Aufgabenstellung nicht, jedenfalls nicht voraussetzungslos, von Unterschieden der sprachlichen Fähigkeiten absehen; dagegen werden sprachliche Differenzen in klassischen Ausbildungsberufen durchaus als nachrangig betrachtet, während ethnorassistischen Kalkülen dort bei der Lehrstellenvergabe eine erhebliche Bedeutung im Hinblick auf innerbetriebliche Erfordernisse und Kundenerwartungen zugesprochen wird. (Scherr, 2012)

Somit sind die Bildungs-, Ausbildungs- und Arbeitsmarkt-Zugänge von migrantisch adressierten Menschen in mehrfacher Hinsicht als problematisch zu betrachten.

Sollen die zuvor dargebotenen und postkolonial interpretierten Befunde zur Migrationsgesellschaft näher eingeschätzt werden, bedarf es eines weiteren Blickes – nämlich desjenigen auf die sozialen Folgen solcher Bezeichnungen. Die Frage lautet also hier, welche sozialen Folgen die Zurechnung von Menschen zur Gruppe der Migrant*innen oder ihrer Nachfahren habe. Eine zentrale Perspektive der sozialen Teilhabe ist jene auf die sozioökonomische Situation von Menschen, insbesondere die Armut (mit der sich in der Folge dann weitere soziale, kulturelle, gesundheitliche u. a. Konsequenzen einstellen).

Betrachtet man nun die Armutsquoten in Abhängigkeit von den zugeschriebenen Migrationserfahrungen – und jene wiederum differenziert nach Herkunftsnationen (Destatis, 2021), – so ergibt sich für das ausgewiesene Jahr 2018 doch ein recht eindeutiges Bild (Abb. 6): Die Gefahr, in Armut zu geraten, ist für alle Menschen in einem so wohlhabenden Land wie Deutschland bemerkenswert hoch. Doch unterscheidet sich das Ausmaß dieses Risikos merklich nach den zugeschriebenen Herkünften. Im Unterschied zu Menschen ohne sogenannten „Migrationshintergrund", die zu 14 % von Armut bedroht sind, schwanken die Angaben für die hier zusammengestellten Herkünfte zwischen 26 und 33 %; für Geflüchtete liegen sie gar bei 81 %. Dabei ist zu berücksichtigen, dass diese unterschiedlichen Befunde weder zufällig noch durch soziale Aspekte allein erklärt werden können. Ein sicher recht bedeutender Aspekt für die hohe Armutsquote Geflüchteter ist deren je nach Aufenthaltszeit und -status unterschiedlich möglicher Anteil am Erwerbsleben – vom Arbeitsverbot bis hin zu uneingeschränkten Zugängen zum Arbeitsmarkt. Dem zugrunde liegen migrationsrechtliche und -politische Entscheidungen. Wer insofern nicht oder nur eingeschränkt arbeiten darf, hat damit auch weniger ökonomische Mittel zur Verfügung und ist in der Folge weniger sozial inkludiert.

Die – hier nur in Auswahl dargestellte – soziale Situation für migrantisch Adressierte in postkolonialen gesellschaftlichen Verhältnissen macht deutlich, dass die Normalität der Migrationspraxis keineswegs mit den Verteilungsverhältnissen sozialer, ökonomischer und beruflicher Zugänge einhergeht. Nimmt man die hier vorgestellten Befunde zusammen, so lässt sich folgern, dass die Normalität der Migration mit der Normalität der relativen Exklusion von migrantisch bezeichneten Menschen in Verbindung steht. Unter dieser Hinsicht bleiben die Verhältnisse der Migrationsgesellschaft postkolonial: Sie bestätigen und perpetuieren die diskriminierenden Verhältnisse, ungeachtet der Dauer migrationsgesellschaftlicher Gegebenheiten und deren Entwicklungen. Während also wie

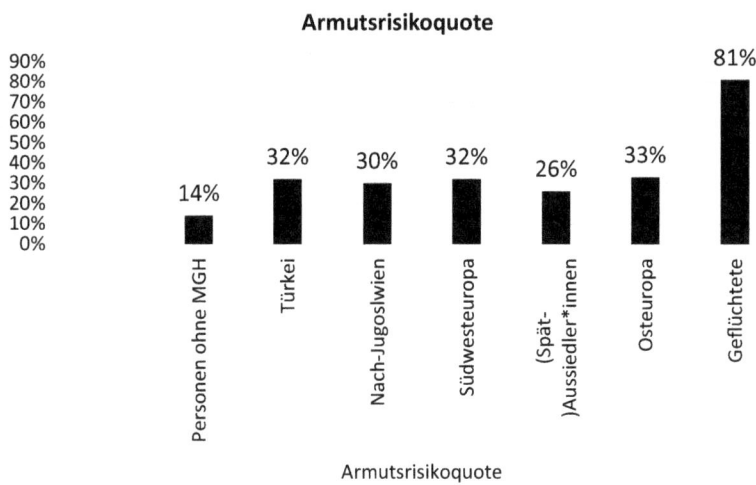

Abb. 6 Armutsrisikoquote, Länder-Angaben nach sog. MGH

immer wieder formuliert „Migration zu Deutschland gehört", ist eine gesellschaftliche Inklusion von Migrant*innen und ihren Nachfahren nicht im selben Maße selbstverständlich. Migration bedeutet in Deutschland sehr häufig Exklusion, teilweise über Generationen hinweg, und markiert auf diese Weise das Überdauern postkolonialer Differenzen.

3 Die hegemoniale Epistemologie und ihre Herstellungsmechanismen

Deutlich wird mit diesen empirischen Einblicken, dass sich postkoloniale Verhältnisse der Diskriminierung in vielen Bereichen des gesellschaftlichen Lebens feststellen lassen – und dies gerade auch in solchen Bereichen, die für die Teilhabe an der Gesellschaft wichtig sind: Bildung, Ausbildung, Erwerbsarbeit. Hier sollen nun diese Befunde in Bezug zu den vorher formulieren soziosemiotischen Zugängen gesetzt werden und von dorther die Dekolonialisierung dieser Perspektiven erfolgen. Dadurch sollen mit den Mitteln wissenschaftlicher Reflexion die Möglichkeit und die Tragfähigkeit einer solchen Argumentation erprobt werden.

Zu diesem Zweck bedarf es einer Dekonstruktion der bisherigen Wissens- und Bezeichnungsbestände, um ihre soziosemiotische Konstruktion hegemonialer Epistemologie auf ihre Herstellungsmechanismen hin zu befragen und die Folge solcher Strukturierungen auszuloten (3.1). Daraus ergibt sich dann eine empirisch unterfütterte und postkolonial aufgeklärte Darstellung einer gesellschaftlichen Lage, die der Dekolonialisierung der Pädagog*innenbildung neue Horizonte der Machtkritik eröffnen kann (3.2).

3.1 Zur soziosemiotischen Dekonstruktion der postkolonialen Epistemologie

Einleitend und nur als grober Überblick verstanden, sollen zunächst solche Kategorien benannt werden, die eine soziale Diskriminierung unterstützen und stabilisieren können. Dazu zählen klassischerweise *race – class – gender* als Bezüge der Intersektionalitätstheorie sozialer Diskriminierung, aber auch andere wie (Fremd-)Sprache, Behinderung, sexuelle Identität und manche mehr. Gerade unter der hier eingenommen soziosemiotischen Perspektive scheint es also weniger auf die genutzten Kategorien in einer überzeitlichen Hinsicht anzukommen, sondern eher auf die „Konjunkturen der Diskriminierung" und der mit ihnen genutzten Bezeichnungen. Es sind gerade nicht die (essentialisierten) Unterschiede, die diskriminierende Sprachpraxis ausmachen, als vielmehr die Bezeichnungen im jeweiligen „Sprachspiel" von Sinn und Bedeutung. Das Ergebnis ist aber jeweils ein recht ähnliches – je nach Kategorie werden in postkolonialer Hinsicht Unterscheidungen vorgenommen, die sich auf die gesellschaftliche Teilhabe der als verschieden Bezeichneten auswirken.

Mit einer zusätzlichen Erschwernis ist jeweils bei migrantisch konstruierten Differenzen zu rechnen. Denn soziosemiotisch wurde bereits dargelegt, dass Wissen nicht *unisono* vermittelt wird, sondern in zweifacher Ableitung über den Signifikanten (Abschn. 1.2). Differenzen werden demgemäß sprachlich hergestellt, zugleich auch in ihren semantisch-narrativen Inhalten (dazu ausführlicher Zima, 2022, S. 131 ff.) verschoben und bieten somit die Möglichkeit einer machtpolitischen Ungleichheit, die ihrerseits der Einflussnahme offensteht. In diesem Zusammenhang gilt es zu beachten, dass solche semiotischen Machtpolitiken nicht allein intentional erfolgen müssen, indem bestimmte Narrationen mit ausgesuchten Semantiken betrieben werden und dabei bestimmte Bezeichnungen etabliert werden, etwa die der ethnisch-klassistisch-genderspezifisch Geanderten und ihre wahlweise abweichende, kriminelle oder integrative bis assimilierte Konnotation. Vielmehr transportieren die ins Sprachspiel gebrachten Bezeichnungen bereits einen gebräuchlichen semantischen Kontext und legen somit Assoziationen nahe, die dann den weiteren diskursiven Gebrauch prägen. Zur Illustration sei hier lediglich an naturalistische Metaphern erinnert, die Fluchtmigration als „Flut" o. ä. adressieren und zugleich stigmatisieren.

Geht man folglich weiter davon aus, dass sich solche Bezeichnungspraxen als Voraussetzung und zugleich als Folge gesellschaftlicher Prozesse verstehen lassen, so können sie die gesellschaftlichen Machtverhältnisse nicht nur offenlegen, sondern in ihrer Nutzung erneut befestigen. Daher bedarf es einer gesonderten sprachlichen Praxis, um solche soziosemiotischen Affirmationen zu erkennen und ggf. zu dekonstruieren. Gerade diese Programmatik soll hier als *Decolonise* bezeichnet werden.

Decolonise heißt dann zum *Ersten,* Herrschaftsverhältnisse durch migrantisierende Bezeichnung erkennen, kritisieren, dekonstruieren – und letztlich auch: aus Gründen der menschenrechtlichen Gleichbehandlung gegen sie opponieren zu können. Insofern verbietet sich bereits aus demokratietheoretischer Überlegung eine kolonialistische Kategoriennutzung, die auf geographische Herkünfte abstellt und damit politische Fronten und soziale Ungleichheiten zu legitimieren sucht (eine nicht-eurozentrische Perspektive bietet Skaria, 2022).

Um dies reflektiert leisten zu können, sind zum *Zweiten* die „sozialen Mechaniken" aufzuklären (*othering*, Signifikationen, *groupism* – Brubaker, 2004), die in einer solchen Perspektive des *Decolonise* zu überwinden sind. Auf welche Weise also werden solche Bezeichnungen praktiziert? Wie kommen sie genau zur Anwendung, wie werden sie legitimiert und welche Folgen ergeben sich mit ihnen? Dies sind dann Fragen, die einer solchen Dekonstruktion sozialer Wirkungszusammenhänge entsprechen.

Schließlich und zum *Dritten* ist das zugrunde liegende System auf seine funktionale Notwendigkeit der Herstellung von Ungleichheiten hin zu untersuchen. Wozu dienen solche Differenzen? Welche Möglichkeiten zur Legitimation einer intersektionalen Ungleichheit sozialer, gesellschaftlicher oder auch globaler Verhältnisse ermöglichen sie also – zum Beispiel mit Blick auf die globalen Regionen, Handelspositionen und (v. a. genderspezifischen) Aufteilungen der Produktion und Gewinnsteigerung?

3.2 Dekolonialisierung der Pädagog*innenbildung: neue Horizonte der Machtkritik

Davon recht unberührt dürfte die Pädagog*innenbildung erscheinen. Denn sie ist meist nicht in globalen Zusammenhängen tätig, qualifiziert nicht exklusiv für solche Marktzusammenhänge und schreibt sich bereits seit Jahrhunderten die Gleichheit der Geschlechter immerhin teilweise auf die Fahnen (Comenius zumindest ließe sich für die allgemeine Bildungsarbeit anführen). Auf der anderen Seite aber zeigt sich bereits, dass Differenzen zwischen Menschen auch im Bildungsbereich gemacht werden, dass sich solche in den Lernerfolgen und den Ergebnissen des Bildungssystems insgesamt nachweisen lassen (so Stanat et al., 2022; ferner Autor:innengruppe Bildungsberichterstattung, 2022; Reiss et al., 2019) und dass folglich auch hier die Frage aufkommt, wie mit der Unterschiedlichkeit in der Bezeichnungspraxis umzugehen sei: Welche Folgen hat es, dass Menschen in Bildungsprozessen unterschiedlich bezeichnet werden, dass sie unterschiedlichen Gruppen zugeordnet werden und dass solche Gruppierungen unterschiedliche Erfolge verzeichnen können?

Es kann hier nicht der Ort sein, auch diese empirischen Befunde in der gebotenen Breite vorzustellen und der erforderlichen Tiefe zu diskutieren. Doch soll, der einleitenden These dieses Beitrags folgend, hier an der Klärung der Frage gearbeitet werden, welche Folgen die unterschiedliche Bezeichnung von Menschen und ihren Gruppen für die Machtverhältnisse im Bildungswesen und damit auch in der Pädagog*innenbildung hat. Konkret ist also die Frage aufzuwerfen, welche Erkenntnisgewinne gewonnen werden können, wenn soziosemiotische Perspektiven auf die Pädagog*innenbildung gerichtet werden. Deutlich wird zunächst einmal, dass Bezeichnungen mit Macht verbunden sind – wer wen auf welche Weise mit einer Kategorie bezeichnet, ist auch von der machtvoll ausgestatteten Position innerhalb der fraglichen Diskurse und ihrer gesellschaftlichen Rahmung zu verstehen. „Es ist eine Schüler*in mit ‚Migrationshintergrund'" wäre folglich nicht eine naturwüchsige Aussage, die sich schlicht auf eine objektive Tatsache bezieht, sondern das Ergebnis von Prozessen der Bezeichnung von Fremdheit, Andersheit und (mangelnder) Zugehörigkeit (Abschn. 1). Insofern wird einerseits bereits in der Analyse von Daten eine Differenz konstruiert, die dann in der Darstellung der Befunde und deren Diskussion wirksam wird. Andererseits sind zuvor bereits Ungleichbehandlungen auf der Grundlage solcher ungleichen Bezeichnungen in der institutionellen Praxis geläufig (Gomolla, 2023; Gomolla & Radtke, 2009) und schaffen den sozialen Anlass für die analytische Verfremdung; postkoloniale Interpretationen migrationsgesellschaftlicher Gruppenbezeichnungen (Abschn. 2) schlagen sich hier also gleich doppelt nieder.

Bei beiden Praktiken ist es nun im Sinne einer dekonstruktiven *Semiosis* (als iterierter Signifikation; Abb. 1) von Bedeutung, diese Bezeichnungspraktiken als Konstruktion des Signifikanten „Schüler*in mit ‚Migrationshintergrund'" zu beschreiben. Denn nicht individuelle Lernbiographien werden beschrieben, auch nicht die heterogenen Individualleistungen der homogen Gruppierten und erst recht nicht die doppelte Verengung des Blickwinkels auf eine als „Andere" formatierte Gesamtgruppe. Vielmehr werden damit Gruppen erst hergestellt, die dann als schwächere Lernende durch weitere Stigmatisierungen machtvoll ausgegrenzt werden. Hier werden also gleich drei diskriminierende Bezeichnungen in Reihe geschaltet: der Signifikant „Schüler*in mit ‚Migrationshintergrund'" wirkt in der institutionellen Praxis der Schule, der wissenschaftlichen Messung und schließlich erneut in der institutionellen Antwort auf die Messung der institutionell bewirkten Performanz. Damit ergibt sich ein soziosemiotischer Zirkelschluss der Diskriminierung, der Ungleichheiten schafft, affirmiert und erneuert.

Was kaum in den Blick gerät, ist die Rolle der Institution und ihrer Akteur*innen bei der Herstellung dieser „low performance". Es bedarf ja der Zuweisung zu bestimmten Bildungseinrichtungen, der Herstellung von Ungleichheit im institutionellen Alltag sowie in der institutionellen Antwort auf diese Ungleichheiten und ihre durch die Bildungsforschung bestätigten Befunde. Betrachtet man die entsprechenden institutionellen Antworten auf „low performance" (individuelle Förderangebote, dabei oft Homogenisierung der „low performer" etc.), zeigen sich meist nur wenige institutionelle Optimierungsbestrebungen, sehr wohl aber zahlreiche individuen- und gruppenbezogene, auf die hin die institutionellen zumeist ausgerichtet werden. So kann z. B. eine Schule zusätzliche Sprachförderangebote einrichten und sich somit institutionell verbessern, doch zielt die Verbesserung schlussendlich auf die organisationslogische Optimierung der Schüler*innen. Engagement auf anderen Ebenen der Diskriminierung, etwa der Wertschätzung von Vielsprachigkeit, fällt demgegenüber in aller Regel weit spärlicher aus.

Vergleicht man dieses Szenario mit den Machtverhältnissen in Institutionen, so liegt der Schluss nahe, dass sich die Bearbeitung der Defizite v. a. bei den Individuen und ihren Gruppen mit jenen Machtverhältnissen erklären lässt, die Veränderung und Anpassung bei jenen verlangt, die über weniger Machtressourcen verfügen. Somit kommt die erziehungswissenschaftliche Machtkritik hier in einen Horizont der soziosemiotischen Herstellung von Differenz, der sich erklären lässt mit der Perspektive einer postkolonialen Theorie. Es zeigt sich eine epistemische Ungleichheit (Castro Varela, 2016, S. 48), die als Folge kolonialistischer Projekte beschrieben werden kann und durch Bildungsinstitutionen noch immer als epistemologisch sicher artikuliert und prozessiert wird.

4 Soziale Diskriminierung in der postmigrantischen Pädagog*innenbildung

Damit schließt sich der argumentative Kreis der hier vorgestellten Überlegungen. Zunächst kam die Frage auf, wie sich Bezeichnungen als Differenzpraxis verstehen lassen. Es konnte gezeigt werden, dass solche Differenzen durch die Nutzung unterschiedlicher Kategorien bewerkstelligt werden, dass aber ein Transfer von Bedeutungen und Sinn nicht *unisono* erfolgen kann. Vielmehr finden Übersetzungsschritte statt, die den jeweiligen Signifikanten unterschiedlich in die Bezeichnungspraxis integrieren und somit auch in dieser Form der sozialen Herstellung von Differenzen Unschärfen und Schwankungsbreiten einschreiben. In einem zweiten Teil wurden Hinweise darauf gegeben, dass Migration nicht nur zu Deutschland und seinem Bildungswesen gehört, sondern dass sich ebenso Ungleichheiten mit Blick auf Bildung und Existenzsicherung feststellen lassen. Nimmt man diese beiden Befunde zusammen und versucht, sie für die aktuelle Bildungspraxis auszuwerten, so ergibt sich eine epistemische Ungleichheit, die ihrerseits soziale und bildungsbezogene Ungleichheiten bewirkt. Zudem wurde deutlich, dass in dieser Herstellung von Ungleichheit der Fokus auf Individuen und postkolonial bezeichneten Gruppen besonders stark gewichtet wird, die Frage nach Rolle, Aufgabe und Änderungsnotwendigkeiten der Bildungsinstitutionen hingegen weit seltener erkennbar wird.

Somit sind zum Abschluss zwei Fragen zu klären: Wie kann das methodologische Vorgehen der untersuchten soziosemiotischen Praxis postkolonial bewertet werden – und welche Folgen haben die hier präsentierten Überlegungen für die Pädagog*innenbildung?

Methodologisch ist zunächst einmal festzuhalten, dass der Verdacht auf eine Zirkel-Argumentation naheliegt, nämlich Bezeichnung bewirke Differenz und sie wiederum bewirke neuerlich Bezeichnung. Doch ein solcher Zirkelschluss ist mitnichten gegeben; denn die soziosemiotischen Hinweise zu Beginn haben bereits gezeigt, dass sich eine einfache und unmittelbare Sinnvermittlung nicht ausweisen lässt. Anstelle einer solchen *Unisono*-Vermittlung von Bedeutung und Sinn ist vielmehr von zahlreichen Lücken in der Bezeichnung auszugehen, die damit eine feststehende Zirkelkonstruktion verunmöglichen. Immer wieder bieten sich Möglichkeiten der Unschärfe und der Abweichung, sodass der Bezeichnungsprozess nicht allein sprachlich-strukturell stabil gehalten werden kann. Es bedarf mindestens der sozialen und diskursiven Bemühungen, die bisherigen semantischen Korridore weiterhin zu nutzen. Solche Dispositive (Foucault, 2000) strukturieren soziale Wirklichkeiten, gerade durch die machtvolle Legitimation von Bezeichnungsbefugnissen.

Zugleich liegen die Bezeichnungen je nach gesellschaftlichem Feld und diskursivem Ereignis nicht auf derselben Ebene – sie müssen, oft unter Aufbietung einiger sozialer und diskursiver Anstrengungen, aus einander abgeleitet und zugleich weitergeführt werden. Denn aus einer sprachlichen Defizitbezeichnung muss ein Defizit der schulischen Performanz abgeleitet werden, das dann wiederum zur Erklärung sprachlicher Schwäche etwa in Leistungsstudien herangezogen können werden muss, sofern man sich der gruppistischen Defizitordnung bedienen möchte.

Stattdessen ließe sich eine dekonstruktive *Semiosis* nutzen, die nach solchen epistemischen und logistischen Legitimationsmanövern fragt und sie ihrerseits dekonstruiert. Dazu wäre nicht eine geschlossen-zirkuläre, sondern eine prozessual-spiralförmige Struktur denkbar, die sich aus der Affirmation der bezeichneten Differenzen über deren Kritik bis hin zur Dekategorisierung (Böhmer, 2020b) entwickeln kann. Epistemologisch wäre damit ein Wissen anzustreben, das nicht nach den Inkompetenzen und Passungsfehlern der individuellen Performanz fragt, sondern vielmehr die Kritik an einer solchen individualistischen Sicht übt und an deren Stelle die Lernfortschritte (sehr wohl) der Individuen reflektiert und fördert, nun aber nicht mehr mit einer institutionellen Zielvorgabe, sondern weit eher mit einer ebenso individuellen, welche die heterogenen Herkünfte, Leistungsprofile und Bedarfe zum Anlass für ebenso individuelle Bildungsangebote und -unterstützungen begreift.[6]

Damit wiederum ist die einleitende Frage aufgerufen, nämlich die nach der Qualifizierung in der Pädagog*innenbildung, die unter der Perspektive von „*Decolonise*" eine veränderte Ausrichtung erfahren kann. Dann nämlich geht es bei der Bearbeitung von sozialer Diskriminierung in der postmigrantischen Pädagog*innenbildung v. a. darum, zunächst Kritik an gruppistischen und diskriminierenden Bildungspraktiken üben zu lernen. Sodann ließe sich damit ein didaktisches Konzept erlernen, das die zuvor umschriebene Bildungsassistenz von künftigen Pädagog*innen dadurch stärkt, dass sie die epistemischen Hegemonien verstehen und dekonstruieren, um in einem nächsten Schritt mit methodisch-didaktischem Handlungswissen ebenso ausgerüstet zu werden wie mit einer soziosemiotischen Kritik, die sich der Zumutung von hegemonialen Vereinfachungen einer postkolonialen Lernumwelt, gesellschaftlich wie global, zu verwehren vermag. Damit würde soziale Diskriminierung in der postkolonialen Pädagog*innenbildung zumindest reduziert.

---

[6] Was dies für standardisierte Zertifizierungen formaler Bildung (Schulabschlüsse) bedeutet, bedarf noch mal einer eigenen Diskussion, die ich hier nicht führen kann. Aber ein Widerspruch zu individuellen Angeboten für ohnehin individuelle Bildungsprozesse muss die gesuchte Standardisierung nicht zwingend bedeuten.

Literatur

Adorno, T. W. (2020). *Negative Dialektik* (9. Aufl.). Suhrkamp.
Althusser, L. (1977). *Ideologie und ideologische Staatsapparate. Aufsätze zur marxistischen Theorie* (R. Löper, Übers.). VSA.
Autor:innengruppe Bildungsberichterstattung. (2022). *Bildung in Deutschland 2022. Ein indikatorengestützter Bericht mit einer Analyse zum Bildungspersonal.* wbv Media. https://doi.org/10.3278/6001820hw.
Böhmer, A. (2016). *Bildung als Integrationstechnologie? Neue Konzepte für die Bildungsarbeit mit Geflüchteten.* Transcript. https://doi.org/10.14361/9783839434505-fm.
Böhmer, A. (2017). *Bildung der Arbeitsgesellschaft. Intersektionelle Anmerkungen zur Vergesellschaftung durch Bildungsformate.* Transcript. https://doi.org/10.1515/9783839434499.
Böhmer, A. (2020a). Das Wissen der Situationen. Subjektivität und Objektivitäten in einer Ethnographie der Situation. In A. Poferl, N. Schröer, R. Hitzler, M. Klemm, & S. Kreher (Hrsg.), *Ethnographie der Situation. Erkundungen sinnhaft eingrenzbarer Feldgegebenheiten* (S. 115–126). Oldib.
Böhmer, A. (2020b). *Management der Vielfalt. Emanzipation und Effizienz in sozialwirtschaftlichen Organisationen.* Springer VS. https://doi.org/10.1007/978-3-658-25372-1.
Böhmer, A. (2023). Digital Bodies. On Signification, Learning, and Embodiment in Digital Teaching. In Böhmer, A., Schwab, G., Isso, I. (Eds.), *Digital Teaching and Learning in Higher Education. Culture, Language, Social Issues* (pp. 69–95). Transcript. https://doi.org/10.1515/9783839462768-005.
Brubaker, R. (2002). Ethnicity without Groups. *European Journal of Sociology/Archives Européennes de Sociologie/Europäisches Archiv für Soziologie, 43*(2), 163–189.
Brubaker, R. (2004). *Ethnicity without groups.* Harvard University Press.
Butler, J. (1997). *Körper von Gewicht. Die diskursiven Grenzen des Geschlechts* (K. Wördemann, Übers.). Suhrkamp.
Butler, J. (2001). *Psyche der Macht. Das Subjekt der Unterwerfung* (R. Ansén, Übers.). Suhrkamp.
Butler, J. (2003). *Das Unbehagen der Geschlechter.* Suhrkamp.
Castro Varela, M. (2016). Von der Notwendigkeit eines epistemischen Wandels. In T. Geier & K. U. Zaborowski (Hrsg.), *Migration: Auflösungen und Grenzziehungen. Perspektiven einer erziehungswissenschaftlichen Migrationsforschung* (S. 43–59). Springer VS. https://doi.org/10.1007/978-3-658-03809-0_3.
Derrida, J. (2007). Die différance. In P. Engelmann (Hrsg.), *Postmoderne und Dekonstruktion. Texte französischer Philosophen der Gegenwart* (S. 76–113). Reclam.
Deutscher Akademischer Austauschdienst [DAAD]. (2022). *Wissenschaft weltoffen kompakt. Daten und Fakten zur Internationalität von Studium und Forschung in Deutschland und weltweit.* Bonn.
Foucault, M. (2000). *Dispositive der Macht: Über Sexualität, Wissen und Wahrheit.* Merve.
Gomolla, M. (2023). Direkte und indirekte, institutionelle und strukturelle Diskriminierung. In A. Scherr, A. El-Mafaalani, & A. C. Reinhardt (Hrsg.), *Handbuch Diskriminierung* (S. 1–24). Springer VS. https://doi.org/10.1007/978-3-658-11119-9_9-2.

Gomolla, M., & Radtke, F.-O. (2009). *Institutionelle Diskriminierung: Die Herstellung ethnischer Differenz in der Schule* (3. Aufl.). VS Verlag. https://doi.org/10.1007/978-3-531-91577-7.

Hall, S. (1997). Old and new identities, old and new ethnicities. In A. D. King (Hrsg.), *Culture, globalization, and the world-system: Contemporary conditions for the representation of identity* (S. 41–68). University of Minnesota Press.

Haraway, D. (1988). Situated knowledges: The science question in feminism and the privilege of partial perspective. *Feminist Studies, 14*(3), 575–599. https://doi.org/10.2307/3178066.

Kress, G. (2010). *Multimodality. A social semiotic approach to Contemporary communication*. Routledge.

Mason, J. (2014). ‚Does it Make Sense' or ‚What Does it Mean'? In C.-C. Liu, H. Ogata, S. C. Kong, & A. Kashihara (Hrsg.), *Proceedings of the 22nd International Conference on Computers in Education* (S. 206–211). Asia-Pacific Society for Computers in Education.

Moebius, S. (2018). Poststrukturalistische Kultursoziologien. In S. Moebius, F. Nungesser, & K. Scherke (Hrsg.), *Handbuch Kultursoziologie* (S. 1–32). Springer VS. https://doi.org/10.1007/978-3-658-08001-3_51-1.

Reckwitz, A. (2020). *Die Gesellschaft der Singularitäten. Zum Strukturwandel der Moderne*. Suhrkamp.

Reiss, K., Weis, M., Klieme, E., & Köller, O. (Hrsg.). (2019). *PISA 2018. Grundbildung im internationalen Vergleich*. Waxmann. https://doi.org/10.31244/9783830991007.

Rose, N. (2014). „Für' nen Ausländer gar nicht mal so schlecht". Zur Interpretation von Subjektbildungsprozessen in Migrationsbiographien. In P. Mecheril (Hrsg.), *Subjektbildung: Interdisziplinäre Analysen der Migrationsgesellschaft* (S. 57–77). Transcript.

Said, E. W. (2019). *Orientalismus* (6. Aufl.; H. G. Holl, Übers.). S. Fischer.

Saussure, F. (1989). *Cours de linguistique générale*. Harrassowitz.

Scherr, A. (2012): *Diskriminierung: Die Verwendung von Differenzen zur Herstellung und Verfestigung von Ungleichheiten* [Konferenzbeitrag]. Kongress der Deutschen Gesellschaft für Soziologie. Plenum Diversity und Intersektionalität.

Skaria, A. (2022). The subaltern and the minor. *Critical Times, 5*(2), 275–309. https://doi.org/10.1215/26410478-9799692.

Spitzmüller, J. (2022). *Soziolinguistik: Eine Einführung*. J.B. Metzler.

Stanat, P., Schipolowski, S., Schneider, R., Sachse, K. A., Weirich, S., & Henschel, S. (Hrsg.). (2022). *IQB-Bildungstrend 2021: Kompetenzen in den Fächern Deutsch und Mathematik am Ende der 4. Jahrgangsstufe im dritten Ländervergleich*. Waxmann. https://doi.org/10.31244/9783830996064.

Statistisches Bundesamt [Destatis]. (2022a). Ausländerstatistik Deutschland. Ausländer: Deutschland, Stichtag, Geschlecht/Altersjahre/. 12521-0001. https://www-genesis.destatis.de/genesis//online?operation=table&code=12521-0001&bypass=true&levelindex=0&levelid=1655933527803#abreadcrumb. Zugegriffen: 22. Juni 2022.

Statistisches Bundesamt [Destatis]. (2022b). Wanderungen zwischen Deutschland und dem Ausland: Deutschland, Jahre, Nationalität, Geschlecht. 12711-0005. https://www-genesis.destatis.de/genesis/online?operation=abruftabelleBearbeiten&levelindex=1&levelid=1655933932127&auswahloperation=abruftabelleAuspraegungAuswaehlen&auswahlverzeichnis=ordnungsstruktur&auswahlziel=werteabruf&code=12711-0005&

auswahltext=&werteabruf=starten&wertauswahl=88&wertauswahl=85&wertauswahl=1777#abreadcrumb. Zugegriffen: 22. Juni 2022.

Statistisches Bundesamt [Destatis]. (2021). Datenreport 2021. https://www.destatis.de/DE/Service/Statistik-Campus/Datenreport/Downloads/datenreport-2021-kap-8.html. Zugegriffen: 4. Juli 2022.

Waldenfels, B. (1994). *Antwortregister*. Suhrkamp.

Zima, P. V. (2022). *Diskurs und Macht. Einführung in die herrschaftskritische Erzähltheorie.* Verlag Barbara Budrich.

Der Preis der Entlastung. Psychodynamische Überlegungen zu Rassismus und Lehrer*innenbildung

Yandé Thoen-McGeehan und Jonas Becker

1 Einleitung

„Achim, leider fünf minus. Brauchst aber nicht traurig sein, Fremdsprachen liegen Euch halt nicht". „Letzte Woche gab es wieder einen rechten Anschlag auf Flüchtlingsheime... Florian, möchtest Du etwas dazu sagen?". „So... wir spielen nochmal zum Wachwerden ne Runde ‚Wer hat Angst vorm *weißen* Mann'". Migrantische Schüler*innen und Schüler*innen of Colour machen in ihrem (Schul-)Alltag häufig die Erfahrung, von Angehörigen der Dominanzkultur verandert zu werden. Die Satiregruppe „Datteltäter" dreht in einem ihrer YouTube-Videos[1] den Spieß um, indem migrantische Erfahrungen in und mit der Institution Schule auf Angehörige der *weißen*, deutschen Dominanzkultur umgemünzt werden: Vornamen, die in deutschen Klassenzimmern geläufig sind, werden zu Namen, die der migrantische Lehrer so ausspricht, als seien sie arabische oder türkische Namen. Ein Referat über die NS-Zeit wird einem *weißen*, deutschen Schüler mit einem mehrdeutigen Blick nahegelegt. Als ein migrantischer Schüler seine weiße Mitschülerin „Scheißnazi" nennt und diese sich dadurch angegriffen fühlt, ist der Lehrer unsicher, wo das Problem liege. Als ein Schüler sich in der Pause auf Sächsisch mit anderen Schüler*innen unterhält,

---

[1] Datteltäter (2021, 28. November). *Wenn Migranten das sagen, was deutsche Lehrer sagen!* [Video]. YouTube. https://www.youtube.com/watch?v=nciMRtvHJRI.

Y. Thoen-McGeehan · J. Becker (✉)
Goethe-Universität Frankfurt, Hessen, Deutschland
E-Mail: jo.becker@em.uni-frankfurt.de

Y. Thoen-McGeehan
E-Mail: thoen-mcgeehan@em.uni-frankfurt.de

wird er vom Lehrer angesprochen: „Ich verstehe überhaupt nicht, was Du sagst und das stört mich. Auf dem Schulgelände wird nur Deutsch oder Türkisch oder Arabisch gesprochen".

Durch das Spiel mit Zuspitzungen werden so Irritationen und Gefühle wie Ohnmacht oder Ärger für jene erlebbar gemacht, die diese Art von Situationen nicht aus eigener Erfahrung kennen. Es mag das Bedürfnis entstehen, die Angemessenheit dieser Darstellungen zu hinterfragen oder sich davon zu distanzieren. Denkbar sind Reaktionen wie: „Ist das nicht überzogen?" oder „So würde ich mich niemals verhalten!". Unter Umständen sind diese Äußerungen mit Empörung verbunden. Aus einer psychodynamischen Perspektive auf Reaktionen dieser Art lässt sich fragen, welche psychischen Prozesse und unliebsamen Affekte die satirische Spiegelung rassistischer Deutungsmuster und Handlungspraxen auslöst. Anknüpfend an eine solche Perspektive fragt dieser Beitrag danach, welche Anregungen sich ergeben, wenn diese auf Rassismus angewendet und als Inspirationsquelle zum Nachdenken über eine rassismuskritische Lehrer*innenbildung genutzt wird. Dazu wird im ersten Schritt skizziert, welchen Rassismusbegriff wir anlegen. Dabei wird auf die Rolle, die Rassismus in der Institution Schule spielt, eingegangen. In einem zweiten Schritt beziehen wir die psychodynamische Perspektive ein und wollen die Frage nach rassistischer Diskriminierung mit dem psychoanalytischen Konzept der Abwehr in Verbindung bringen. Zum Schluss wird aufgezeigt, wo wir mögliche Anschlusspunkte unserer Perspektive im Fachdiskurs um die Professionalisierung von Pädagog*innen sehen.

2   Rassismus und Schule

Mit Bezug auf Diekmann und Fereidooni (2019) verstehen wir Rassismus

> als ein hierarchisierendes Strukturierungsprinzip ..., das die gesamte Gesellschaft durchzieht. Anhand dessen werden für Zugehörigkeitsverhältnisse und Teilhabechancen folgenreiche Differenzierungspraxen vorgenommen, die sich an konstruierten Menschengruppen und deren angenommenen natio-ethno-kulturellen Hintergründen ... und damit verbundenen Zuschreibungen und Stereotypisierungen orientieren. (Diekmann & Fereidooni, 2019, S. 347)

In der Auseinandersetzung mit Rassismus als einem solchem Strukturierungsprinzip lassen sich drei Ebenen unterscheiden, nämlich die Ebenen des individuellen, institutionellen und strukturellen Rassismus (Rommelspacher, 2009, S. 30). *Individueller Rassismus* beruht auf persönlichen Einstellungsmustern sowie Handlungen und bezieht sich auf die direkte, persönliche Interaktion. Ein Beispiel aus dem Kontext Schule hierfür wäre die Schilderung einer Studierenden in einem unserer Seminare, sie sei auf dem Schulhof von einem Lehrer gefragt worden, ob sie nun „Dschihadistinnen ausbilde", weil sie in einem humorvollen Spiel ihren Mitschülerinnen gezeigt habe, wie man einen Hijab bindet. Demgegenüber bezieht sich *institutioneller Rassismus auf* „Strukturen von Organisationen, eingeschliffene Gewohnheiten, etablierte Wertvorstellungen und bewehrte Handlungsmaximen" (Rommelspacher, 2009, S. 30). Als Beispiel hierfür weist María do Mar Castro Varela (2022, S. 40–42) auf die Thematisierung deutscher Kolonialgeschichte im Schulunterricht aus einer strategisch-technischen Perspektive hin, die das verursachte Leid bei den Kolonisierten oder ihren Widerstand ausblendet. Von *strukturellem Rassismus* wird gesprochen, „wenn das gesellschaftliche System mit seinen Rechtsvorstellungen und seinen politischen und ökonomischen Strukturen Ausgrenzungen bewirkt" (Rommelspacher, 2009, S. 30). Hierfür ließe sich beispielhaft ein Phänomen anführen, das im Frühjahr 2022 im Zuge des Angriffskrieges Russlands auf die Ukraine beobachtbar wurde. So wies Pro Asyl kurz nach dem russischen Überfall auf die Ukraine mehrfach darauf hin, dass Geflüchtete aus der Ukraine von Polen mit Sonderzügen der Deutschen Bahn nach Deutschland gebracht wurden, dass dabei aber Schwarze Geflüchtete daran gehindert wurden, diese Züge zu betreten. Hier wird eine folgenreiche Unterscheidungslogik zwischen *weißen* und Schwarzen Ukrainer*innen (bzw. of Colour) sichtbar. Zeitgleich zu diesen Ereignissen sitzen – zum Zeitpunkt des Verfassens dieses Beitrags bereits seit über einem Jahr – nach wie vor Geflüchtete an der europäischen Außengrenze zwischen Polen und Belarus fest (vgl. Pro Asyl, 2022).

Um die genannten Beispiele nicht als „Einzelfälle" zu betrachten, sondern die dabei wirksame Systematik bzw. Regelhaftigkeit beschreibbar zu machen, nutzt Mark Terkessidis (1998, S. 83–108) das Konzept des *rassistischen Wissens*. Dieses beschreibt, dass gesellschaftliche Wissensproduktion und das hieraus entstehende, zirkulierende Wissen von rassistischen Deutungsmustern überformt werden und hierüber rassistische Wissensbestände in verschiedene gesellschaftliche Räume einsickern, wo sie sich fortschreiben. Das historische Gewachsensein dieser Wissensbestände und der Bezug „großer Denker" wie Kant und Hegel auf diese Wissensbestände verleiht rassistischem Wissen Legitimität und Autorität (Hund, 2017, S. 79–96). Es webt sich wie selbstverständlich auf expliziter und impliziter, auf bewusster und unbewusster Ebene in soziale Prozesse und Institutionen ein. Die Institution Schule ist in diesem Sinne durchzogen von rassistischem Wissen. Dies artikuliert sich dann beispielsweise in einer spezifischen Inanspruchnahme von einem spezifischen Wissen über marginalisierte Gruppen wie

Schwarze Menschen in Deutschland, über alltägliche Erfahrungen wie das Fehlen von Lehrpersonen of Colour oder die wie selbstverständlich reproduzierten Projektionen auf den afrikanischen Kontinent (Sarr, 2020).

In der jüngeren Vergangenheit lässt sich nun anhand verschiedener Veröffentlichungen beobachten, dass versucht wird, rassismuskritische Perspektiven systematisch in die Lehrer*innenbildung einzuspeisen (exemplarisch Fereidooni & Simon, 2020; Ivanova-Chessex et al., 2022). Uns als Autor*innen mit einer Affinität zu psychoanalytischen Ansätzen fällt dabei auf, dass in diesen Veröffentlichungen psychodynamische Perspektiven auf Rassismus mit wenigen Ausnahmen (Boger & Rauh, 2021; Tilch, 2022) eine erstaunlich unbedeutende Rolle spielen. Dies mag insofern verwundern, als dass bereits zentrale postkoloniale Autor:innen wie Franz Fanon oder Stuart Hall wichtige Impulse aus psychoanalytischen Perspektiven ableiteten (Chakkarath, 2021) und dass auch in der deutschsprachigen Rassismusforschung in den 1990er-Jahren psychoanalytische Verstehenszugänge mitgedacht wurden (Rommelspacher, 1995; Terkessidis, 1998).

Vielleicht hängt diese Leerstelle mit dem Verdacht zusammen, psychoanalytische Perspektiven auf rassismusrelevante Inhalte und Prozesse würden zu psychologisierenden Lesarten verleiten und Rassismus als das individuelle Problem einzelner Personen bzw. Lehrkräfte darstellen. Wenn wir hier dafür plädieren, das Nachdenken über Rassismus auch psychodynamisch zu fundieren, grenzen wir uns explizit von einem individualisierenden Zugang ab. Wir gehen stattdessen davon aus, dass eine psychodynamische Perspektive auf Rassismus die theoretischen und konzeptuellen Grundlagen dafür liefert, danach zu fragen, wie sich Rassismus „als ein System von Diskursen und Praxen, die historisch entwickelte und aktuelle Machtverhältnisse legitimieren und reproduzieren" (Rommelspacher, 2009, S. 29), in innere Strukturen und Prozesse der Subjekte übersetzt. Anregungen hierzu finden wir etwa bei dem Schwarzen Psychoanalytiker Fakhry Davids (2019). Davids beschreibt, wie Erfahrungen in und mit einer Welt, die konstitutiv (auch) durch Rassismus strukturiert ist, auch im Inneren strukturbildend wirken – sowohl für rassifizierte als auch für rassifizierende Menschen. Mit Blick auf Psychodynamik ebnet Rassismus als Differenzsystem so auch den Weg für Abwehrprozesse, im Rahmen derer verpönte, unliebsame und bedrohliche psychische Inhalte im rassifizierten Anderen deponiert werden können. Rassistische Deutungsmuster dienen dann gleichsam als Material für innerpsychische Stabilisierung sowie für Strukturbildung. Dieses Phänomen wird zum Beispiel dann sichtbar, wenn sexualisierte Übergriffigkeit nicht als ein mit

Männlichkeit insgesamt zusammenhängendes Problem, sondern nur bei migrantisch gelesenen Männern wahrgenommen und thematisiert werden kann. Die Idee, Rassismus und Abwehr zusammenzudenken, führen wir im Folgenden weiter aus.

3 Rassismus und Abwehr

In Anlehnung an Sigmund Freuds Instanzenmodell verstehen wir Abwehr als eine Ich-Funktion, bei der bedrohliche psychische Inhalte in das Unbewusste verschoben werden (zusammenfassend zum Folgenden Mentzos, 2017, S. 45–50). Die damit einhergehende Entlastung wird aber mit einer mehr oder weniger starken Realitätsverzerrung erkauft. Die zum ersten Mal 1936 von Anna Freud systematisch beschriebenen Abwehrmechanismen können auf einem Kontinuum zwischen reifen und unreifen Formen der Abwehr angesiedelt werden (Freud, 1993). Der Grad der Reife von Abwehr ist an das Ausmaß der jeweils im Zuge der Abwehr auftretenden Realitätsverzerrung gekoppelt: Je reifer die Abwehr, desto weniger muss Realität verzerrt werden. Einige Abwehrmechanismen, allen voran Verdrängung, Verleugnung und Projektion, finden sich auch in unserer Alltagssprache wieder. Sie werden als unbewusste Prozesse definiert, allerdings sind sie teilweise an der Schwelle zum Bewusstseinsfähigen angesiedelt: Im Nachhinein kommen wir uns selbst gelegentlich auf die Spur, wenn wir merken, dass sich in Fehlleistungen etwas Ausdruck verschafft hat, dessen wir nicht habhaft werden können, wenn wir unsere Aufmerksamkeit willentlich darauf lenken. Darüber hinaus bedienen wir uns nicht nur als Individuen dieses innerpsychischen „Werkzeuges". Auch auf interpersonaler, institutioneller – man könnte auch sagen auf kollektiver Ebene – ist Abwehr wirksam: So projizieren wir etwa entlang konstruierter Grenzen zwischen Nationen, Regionen, Fußballvereinen etc. unliebsame, verpönte oder bedrohliche psychische Inhalte auf die Anderen, die als nicht zum „Wir" dazugehörig verstanden werden. Das Leid jener, die sich jenseits dieser Grenzen befinden, wird dann tendenziell verdrängt und die eigene Verantwortung dafür wird abgespalten.

Die psychoanalytische Objektbeziehungstheoretikerin Melanie Klein (1983, S. 131–163) beschreibt für die frühkindliche Entwicklung eine Bewegung von der „paranoid-schizoide[n] Position" hin zur „depressiven Position" (Klein, 1983, S. 133) in der zweiten Hälfte des ersten Lebensjahres und liefert für das Nachdenken über die Reife psychischer Abwehr- und Bewältigungsstrategien einen zentralen Gedanken: Verfolgungsangst, Beziehungslosigkeit sowie die vereinfachende Einteilung der Welt und der Anderen in *gut* und *böse* sind als

Charakteristika der paranoid-schizoiden Position auf einem geringeren Reifeniveau angesiedelt als die differenziertere Fähigkeit, die es in der depressiven Position ermöglicht, Realität auch in ihren schmerzhaften Facetten anzuerkennen. Der Säugling spaltet – so Klein – im paranoid-schizoiden Modus Erfahrungen von Angewiesenheit, Ohnmacht und körperlicher Bedürftigkeit auf der einen Seite und Bedürfnisstillung, Fürsorge und Trost auf der anderen Seite in zwei Welten beziehungsweise „in eine gute (befriedigende) und böse (versagende) Brust" (Klein, 1983, S. 132). Dabei ist es noch nicht möglich zu erkennen, dass beiden Erfahrungswelten mit derselben Bezugsperson zusammenhängen: Zwischen verzweifeltem Schreien, überwältigender Angst und massivem Hass auf das versagende Objekt und der seligen Verschmelzung mit dem trostspendenden und nährenden Objekt existiert nichts (Klein, 1983, S. 141). Erst die depressive Position, in der der Säugling realisiere, dass es sich bei der bösen Brust, also der Abwesenheit von Bedürfnisbefriedigung, ebenfalls um die Mutter – im Sinne der primären Bezugsperson – handele, schaffe Raum für eine differenziertere und nuanciertere Wahrnehmung der Welt. Dieser Raum ermöglicht dann auch das betrauernde Verarbeiten von Verlust, etwa dem Verlust von Gefühlen von Ganzheit oder Omnipotenz.

Es kann nun berechtigter Zweifel daran formuliert werden, ob das Erleben eines erst wenige Monate alten Säuglings mit diesem Modell Kleins angemessen beschrieben wird. Allerdings wird Melanie Klein in Bezug auf Fragen nach (Störungen der) Emotionsregulation und der Entwicklung psychischer Strukturen bis heute rezipiert und kann dabei auch Anregungen für das psychoanalytische Nachdenken über Rassismus liefern (Davids, 2019). Entkoppelt man die Konzepte Kleins ein Stück weit von ihrer engen Anbindung an eine psychoanalytisch-entwicklungspsychologische Perspektive, macht es den Anschein, als beschreibe die paranoid-schizoide Position ein psychisches Funktionsniveau, auf das Menschen angesichts psychischer Bedrohungssituationen nicht nur als Kinder zurückfallen. Die vermehrte Rezeption von Verschwörungserzählungen gerade in krisenhaften Zeiten wie der Corona-Pandemie, dem russischen Angriffskrieg gegen die Ukraine und der Klimakatastrophe lässt sich hiermit in Verbindung bringen. Dabei wirken Verschwörungserzählungen psychisch stabilisierend, insofern unbequeme oder existenziell verunsichernde Wahrheiten nicht anerkannt werden müssen und der Selbstwert profitiert, wenn man sich als Teil einer kleinen Gruppe fühlt, die die einen Zugang zu exklusiven und zum als richtig angenommenen Wissen hat.

An das Moment der Stabilisierung durch Abwehr schließen auch unsere Überlegungen zu Rassismus an. Ziehen wir an dieser Stelle noch einmal das eingangs erwähnte Video heran, ergibt sich das folgende Bild: Die dort von uns exemplarisch angeführten Reaktionen „Ist diese Darstellung nicht überzogen?" und „So würde ich mich niemals verhalten!" stellen aus einer für Abwehrprozesse sensibilisierten Perspektive Äußerungen dar, die die im Video transportierten Botschaften als unangemessene Zumutungen beschreiben und die Funktion haben, sich diese als Zumutungen erlebten inhaltlichen Impulse vom Leib zu halten. Anders formuliert: Die eigene Sozialisation mit rassistischem Wissen und die Positionierung als *weiß* können hier nicht anerkannt und in einem reifen Modus bearbeitet werden. Die Reaktion auf die Versuche im Video, diskriminierende Erfahrungen in der Institution Schule zu thematisieren, ist hier die Infragestellung und eine reflexhafte Verleugnung einer schmerzlichen Realität. Als abgewehrte Signalaffekte dahinter ließen sich etwa Scham und Schuld vermuten. Das Video selbst – bzw. dessen Macher*innen – bearbeiten über den Einsatz von Humor die von ihnen dargestellten Erfahrungen gleichzeitig in einem Modus, der auf dem Kontinuum zwischen unreifer und reifer Abwehr eine sehr reife Form der Auseinandersetzung mit der Welt darstellt.

4 Schluss und Ausblick

Es kann hier nicht systematisch entworfen werden, inwiefern die oben entwickelten Überlegungen in die Aus- und Fortbildung von Lehrkräften eingespeist werden könnten. Trotzdem soll zumindest noch kurz aufgezeigt werden, wo wir entsprechende Möglichkeiten zum Andocken sehen. Zentral ist dabei für uns die Figur der Reflexivität als ein in ihrer Bedeutung unbestrittenes Moment in der Professionalisierung von Pädagog:innen. Dabei verstehen wir, ebenso wie Abwehr, Reflexivität nicht als eine individualisierende Figur: „Gegenstand pädagogischer Reflexivität ist primär nicht die individuelle Pädagog*in, sondern das im pädagogischen Handeln und Deuten maskierte erziehungswissenschaftliche, kulturelle und alltagsweltliche Wissen" (Heinemann & Mecheril, 2018, S. 268). Alisha Heinemann und Paul Mecheril legen Vorschläge zu einer professionstheoretischen Perspektiverweiterung im Sinne eines rassismussensiblen Reflexionsbegriffs vor. Hier würden wir anschließen und dabei Reflexivität zusätzlich im Sinne eines Nachdenkens über die Psychodynamik pädagogischer Praxis verstehen. Dass hiermit große Herausforderungen, und nicht zuletzt auch das Risiko von Reifizierungen sowie der Wiederholung von Veranderung und der erneuten Beschämung migrantisch gelesener Schüler:innen und Lehrkräften verbunden sind, drückt sich in einem Zitat des afroamerikanischen Aktivisten und Schriftsteller James Baldwin (1924–1987) aus, mit dem wir schließen möchten:

„Ich vermute, einer der Gründe, warum Menschen so hartnäckig an ihrem Hass festhalten, ist, weil sie spüren: wenn der Hass einmal verschwunden ist, werden sie gezwungen sein, sich mit Schmerz zu beschäftigen" (Baldwin, 2020).

Literatur

Pro Asyl. (2022). *Angriffskrieg auf die Ukraine: Rassismus auf der Flucht.* https://www.proasyl.de/news/angriffskrieg-auf-die-ukraine-rassismus-auf-der-flucht/.

Baldwin, J. (2020). *Nach der Flut das Feuer. >The Fire Next Time<* (M. Mandelkow, Übers.). dtv.

Boger, M.-A., & Rauh, B. (2021). Zur Psychoanalyse rassistischer Dynamiken – Oder: Von der Besonderheit und der Gewöhnlichkeit, ein tabuisiertes Thema in einen psychoanalytischen Diskurs einzuführen. In M.-A. Boger & B. Rauh (Hrsg.), *Psychoanalytische Pädagogik trifft Postkoloniale Studien und Migrationspädagogik* (S. 9–29). Budrich. https://doi.org/10.3224/84742536.

Castro Varela, M. d. M. (2022). Die zerrissene Textur verweben – Postkoloniale Revisionen. In A. Diallo, A. Niemann, & M. Shabafrouz (Hrsg.), *Untie to Tie. Koloniale Fragmente im Kontext Schule* (S. 38–46). Bundeszentrale für politische Bildung.

Chakkarath, P. (2021). Kolonialisierung und Dekolonialisierung der Psyche und der Psychologie. *psychosozial, 44*(3), 75–85. https://doi.org/10.30820/0171-3434-2021-3.

Datteltäter (2021, 28. November). *Wenn Migranten das sagen, was deutsche Lehrer sagen!* [Video]. YouTube. https://www.youtube.com/watch?v=nciMRtvHJRI.

Davids, M. F. (2019). *Innerer Rassismus. Eine psychoanalytische Annäherung an race und Differenz.* Psychosozial.

Diekmann, D., & Fereidooni, K. (2019). Diskriminierungs- und Rassismuserfahrungen geflüchteter Menschen in Deutschland: Ein Forschungsüberblick. *Z'Flucht. Zeitschrift für Flucht- und Flüchtlingsforschung, 3*(2), 343–360. https://doi.org/10.5771/2509-9485-2019-2

Fereidooni, K., & Simon, N. (Hrsg.). (2020). *Rassismuskritische Fachdidaktiken. Theoretische Reflexionen und fachdidaktische Entwürfe rassismuskritischer Unterrichtsplanung.* Springer VS. https://doi.org/10.1007/978-3-658-26344-7.

Freud, A. (1993). *Das Ich und die Abwehrmechanismen.* Fischer.

Heinemann, A. M. B. & Mecheril, P. (2018). (Schulische) Bildung, normative Referenzen und reflexive Professionalität. In İ. Dirim & P. Mecheril (Hrsg.), *Heterogenität, Sprache(n) und Bildung. Eine differenz- und diskriminierungstheoretische Einführung* (S. 247–270). Klinkhardt. doi:https://doi.org/10.36198/9783838544434.

Hund, W. D. (2017). *Wie die Deutschen weiß wurden: Kleine (Heimat)Geschichte des Rassismus.* J.B. Metzler. https://doi.org/10.1007/978-3-476-04500-3.

Ivanova-Chessex, O., Shure, S., & Steinbach, A. (Hrsg.). (2022). *Lehrer*innenbildung. (Re-)Visionen für die Migrationsgesellschaft.* Beltz Juventa.

Klein, M. (1983). *Das Seelenleben des Kleinkindes und andere Beiträge zur Psychoanalyse* (2. Aufl.). Klett-Cotta.

Mentzos, S. (2017). *Lehrbuch der Psychodynamik. Die Funktion der Dysfunktionalität psychischer Störungen* (8., unv. Aufl.). Vandenhoeck & Ruprecht.

Rommelspacher, B. (1995). Rassismus und Antisemitismus – Wer ist betroffen? In I. Attia (Hrsg.), *Multikulturelle Gesellschaft - monokulturelle Psychologie? Antisemitismus und Rassismus in der psychosozialen Arbeit* (S. 5–17). Deutsche Gesellschaft für Verhaltenstherapie.

Rommelspacher, B. (2009). Was ist eigentlich Rassismus? In C. Melter & P. Mecheril (Hrsg.), *Rassismuskritik. Bd 1: Rassismustheorie und -forschung* (S. 25–38). Wochenschau-Verlag.

Sarr, F. (2020). *Afrotopia*. Bundeszentrale für politische Bildung.

Terkessidis, M. (1998). *Psychologie des Rassismus*. Westdeutscher Verlag.

Tilch, A. (2022). Abwehr migrationsgesellschaftlicher Involviertheit und ihre Beziehung zum migrationsgesellschaftlichen Unbewussten – Skizzen einer abwehrreflexiven Lehrer*innenbildung. In O. Ivanova-Chessex, S. Shure, & A. Steinbach (Hrsg.), *Lehrer*innenbildung. (Re-)Visionen für die Migrationsgesellschaft* (S. 309–324). Beltz Juventa.

Wie sprechen wir *miteinander* über Rassismus und Diskriminierung? Überlegungen zur Notwendigkeit des Austauschs aus zwei unterschiedlichen Perspektiven

Nesibe Odabasi und Katharina Julia Lang

Der folgende Beitrag ist aus unterschiedlichen Blickwinkeln hervorgegangen. Wir haben pädagogische Studiengänge studiert und unterschiedliche Erfahrungen im Hinblick auf Rassismus bzw. Diskriminierung gemacht. Wir haben uns mit der Frage nach dem Sprechen über Rassismus im Kontext (Hoch)schule beschäftigt. Die daraus entstandenen Ideen und Gedanken möchten wir im Folgenden näher ausführen.

Im Anschluss an die fakultätsübergreifende Ringvorlesung „Decolonise Lehrer*innenbildung! Hegemoniekritische Perspektiven auf schulische Bildungsprozesse" im Sommersemester 2022 unter der Leitung von Jun.-Prof'in Dr. Susanne Leitner und Prof. Dr. Anselm Böhmer an der Pädagogischen Hochschule Ludwigsburg, hat sich eine freiwillige Arbeitsgruppe bestehend aus Lehrenden und (ehemaligen) Studierenden gebildet. Das Ziel und Anliegen der Arbeitsgruppe ist es, die Thematiken der Vorlesungsreihe und das Thema „Umgang mit Rassismus und Diskriminierung" weiter zu vertiefen, im Austausch zu bleiben und konkrete Möglichkeiten zu finden, diese Thematiken im Hochschulkontext verstärkt einzubringen.

N. Odabasi · K. J. Lang (✉)
Baden-Württemberg, Deutschland
E-Mail: Katharinalang93@gmx.de

N. Odabasi
E-Mail: nesibe.odabasi@hotmail.com

Wir, die Verfasserinnen des Beitrags Nesibe Odabasi (Diplom-Pädagogin, arbeitet mit Geflüchteten) und Katharina Lang (Studentin an der PH Ludwigsburg, Aufbaustudiengang Lehramt Sonderpädagogik) haben uns beide mit der Frage nach dem Sprechen über Rassismus beschäftigt. Daher haben wir uns regelmäßig im Zweiergespräch über folgende Fragen intensiver ausgetauscht und möchten diese in unserem Beitrag weiter darstellen: Wie sprechen wir über Rassismus? Sollte Rassismus und Diskriminierung sichtbar gemacht werden? Wenn ja, wie schaffen wir es, als Betroffene und Nichtbetroffene auf Augenhöhe über dieses sensible Thema zu sprechen?

Unser Anliegen mit diesem Beitrag ist es, auf Rassismus und Diskriminierung aufmerksam zu machen und die eigene Haltung immer wieder zu hinterfragen. Unsere Absicht für die Leser*innen ist es, den zwischenmenschlichen Umgang und die Sichtweise auf andere Menschen auch in alltäglichen Situationen wie an der Hochschule, den Schulen und dem eigenen persönlichen Umfeld zu überdenken und zu einem Umdenken zu ermutigen.

Die Ringvorlesung hat ganz praktisch für den Hochschulkontext einen Raum geschaffen, um sich unter anderem mit den Themenfeldern Rassismus und Diskriminierung zu beschäftigen. Sie war für uns ein Türöffner, um sich diesen Themen im Hochschulkontext anzunähern und eröffnete Gelegenheiten für anschließende Diskussionen in einem geschützten Rahmen. Dieser Rahmen bot die Möglichkeit zum Enttabuisieren des Themas und der Selbstreflexion. Es gab Gelegenheiten zur Reflexion und dem Austausch mit Experten, welche in der Ringvorlesung zu verschieden Themen referiert haben. Mit den oben aufgeworfenen Fragen werden wir uns im folgenden Beitrag beschäftigen, sowie nach Lösungsstrategien suchen und persönliche Erfahrungswerte aus verschiedenen Sichtweisen einbringen.

Beginnen wir mit der grundlegenden Frage, ob es überhaupt notwendig ist, über Rassismus im (Hoch-)schulkontext und in unserer heutigen Gesellschaft zu sprechen: Rassismus und Diskriminierung scheinen in unserer Gesellschaft in aller Munde zu sein. Doch ist es notwendig für betroffene Personen, die Diskriminierungserfahrungen immer wieder zu thematisieren? Auch in den Diskussionen der Ringvorlesung wurde anhand von Aussagen und Fragen der Studierenden deutlich, dass es Verunsicherung, Inakzeptanz, Ahnungslosigkeit und Unerfahrenheit in Bezug auf Rassismus- und Diskriminierungserfahrungen in diesen Angelegenheiten gibt. Um dem entgegenzuwirken und Abwehrhaltungen zu vermeiden, ist es unserer Ansicht nach wichtig, diese sichtbar zu machen. Ein Blick in Schulen lässt erkennen, dass beiläufig abwertende Bemerkungen der Lehrkraft bis hin zu unfairen Schulempfehlungen die Chancengleichheit verringert. Dies kann sich häufig negativ auf die gesamte Schullaufbahn von Kindern und

Jugendlichen auswirken (vgl. Gomolla & Radtke, 2009). Hier merkt man deutlich, wie notwendig die Sensibilisierung der zukünftigen Lehrer*innen über diese Thematiken ist, um zielführendere Handlungsmöglichkeiten zu erarbeiten.

Die Frage, *wie* man über Rassismus und Diskriminierung spricht, hat uns beschäftigt, denn man kann Rassismus überall im Alltag begegnen – als Betroffene*r und als Nichtbetroffene*r. Bei unseren Gesprächen kamen wir auf eine Debatte zu sprechen, die im Sommer 2022 medial über die Romane und Romanverfilmungen um Karl Mays „Winnetou" geführt wurden. Die Debatte um die Geschichte von Winnetou wurde geführt, „nachdem ein Verlag zwei Begleitbücher zu einem neuen Winnetou-Film für Kinder zurückzog." (vgl. Stern-Artikel, 2022). Es kamen Behauptungen auf, dass diese Filmreihe als rassistisch und kolonialistisch gefärbt zu verstehen sei und rassistische Stereotypen beinhalte und aufgrund dessen in der Kritik stehe (vgl. Keilbach, 2022). Wenn man die Debatte verfolgt und mitdiskutiert, lassen sich verschiedene Perspektiven erkennen. Auf der einen Seite stehen Menschen, die sich gegen Rassismus stellen. Auf der anderen Seite stehen die Menschen, die es nicht verstehen können, aus welchen Gründen so ein großes Thema daraus gemacht wird.

Auch hier stellt sich die Frage, wie man es schaffen kann, miteinander in einen Austausch zu kommen, um die verschiedenen Perspektiven zu verstehen. Gelingt dies nicht, kann diese Polarisierung weiter verstärkt werden und die Menschen noch weiter auseinandertreiben bis hin zur gegenseitigen Ignoranz.

Wenn man über Rassismus und Diskriminierung ins Gespräch kommen möchte, besteht die Chance verschiedene Sichtweisen kennenzulernen. Jede*r Gesprächspartner*in hat einen unterschiedlichen Hintergrund. Dadurch treffen verschiedene Überzeugungen, Normen und Werte, kulturelle oder religiöse Hintergründe aufeinander. Das kann zu Spannungen und Diskrepanzen im Gespräch führen. Deshalb ist es umso wichtiger, dies zu erkennen und die*den andere*n und ihre*seine Sichtweise verstehen zu wollen. Statt bei der Problemorientierung der*s anderen stehen zu bleiben, ist es unserer Erfahrung nach besser, *gemeinsam* nach Lösungen zu suchen und miteinander ins Gespräch zu kommen, um den Blickwinkel des anderen kennen zu lernen. Das Thema Rassismus stößt auch auf Abwehr (vgl. ThoenMcGeehan & Becker in diesem Band). Wenn Menschen auf eine rassistische Aussage hingewiesen werden, kommt es häufig vor, dass sie diese direkt von sich abweisen.

Ich, Nesibe Odabasi, erinnere mich an einen Vorfall im Jugendwohnheim. Meine Kollegin hatte im Allgemeinen ein vertrauensvolles Verhältnis zu den Jugendlichen. Dennoch wurde sie nach einer Auseinandersetzung mit einem Jugendlichen mit der Aussage „Du bist ein Rassist!" beschimpft. Sie antwortete dem Jugendlichen in dem Moment: „Ich bin kein Rassist!" So gingen sie auseinander. Solche Situationen könnten vielmehr als Chance genutzt werden, um nachzufragen und mit dem Gegenüber ins Gespräch zu kommen, um zu erfahren, was die Beweggründe sind und die Aussagen zu reflektieren (vgl. Mecheril & Melter, 2011).

Die weitere Frage, ob *alle* Menschen rassistische Denkmuster in sich haben, lässt die Vermutung zu, dass das Thema Rassismus und Diskriminierung jeden betreffen kann. Terkessidis nennt dies rassistisches Wissen (vgl. Terkessidis, 2004). Menschen mögen es, in Kategorien zu denken und andere zu bewerten und zu beurteilen. Die Frage nach der Sympathie stellt sich bewusst oder unbewusst kurz nach der ersten Begegnung. Auch im Schul- und Hochschulalltag sind diese Phänomene beobachtbar. Im ersten Moment würde sich keine*r als Rassist*in bezeichnen oder sich freiwillig eingestehen, diskriminierend agiert zu haben. Dennoch sollten auch Machtstrukturen an Schulen, Hochschulen und im Alltag neu hinterfragt werden (vgl. Mecheril & Melter, 2011). Dies könnte geschehen, wenn die Begriffe „Rassismus und Diskriminierung" enttabuisiert werden.

Der Jahresbericht 2021 der Antidiskriminierungsstelle zeigt in dem Zeitraum 2018 bis 2022 einen Anstieg der Beratungsanfragen mit Bezug zu einem AGG-Merkmal (vgl. Jahresbericht 2021 von der Antidiskriminierungsstelle des Bundes, Juni 2022, S. 43). Die Mehrheit der Anlaufstellen zur Beratung in Deutschland haben Schwerpunktthemen in ihrer Arbeit. „Ethnische Herkunft bzw. Rassismus sind demnach die häufigsten Schwerpunkte, daneben auch Religion, Behinderung oder Geschlecht" (ebd., S. 26 ff.). Viele Menschen, die Diskriminierungserfahrungen gemacht haben, sprechen nicht gern über diese Erlebnisse. Negative Erlebnisse werden häufig verdrängt und kommen somit nicht zu Wort. Wenn Rassismuserfahrungen nicht sichtbar gemacht werden, können sie von nichtbetroffenen Personen nicht gesehen und nachvollzogen werden.

Durch unsere Gesprächsthemen ist uns bewusst geworden, dass es für Betroffene häufig nicht leicht ist, über persönliche Diskriminierungserfahrungen zu sprechen, aufgrund emotionaler Betroffenheit, unguten Erinnerungen und den anschließenden Auswirkungen, die ein solches Gespräch mit sich bringen kann. Wenn man mit Menschen über Diskriminierungserfahrungen ins Gespräch kommen möchte, würden wir uns wünschen, dass Kommunikation auf Augenhöhe stattfindet. Dafür könnten Offenheit, Interesse und Neugierde grundlegende Voraussetzungen für eine gute Beziehung zu einer*m Gesprächspartner*in sein (vgl. von Schlippe & Schweitzer, 2016). Man darf es als nichtbetroffene Person als Zeichen der Wertschätzung sehen, wenn sich eine andere Person einem anvertraut und offen über persönliche Erlebnisse spricht, wobei sie selbst Diskriminierungserfahrungen erlebt hat. Als nichtbetroffene Person kann man viele bewegende

Berichte hören und dadurch erstmal aufmerksam gemacht werden, wie Menschen Diskriminierung und Rassismus erleben und welche Konsequenzen dies haben kann.

Sind nun die Medien oder die Politik dafür verantwortlich, wie man über Rassismus und Diskriminierung spricht? Und stehen die Schulen und Hochschulen in der Verantwortung darüber aufzuklären und selbst zu analysieren, wo und in welchem Rahmen Rassismus und Diskriminierung in den jeweiligen Einrichtungen vorkommen? Was kann man dagegen unternehmen? Zielführende Diskussionen können dann ermöglicht werden, wenn keine wertenden Zuschreibungen stattfinden. In der Umsetzung ist dies nicht immer einfach. Immer wieder haben wir bestimmte Vorstellungen davon, wie der Andere zu sein hat. Die eigenen Motive, kulturelle Werte und Normen spielen häufig eine weitere bedeutsame Rolle. Deshalb ist es umso wichtiger, in den Diskussionen erstmal die *Vielfältigkeit* zu erkennen, sich seiner eigenen Herkunft und den damit verbundenen Privilegien bewusst zu werden. Ein lösungsorientiertes Vorgehen sowie das Interesse an der*dem Gesprächspartner*in zu haben und dadurch inspiriert und sensibilisiert zu werden, kann ein Schlüsselerlebnis sein.

Um einen konstruktiven Austausch zu ermöglichen, müssen Machtgefälle sowie „Opfer-Täter"-Darstellungen und Schuldzuweisungen von *beiden Seiten* kritisch hinterfragt werden.

Mit dem Finger auf andere zu zeigen, lässt Gespräche über Rassismus und Diskriminierung sehr schnell zu negativ besetzten Tabuthemen werden. Auch an der Schule und der Hochschule sollte ein Umdenken stattfinden. Was braucht es dazu?

Wir möchten abschließend dazu anregen, sich die folgenden Fragen zu stellen und auch über Bildungseinrichtungen hinaus zu überlegen, in welche Richtung man weiterdenken könnte:

Was beeinflusst mein Denken über Rassismus und Diskriminierung?

Wie möchte ich zukünftig mit anderen Menschen darüber ins Gespräch kommen?

Wie gehe ich damit um, wenn ich sehe, dass jemand an der Hochschule, der Schule oder im Alltag diskriminierend behandelt wird? Berührt mich das oder schaue ich lieber weg?

Literatur

Antidiskriminierungsstelle des Bundes. (2022). Jahresbericht 2021. https://www.antidiskr iminierungsstelle.de/SharedDocs/downloads/DE/publikationen/Jahresberichte/2021. pdf?__blob=publicationFile&v=1. Zugegriffen: 23. Dez. 2022.

Gomolla, M., & Radtke, F-O. (2009). *Institutionelle Diskriminierung – Die Herstellung ethnischer Differenz in der Schule* (3. Aufl.). VS Verlag.

Keilbach, M. (2022). „Ist Winnetou aus der Zeit gefallen? Wie Karl May unsere Sicht auf Indigene prägt" https://www.rnd.de/kultur/winnetou-im-kino-ist-die-figur-aus-der-zeit-gefallen-wie-karl-may-unsere-sicht-auf-indigene-praegt-C4QOXVV7J5D2NLR7NQ ZW5KPK7U.html. Zugegriffen: 23. Dez. 2022.

Mecheril, P., & Melter, C. (2011). Rassismus als machtvolle Unterscheidungspraxis. In H.-J. Roth & C. Anastasopulos (Hrsg.), *Enzyklopädie Erziehungswissenschaft Online*. Beltz. https://doi.org/10.3262/EEO06110166.

Stern-Artikel. (2022). Mehr Bücher verkauft: Karl-May-Verlag hat von Winnetou-Debatte profitiert https://www.stern.de/amp/gesellschaft/regional/bayern/winnetou--karl-may-ver lag-hat-von-debatte-profitiert-33038530.html. Zugegriffen: 23. Dez. 2022.

Terkessidis, M. (2004). *Die Banalität des Rassismus. Migranten zweiter Generation entwickeln eine neue Perspektive.* Transcript.

Universität zu Köln, Gender Equality & Diversity. (2022). https://vielfalt.uni-koeln.de/antidi skriminierung/glossar-diskriminierung-rassismuskritik/diskriminierung. Zugegriffen: 23. Dez. 2022.

Von Schlippe, A., & Schweitzer, J. (2016). *Lehrbuch der systemischen Therapie und Beratung I. Das Grundlagenwissen* (3. unveränderte Aufl.). Vandenhoeck & Ruprecht Göttingen.

Decolonise Praxistransfer in der Lehrer*innenbildung

Das richtig eingepackte Pausenbrot. (Post-)Kolonialität in pädagogischen Alltagssituationen

Susanne Leitner

Der nachfolgende Beitrag zeichnet anhand zweier Interviewsequenzen nach, inwiefern sich die Verstrickung postkolonialer Hegemonialstrukturen der schulischen Adressierungspraxis von Eltern* mit Fluchterfahrung in alltäglichen Interaktionen zeigen kann. Dabei wird aufgezeigt, wie sich postkoloniale Deutungsmuster[1] im scheinbar Banalen des pädagogischen Alltagshandelns ausdrücken und dieses überformen können.

1 Von der Bedeutung, die Brotdose richtig zu packen

In den nachfolgend vorgestellten Interviewabschnitten wird exemplarisch dargestellt, wie postkoloniale Deutungsmuster in pädagogischer Alltagspraxis wirken können. Es kommt eine Lehrerin zu Wort, die seit vielen Jahren in einer Internationalen Vorbereitungsklasse (IVK) arbeitet. Die Klasse ist an eine kommunale Grundschule in einer süddeutschen Stadt angegliedert und erfüllt die Aufgabe, „Kinder und Jugendliche mit nichtdeutscher Herkunftssprache und geringen

---

[1] Bei der Fokussierung auf die Differenzlinie der (Zwangs-)Migration, die dieser Text vornimmt, handelt es sich zwangsläufig um eine Komplexitätsreduktion. Dieser Zugang wurde gewählt, um exemplarisch nachvollziehbar zu machen. Intersektionale verschränkte Wirkmechanismen von struktureller Macht entlang anderen (beispielsweise klassistischen) Differenzlinien werden hier nicht explizit thematisiert.

S. Leitner (✉)
PH Ludwigsburg, Baden-Württemberg, Deutschland
E-Mail: susanne.leitner@ph-ludwigsburg.de

© Der/die Autor(en), exklusiv lizenziert an Springer Fachmedien Wiesbaden GmbH, ein Teil von Springer Nature 2024
S. Leitner und A. Böhmer (Hrsg.), *Decolonise Lehrer*innenbildung*,
https://doi.org/10.1007/978-3-658-43410-6_6

Deutschkenntnissen" (Ministerium für Kultus, Jugend & Sport BW, 2017, S. 6) zu beschulen. Die Klasse richtet sich insbesondere an Kinder, die erst seit kurzer Zeit in Deutschland leben und bietet vor allem Unterricht in Deutsch als Zweitsprache, aber auch in allgemeinbildenden Fächern an. Der Unterricht soll auf einen zeitnahen Wechsel in eine altersadäquate Regelklasse vorbereiten und dabei auch „lebensweltbezogene Kompetenzen und Handlungskompetenzen zur Alltagsbewältigung" (ebd.) vermitteln. Das Interviewgespräch, aus dem zitiert wird, fand im Winter 2021 an der Schule statt. Kontext war ein an der Pädagogischen Hochschule Ludwigsburg angesiedeltes Projekt zur diskursanalytisch orientierten Erforschung von Adressierungspraktiken von Eltern* im Kontext von Flucht und Migration aus postkolonialer Perspektive. Für diesen Beitrag wurden zwei Sequenzen ausgewählt, die für die Verdeutlichung von postkolonialen Deutungsmustern besonders prägnant schienen. Der ersten vorgestellten Sequenz geht ein längerer Erzählabschnitt voraus, in der die Lehrerin anhand von Beispielen aus dem Schulalltag (etwa wie Hausaufgaben gemacht werden sollen, wie im Anfangsunterricht Buchstaben „nachgespurt" werden sollen usw.) verdeutlicht, wie sie Eltern* ihre Arbeit erklärt. Dem war mein Impuls vorausgegangen, von Themen zu erzählen, die im Gespräch mit den Eltern* zum Tragen kommen.

Sequenz I: Alufolie

Frau O: *„Ja also es gibt, es gibt ganz viele Erziehungs äh Richtungen. Es gibt Kinder, da äh da erkläre ich den Kindern etwas und sage du erklärst es der Mama. Also zum Beispiel die Alufolie, die wir die Alufolie im äh im Vesper, wir haben eine Vesperdose und dann wickeln die das alles dreimal in Alufolie und dann ist es entweder so, ich habe das Gefühl dass äh die Eltern können das verstehen was ich sage, dann bringe ich mein Anliegen an die Eltern ein bitte packen sie ihr Brot nur noch in die Vesperdose, nicht in dreimal Alufolie. Es gibt aber auch den Weg, dass ich sage ich erkläre es dem Kind und sage, erkläre es nochmal der Mama, versuche es mal zu erzählen, was ich gesagt habe und dann ist quasi das Kind der Übermittler für die Familie und soll das erklären. Dann kann es passieren, die Mama packt das wieder in Alufolie ein, dem Kind ist es furchtbar peinlich ähm (.) aber ich merke das ja, ich gucke ja jeden Tag rein und rede mit denen und dann ähm ich sage das ist nicht schlimm, die Mama, die ähm hat da jetzt nicht dran gedacht oder hat es auch wieder vergessen, sage es ihr doch einfach nochmal"*

Frau O. verdeutlicht hier verschiedene Strategien, wie sie Verhaltenserwartungen, die sie an die Eltern* ihrer Schüler*innen hat, vermitteln kann. Wenn sie das Gefühl hat, die Eltern könnten ihr Anliegen verstehen, kommuniziert sie direkt mit ihnen. Andernfalls trägt sie den Kindern auf, dieses zu transportieren. Dabei kann es vorkommen, dass die Eltern* den Auftrag dann gleich verstehen und umsetzen – oder eben nicht. In letzterem Fall beobachtet sie Scham bei den Kindern, die sie mit einer gütigen Geduld zu beschwichtigen versucht. Dieses Vorgehen erklärt Frau O. mir im Interview exemplarisch an der Vermittlung des richtigen Packens einer Brotdose – nämlich *ohne* Aluminiumfolie. In dieser scheinbar banalen Sequenz stecken m. E. Aspekte, die für eine postkolonial sensibilisierte Diskursanalyse hochinteressant sind. Auf einige davon möchte ich nun eingehen.

2 „Ich erkläre es und die wickeln es dreimal in Alufolie" – hegemoniale Selbstpositionierung und Othering

Die Rollen in der obigen Szene scheinen klar verteilt zu sein. Frau O. ist die Erklärende, und zwar nicht nur – was fraglos Teil ihrer Berufsrolle als Lehrerin ist – dem Kind gegenüber, sondern auch den Eltern* (bzw. hier der für die Brotdose als zuständig adressierten Mutter) gegenüber. Auffallend dabei ist, dass die von ihr in Anspruch genommene Deutungshoheit und Verfügungsgewalt gewissermaßen bis an den familiären Küchentisch reicht. Dies scheint mir gegenüber auch nicht weiter erklärungsbedürftig zu sein, denn es folgt kein Metasatz, der etwa auf bestimmte Regeln in der schulischen Hausordnung, die Alufolie verbieten würden, oder dergleichen hinweist. Vielmehr wirkt es unhinterfragt gültig, dass sie als Lehrerin diejenige ist, die bestimmen kann, wie die Brotdose zu packen ist. Der Mutter wird lediglich die Rolle der Lernenden und Ausführenden zugestanden. Während Frau O. selbst „erklärt" (nicht etwa: anregt, bittet, vorschlägt, …), wird der antizipierten Mutter nur die Option des schnelleren oder langsameren Verstehenkönnens, das am Umsetzen des Auftrags zu messen ist, zugestanden. Damit rutscht sie selbst in eine infantilisierte Rolle – gegebenenfalls noch unter das Niveau ihres eigenen Kindes, sofern dies schneller als sie *verstanden* (und ihr Verhalten entsprechend angepasst) hat. Die Option, dass die Mutter sich aus – möglicherweise sogar subjektlogisch guten Gründen – aktiv und mündig dafür entscheidet, den Proviant zusätzlich in Alufolie einzuschlagen, und dafür vielleicht sogar gute Gründe hat, scheint es nicht zu geben. Die Art, wie Frau O. mir dies erzählt, scheint die Annahme eines unausgesprochenen Einverständnisses zwischen mir und ihr vorauszusetzen. Es wirkt, als stehe außer Frage, dass ich Frau O.s Haltung zu Alufolie teile und wir beide uns damit von den adressierten Eltern* abgrenzen.

Die hier aufblitzende Haltung kann vor der Folie des Konzepts von *Othering* verstanden werden. Damit ist eine machtvolle Konstruktion und Repräsentation derjenigen gemeint, die als nicht zur Hegemonialkultur zugehörig sondern als die *Anderen* positioniert werden (vgl. Castro Varela & Jusuf, 2021). Dabei werden die als die *Anderen* Gelesenen „in der Konstruktion abgewertet […] beispielswese durch ihre Darstellung als unzivilisiert, irrational, primitiv und minderwertig" (Nassir-Shahnian, 2020, S. 32). Wie Arouna (2019) bemerkt, ist damit eine gesellschaftliche Unterordnung verbunden. Riegel (2016) zeigt auf, dass Othering häufig in Bildungskontexten zu finden ist:

> Othering geht offensichtlich mit pädagogischem Handeln einher, sodass es auch in Bildungssettings zu beobachten ist, die gegen Ausgrenzung und Diskriminierung sensibilisieren und alternative Handlungsstrategien entwickeln sollen. Othering kann somit als Teil einer alltäglichen und selbstverständlichen Praxis von Professionellen im pädagogischen Umgang mit Differenz und Ungleichheit betrachtet werden. Durch den Bezug auf vorherrschende Bilder und Deutungsmuster sowie auf institutionalisiertes Wissen und hegemoniale Praxis vollziehen sich mit Othering verbundene Ausgrenzungs- und Unterwerfungsprozesse in subtiler und legitimer Art und Weise (Riegel, 2016, S. 212).

Dieses Zitat scheint gut auf die zuvor aufgerufene Interviewsequenz zu passen. Während Frau O. ihr Anliegen, auf Alufolie zu verzichten, offenbar nicht erklären muss, wird die zugeschriebene *Andersartigkeit*, vielleicht *Rückständigkeit*, der sich offenbar irrational verhaltenden („*und dann wickeln **die** das alles dreimal in Alufolie ein*", Hervorh. SL) *Anderen* betont. Dieses Anderssein ist mit Nicht-Können assoziiert und als hierarchisch tiefer stehend erkennbar, denn es kann offenbar (beim Kind) massive Scham auslösen. Damit wird implizit das Narrativ der weniger entwickelten, irrationalen und rückständigen *Veranderten* aufgerufen und reproduziert (Steinbach, 2022).

3 Die Vesperdose als Vehikel für (angeblich) überlegenes *weißes* Wissen

Wie bereits gezeigt, erscheint es nicht als erklärungsbedürftig, warum Frau O. die „Vesperdose" der Alufolie vorzieht. Sie scheint vorauszusetzen, dass ich als *weiß* gelesene und als Akademikerin positionierte Frau ihr Wissen über die Vorzüge der Brotdose (mutmaßlich Aspekte von Umweltschutz und Nachhaltigkeit) teile – die adressierten Eltern* hingegen nicht. Dieses Phänomen lässt sich als Produkt der *Epistemischen Gewalt* verstehen, also einer Machtordnung, die die Produktion von (anerkanntem) Wissen betrifft. Die Kompetenz dazu wird, wie Brunner

(2020) bemerkt, global gesehen, vermehrt westlich und *weiß* gelesenen Personen zugesprochen. Die Möglichkeit, dass es Wissen geben könnte, das erklären würde, warum es potentiell sinnvoller sein könnte, Nahrungsmittel in Alufolie einzuwickeln und die Möglichkeit, dass die Eltern* diesbezüglich einen Wissensvorsprung gegenüber der Lehrerin haben könnte, wird gar nicht erst in Betracht gezogen. Somit erscheinen die Regeln der Schule als von vornherein auf rationalem, nicht begründungsbedürftigem Wissen basierend, wohingegen den Eltern* die Rolle zugewiesen wird, dieses Wissen zu erwerben. Wolf (2019) weist auf die strukturelle Machtausübung des Systems Schule auf die Eltern* und Kinder hin. „Das schulische System beginnt mit Schuleintritt, seine Regeln anzuerkennen und sich in diese einzuüben. Je reibungsloser das gelingt, umso größer das schulische Versprechen auf Erfolg" (S. 223). Dass ressourcenschonendes Verhalten für das Überleben des Planeten von immenser Bedeutung ist, scheint nicht von der Hand zu weisen. Fragwürdig gemacht und gehalten (vgl. Blanck in diesem Band) könnte jedoch die Überlegung werden, ob dies das einzige oder doch das relevanteste Wissen ist, das zu den Handlungsentscheidungen, wie die Mutter die Brotdose packt und wie die Lehrerin mit der Mutter umgeht, führen muss. So könnten als Gründe für die Verwendung von Alufolie etwa Erwägungen wie das Verhindern von Durcheinanderfallen verschiedener Komponenten o.ä. in Betracht gezogen werden. Die Sichtweisen der Mutter und des Kindes auf den Sachverhalt werden aber nicht einmal erfragt, und das, obwohl die Alufolie buchstäblich die Nahrung des eigenen Kindes, ein existentielles und damit oft hoch affektiv besetztes Thema ist. Dieser Prozess kann mit Dotson (2011) als *Testimonial Silencing* verstanden werden. Damit ist die Form der Epistemischen Ungerechtigkeit gemeint, wenn subaltern positionierten Akteur*innen nicht als Wissende anerkannt und ihnen dadurch die Möglichkeit, ihre Perspektive zum Diskurs beizutragen, genommen wird. Sie werden also gewissermaßen zum Schweigen gebracht, indem sie gar nicht erst angehört werden. Wollte Frau O. die Wirkweisen dieser Machtstrukturen „durchqueeren" (Klingovsky & Pfruender, 2021, S. 72), also in ihren Deutungsmustern dekonstruieren, könnte sie zum Beispiel die Frage stellen, welches das höhere Gut ist: eingesparte Folie zugunsten der Umwelt oder die Wahrung der elterlichen Integrität angesichts eines schier überwältigenden Dominanzverhältnisses zwischen ihr als Repräsentantin des deutschen Schulsystems und als neu angekommene Geflüchtete positionierten Eltern*. Was nimmt das peinlich berührte Kind, das die Erfahrung macht, dass sein Pausenproviant unpassend und die eigene Mutter nicht in der Lage ist, diesen richtig einzupacken, in Bezug auf Bildung für eine nachhaltige Entwicklung wirklich mit? Inwiefern besteht die Gefahr, dass Muster von Parentifizierung (vgl. Titzmann, 2012) verstärkt werden? Und: welche Eindrücke bleiben in Bezug auf das eigene Willkommensein?

4 Ambivalenzen

Wie schon beim Zwiespalt zwischen unbestrittenerweise wichtigen Klimaschutzzielen einerseits und latent übergriffiger Beschämung von Eltern* und Kindern andererseits deutlich wird, lassen sich die Ambivalenzen dieser Situation nicht ohne weiteres auflösen. Noch deutlicher wird dies in der zweiten Sequenz, auf die ich mich hier beziehen möchte. Sie findet sich etwas später im selben Interview, ebenfalls als Teil eines längeren Erzählzusammenhangs. Ich hatte nach Interaktionen gefragt, die die Lehrerin als besonders gelungen erlebt habe. Daraufhin sprach sie ausführlich davon, dass die Eltern* ihrer Schüler*innen (entgegen anderslautenden Vorurteilen) rege an Eltern*abenden teilnähmen. Dies habe insbesondere damit zu tun, dass sie ihnen im Vorfeld regelrecht hinterherlaufe und sie mehrfach auf den Termin anspräche, anstatt nur Einladungen auszuteilen. Diese besondere Initiative sei nach ihrem Verständnis wichtig, damit die Eltern* gut im deutschen Schulsystem ankommen könnten.

Sequenz II: ihnen sagen, wie man es erwartet
Frau O: „Das heißt, es ist ein ein Entwicklungsprozess, den die Eltern auch durchmachen. Aber ich sehe meine Aufgabe schon darin, äh nicht einfach zu erwarten. Das ist ja genauso, wie wenn ich jetzt irgendwo in Arabien äh irgendwo da im arabischen Raum losgelassen werden und sage du musst aber alles richtig machen. Ja woher soll ich es denn wissen? Und man muss die da viel engmaschiger quasi an sich binden und viele viele meiner Kolleginnen empfinden gewisse Dinge, die ich tue, vielleicht sogar als grenzüberschreitend. Du kannst doch einen erwachsenen Menschen jetzt nicht sagen wir er das zu tun hat, aber andererseits erwarten sie ja, dass die Familien in in unserem Rahmen reagieren und sind dann völlig empört darüber, dass die das nicht tun. Aber andererseits sagen sie, du kannst das denen doch nicht sagen. Ja doch, ganz kleinschrittig sage ich das, weil die sind nämlich dankbar darum, wenn man ihnen sagt, wie man es erwartet, was von ihnen erwartet wird und dann immernoch entscheiden zu können, ob sie diesen Erwartungen gerecht werden wollen oder nicht ja, aber ich finde halt nicht man kann so äh so mit einer gewissen Hochnäsigkeiten sagen, ach die machen das alle nicht, ach die haben das alle nicht und bringen das alle nicht, wenn man ihnen nicht tatsächlich eine Chance, wenigstens eine Phase an Chancen gegeben hat ähm ihnen tatsächlich klarzumachen, was von ihnen erwartet wird. Und mir reißt auch manchmal der

Hutdeckel hoch und dann denke ich, jetzt reicht es aber, ja jetzt habe ich die so an die (unv. 44:08) genommen und so äh engmaschig quasi an was herangeführt und es klappt immernoch nicht. Natürlich ist bei mir quasi auch irgendwann der Punkt erreicht, wo ich mich dann auch über eine Familie aufrege und wo ich sage also Blitz und Donner, jetzt könnten sie es aber echt mal wahrgenommen haben!"

Neben dem aus rassismuskritischer Sicht befremdlich wirkenden Passus, des „irgendwo in Arabien Losgelassenwerdens", scheint in der zweiten Sequenz besonders interessant zu sein, dass Frau O. von selbst einen Teil der Kritik, die ich bereits in der Beschäftigung mit Sequenz 1 formuliert habe, hier selbst aufgreift. Sie legt sie ihren Kolleginnen – gemeint sind aufgrund des Interviewkontextes mutmaßlich die an Regelklassen unterrichtenden Grundschullehrerinnen – in den Mund und findet auch gleich eine, wie ich finde, überraschende Antwort. Ihre nahezu übergriffige und infantilisierende Art und Weise, mit migrantisierten Eltern* zusammenzuarbeiten, rechtfertigt Frau O. mit der „Hochnäsigkeit", die sie ihren kritischen Kolleginnen gegenüber den Eltern* attestiert. Diese Kolleginnen würden sich empören, wenn die Eltern* nicht den Erwartungen entsprächen. Sich davon abgrenzend stellt Frau O. sich als eine gewissermaßen anwaltschaftlich an der Seite der Eltern* stehende Helferin dar, deren Zweck die Mittel heiligt. Durch ihr geduldig-kleinschrittiges Befähigen zum angepassten Verhalten bewahrt sie, so ihre Argumentation, die Eltern* vor Diskreditierungen. Dieses Vorgehen kann als anwaltschaftliche Hilfe verstanden werden, weist dabei aber gleichsam einen deutlichen paternalistischen Impetus auf. Kaufmann (2019) zeigt auf, dass die Unterstützung von geflüchteten Menschen aus einem humanistischen Impuls heraus oft nicht klar von paternalistischer Bevormundung zu trennen ist: „Wir meinen zu wissen, was für Andere gut sei, bemessen dies an Bildern des Eigenen." (Kaufmann, 2019, S. 340). Anders als in der ersten Sequenz gesteht Frau O. den Eltern hier zwar – zumindest vordergründig – immerhin eine selbstermächtigte Entscheidung, sich den Anforderungen zu widersetzen und somit eine gewisse Agency zu. Diese wird allerdings schnell wieder relativiert. Wenn sich die Eltern* trotz der intensiven Begleitung nicht an die Erwartungen anpassen, verliert sie die Geduld, was sie mit explosiven Metaphern vom „hochreißenden Hutdeckel" und sich in „Blitz und Donner" entladenden Naturgewalten versprachlicht. Hier zeigt sich: was von den Eltern* erwartet wird, scheint festgeschrieben und nicht hinterfragt zu sein. Der Auftrag zur Anpassung – oder mit Homi Bhaba (2000) gesprochen: zur *Mimikry* ist hegemonial in *eine* Richtung formuliert. „Die Kolonisierten sollen sich anpassen an die Werte und Normen der herrschenden Kolonisator/innen" (Castro Varela, 2013, S. 16). Ein kritisches Hinterfragen dieser Erwartungen, etwa ob sie sinnhaft, angemessen, erfüllbar und zur Lebenswelt der jeweiligen Eltern* passend sind, oder ob es möglicherweise besser passende Alternativen geben könnte, wird durch die Nichterfüllung offenbar nicht ausgelöst (zumindest wird dies nicht thematisiert). In diesem Sinne können Frau O.s Bemühungen, die Eltern* zur Integration zu befähigen, mit Castro Varela als „Normalisierungs- und Disziplinierungsregimes analysiert werden. Sie setzen die Vorstellung von „integriert" als normal und richtig durch." (ebd., S. 33). Dynamiken wie diese, wohlmeinende, zur Infantilisierung neigende Einführung in das Phantasma der deutschen Dominanzkultur, verbunden mit unausgesprochenen Erwartungen an Anpassung und emotionale Satisfaktion durch Dankbarkeit, erleben insbesondere Menschen mit Fluchterfahrung mutmaßlich recht häufig, z. B. insbesondere auch im Kontext von ehrenamtlichem Engagement. Werden diese Erwartungen nicht erfüllt, entstehen bei den Helfenden negative Affekte wie Enttäuschung oder Wut. Butler (2020) führt dies auf den (befürchteten) Verlust kolonialer Macht zurück: „the colonizer depends upon the colonized, for when the colonized refuse to remain subordinate, then the colonizer is threatened with the loss of colonial power" (S. 47–48).

5 Schlussbemerkung

Anhand zweier Passagen aus einem Interview wurde gezeigt, wie postkoloniale Machtstrukturen im pädagogischen Alltag wirksam sein können. Bei aller kritischen Betrachtung bleibt das Dilemma, auf das Frau O. hinweist, nicht ganz auflösbar: solange Systeme und Strukturen, wie das Bildungssystem, das eigene rassistische und kolonialistische Erbe nicht (ausreichend) reflektieren, müssen sich Pädagog*innen, die Kindern und Jugendlichen je individuell ein barriere- und diskriminierungsarmes Durchlaufen dieser Systeme ermöglichen wollen, die implizit damit verbundenen Erwartungen vermitteln. Ein erster Schritt zur Überwindung könnte jedoch sein, sich dieser Machtstrukturen bewusst zu werden und eine Professionalitätskultur zu etablieren, zu der es gehört, diese postkolonialen Machtstrukturen systematisch, wie Klingovsky und Pfruender (2021) empfehlen, „machtvolle Wahrheitseffekte zu problematisieren" (S. 72).

Literatur

Arouna, M. (2019). Vom ‚Flüchtlings-' und Fremdheitskonstruktionen: Positionierungsprozesse im Fluchtkontext. In E. Arslan & K. Bozay (Hrsg.), *Flüchtlingsbewegungen in der Einwanderungsgesellschaft* (S.79–94) Springer.

Bhabha, H. K. (2000). *Die Verortung der Kultur*. Stauffenburg.

Butler, J. (2020). *The force of nonviolence. An ethico-political bind*. Verso.
Brunner, C. (2020). Epistemische Gewalt. Wissen und *Herrschaft in der kolonialen Moderne*. Transcript.
Castro Varela, M. (2013). *Ist Integration nötig? Eine Streitschrift*. Verlag des Deutschen Vereins für öffentliche und private Fürsorge e. V.
Castro Varela, M., & Jusuf, I. (2021). Postkoloniale Theorie und soziale Ausschließung. In R. Anhorn & J. Stehr (Hrsg.), *Handbuch Soziale Ausschließung und Soziale Arbeit* (S. 333–348). Springer.
Dotson, K. (2011). Tracking epistemic violence, tracking practices of silencing. *Hypatia, 26*(2), 236–257. https://doi.org/10.1111/j.1527-2001.2011.01177.x.
Kaufmann, M. E. (2019). Ethik- und Methodenfragen beim Forschen, Lehren und Lernen zu Flucht und Asyl. Für wen, unter welcher Perspektive gestalten? In M. E. Kaufmann, L. Otto, S. Nimführ, & D. Schütte (Hrsg.), *Forschen und Arbeiten im Kontext von Flucht: Reflexionslücken, Repräsentations- und Ethikfragen* (S. 331–358). Springer VS.
Klingovsky, U. & Pfruender, G. (2021). Die Kunst der Störung. Critical Diversity als Analyseverfahren und Entwicklungsgrammatik. In V. O. Dankwa, S.-M. Filep, U. Klingovsky, & G. Pfruender (Hrsg.), *Bildung.Macht.Diversität. Critical Diversity Literacy im Hochschulraum* (1. Aufl., S. 59–76). Transcript.
Ministerium für Kultus, Jugend und Sport Baden-Württemberg. (2017). Verwaltungsvorschrift des Kultusministeriums über die Grundsätze zum Unterricht für Kinder und Jugendliche mit nichtdeutscher Herkunftssprache und geringen Deutschkenntnissen an allgemein bildenden und beruflichen Schulen. http://schulamt-stuttgart.de/site/pbs-bw-km-root/get/documents_E-567278336/KULTUS.Dachmandant/KULTUS/Schulaemter/schulamt-stuttgart/pdf/VwV%20g%C3%BCltig%20ab%2001.08.2017.pdf. Zugegriffen: 3. Sept. 2022.
Nassir-Shahnian, N. A. (2020). Powersharing: Es gibt nichts Gutes, außer wir tun es! Vom bewussten Umgang mit Privilegien und der Verantwortlichkeit für soziale (Un-)Gerechtigkeit. In B. Jagusch & Y. Chehata (Hrsg.), *Empowerment und Powersharing: Ankerpunkte, Positionierungen, Arenen* (1. Aufl., S. 29–42). Beltz Juventa.
Riegel, C. (2016): *Bildung – Intersektionalität – Othering. Pädagogisches Handeln in widersprüchlichen Verhältnissen*. Transcript.
Steinbach, A. (2022): „Da muss von den Eltern auch wesentlich mehr Initiative kommen." Diskursive Wissensordnungen zu ‚Eltern mit Migrationshintergrund'. In L. Chamakalayil, O. Ivanova-Chessex, B. Leutwyler, & W. Scharathow (Hrsg.), *Eltern und pädagogische Institutionen. Macht- und ungleichheitskritische Perspektiven*. (1. Aufl., S. 91–108.) Beltz Juventa.
Titzmann, P. F. (2012). Growing up too soon? Parentification among immigrant and native adolescents in Germany. In *Journal of Youth and Adolescence, 41*(7), 880–893. https://doi.org/10.1007/s10964-011-9711-1.
Wolf, M. A. (2019). Praktizierte Taktiken der Resignation: Benachteiligungswahrnehmungen von migrantischen Eltern an Volksschulen ihrer Kinder. In A. Böttcher (Hrsg.), *Migration bewegt und bildet. Kontrapunktische Betrachtungen* (1. Aufl., S. 209–278). Innsbruck university press.

"Zugang und Teilhabe auf dem Bildungsweg von Kindern mit eigener oder familiärer Zuwanderungsgeschichte"

Henriette Spellenberg und Lâle Tipieser

Der folgende Beitrag reflektiert eine Perspektive aus der rassismuskritischen pädagogischen Praxis. Er basiert auf einem Gespräch, das ich, Henriette Spellenberg, mit Lâle Tipieser, Projektkoordinatorin eines Interkulturellen Netzwerks für Elternbildung, geführt habe, nachdem diese ihre Arbeit im Rahmen einer Ringvorlesung vorgestellt hatte.

1 Entstehungskonext dieses Beitrags

Mein Name ist Henriette Spellenberg. Ich bin Studentin an der Pädagogischen Hochschule Ludwigsburg und befinde mich im Master Sonderpädagogik mit dem Hauptfach Politikwissenschaften. Ich empfinde es als sinnvoll, einer Erkenntnis aktueller Diskurse Rechnung zu tragen und mich zu Beginn mit allen mir in Bezug auf die Ausführungen relevant erscheinenden Fakten vorzustellen. 1993 wurde ich in Deutschland geboren. Ich besitze die deutsche Staatsbürger*innenschaft und ich bin *Weiß*. Allein diese drei Faktoren führen bei mir

---

Henriette Spellenberg im Gespräch mit Lâle Tipieser, Projektkoordinatorin des Interkulturellen Netzwerks Elternbildung Tübingen (INET)

H. Spellenberg (✉) · L. Tipieser
Baden-Württemberg, Deutschland
E-Mail: henriette.spellenberg@stud.ph-ludwigsburg.de

© Der/die Autor(en), exklusiv lizenziert an Springer Fachmedien Wiesbaden GmbH, ein Teil von Springer Nature 2024
S. Leitner und A. Böhmer (Hrsg.), *Decolonise Lehrer*innenbildung*,
https://doi.org/10.1007/978-3-658-43410-6_7

zu besonders ausgeprägten Privilegien, mindestens in der noch immer von Weißen* dominierten deutschen Gesellschaft. Diese Sonderrolle nicht zu explizieren, hieße, „[…] jene rassistischen Hierarchien fortzuschreiben […]" (Hyatt, 2015). Aus diesem Grunde hat mich das Projekt INET, das in der Ringvorlesung vorgestellt wurde, näher interessiert. Dies hat mich bewogen, ein Interviewgespräch mit der Projektkoordinatorin Lâle Tipieser durchzuführen. Auf dem dabei entstandenen, sprachlich nur leicht geglätteten, gekürzten und inhaltlich strukturierten Audiotranskript basiert dieser Text. Zu Beginn wird das Projekt vorgestellt. Anschließend werden Fragen zu den Themen Empowerment, Elternbildung und diskriminierungskritische Pädagogik aus einer Perspektive des professionellen Alltags diskutiert.

2 Das Projekt INET in Tübingen

Henriette Spellenberg: Bitte erzählen Sie mir vom Projekt INET.

Lâle Tipieser: Das Projekt INET ist der Stabsstelle Gleichstellung und Integration der Universitätsstadt Tübingen zugeordnet. INET beschäftigt sich bereits seit 2010 mit dem Thema Bildungsbenachteiligung von Menschen mit eigener oder familiärer Zuwanderungsgeschichte. Gegründet wurde INET von der Stabsstelle Gleichstellung und Integration der Universitätsstadt Tübingen, weil viele Studien gezeigt haben, dass Menschen mit Zuwanderungsgeschichte von struktureller Benachteiligung betroffen sind. Wir als Stabsstelle überlegen, welche Maßnahmen wir als Stadt entwickeln können, um den Benachteiligungen entgegenzuwirken. Wir haben uns dafür entschieden, stark auf Elternbildung zu setzten, weil der Bildungserfolg von Kindern (leider) immer noch stark vom Elternhaus abhängig ist. Seit über 10 Jahren arbeiten wir am Projekt und entwickeln es dahingehend weiter, wie Zugangsbarrieren erkannt, benannt und wie ihnen entgegengewirkt werden kann. INET hat das Ziel, Bildungs- und Teilhabechancen für Menschen mit eigner/familiärer Zuwanderungsgeschichte zu verbessern. Neben der hauptamtlichen Koordinatorin gehören die Ehrenamtlichen zum Team, die für die Multiplikator*inneninitiative tätig sind. Insgesamt sind es gerade 190 Ehrenamtliche welche wir in den letzten zehn Jahren in sieben Schulungsrunden zu INET- Multiplikator*innen ausgebildet haben. Momentan sind wir in der siebten Schulungsrunde der Basisschulung. Zwei von insgesamt fünf Modulen sind bereits erfolgt. Die Arbeit ist ehrenamtlich, aber wird mit zehn Euro pro Stunde vergütet. Es ist uns sehr wichtig, dass die Ehrenamtlichen honoriert werden und dass auch durch Geld eine Art Wertschätzung und Anerkennung erfolgt. Die Multiplikator*inneninitiative lebt vom Ehrenamt. Es ist nicht möglich, in diesem Rahmen, so viele Menschen ins Hauptamt zu bringen. So sind die Einsätze außerdem flexibel gestaltbar. Man kann selbst entscheiden, in wie viele Einsätze man gehen möchte. Um Multiplikator*in werden zu können, muss man 18 Jahre alt sein, eine eigene oder familiäre Zuwanderungsgeschichte haben und sich für ein Jahr verpflichten, in Einsätze zu gehen. Das bedeutet in der Praxis, mindestens fünf Einsätze innerhalb eines Jahres zu übernehmen. Einsatzmöglichkeiten sind zum Beispiel, Familien zu Elterngesprächen zu begleiten oder ein Elterncafé mitzuorganisieren. Die Ehrenamtlichen können sich aussuchen, wie viel sie sich einbringen möchten. Ich habe ein breites Netzwerk, über das ich Informationen zur Schulung streue. Die Basisschulung findet alle zwei Jahre statt. Dabei gibt es jeweils etwa 28 Plätze. Alle, die sich angesprochen fühlen, können sich melden. Dann führe ich ein Telefonat (vor Corona war das noch ein Präsenzgespräch). Dabei werden die Erwartungen und was wir anbieten können, abgeglichen. Auf Grundlage dieses Gesprächs können sich die Interessierten an ehrenamtlicher Arbeit dann anmelden. Dieses Mal war ich sehr mutig, weil ich Sorge hatte, dass sich nicht genügend Teilnehmer*innen anmelden. Aufgrund von Corona, Kriegen und der wirtschaftlichen Situation nehme ich die Menschen als sehr erschöpft wahr und hatte das Gefühl, dass es in diesen auslaugenden Zeiten schwieriger wird, Menschen für das Ehrenamt zu gewinnen. Trotzdem habe ich mich dafür entschieden, die insgesamt fünf Module der siebten Schulungsrunde an je einem Samstag im Monat, von Oktober bis Februar von 9:00–16:00 Uhr zu planen, jeweils mit Kinderbetreuung. Ich war von der Resonanz überwältigt, denn es haben sich 33 Menschen angemeldet. Das zeigt zum einen, dass wir gute Arbeit machen und Menschen erreichen. Aber zum anderen zeigt das auch, dass Menschen sich so angesprochen fühlen, weil sie selbst durch dieses Schulsystem gegangen sind, Benachteiligungen gespürt haben, sich dann in ihrer Freizeit genau diesem Thema widmen möchten – und dass deshalb immer noch ein ganz großer Bedarf besteht.

3 Der Peer-to-Peer-Ansatz als Mittel für Empowerment

Henriette Spellenberg: Könnten Sie das noch einmal genauer ausführen, warum ausschließlich Menschen mit eigener oder familiärer Zuwanderungsgeschichte ausgebildet werden?

Lâle Tipieser: Wir wollen sichtbar machen, was in den Communities schon die ganze Zeit läuft. Menschen unterstützen Menschen, aber auf privater Ebene. Wir möchten das auf kommunale Ebene heben, um Abhängigkeitsstrukturen in Communities zu vermeiden. Zuwanderungsgeschichte ist deshalb Voraussetzung, weil wir den *Peer-to-Peer-Ansatz* verfolgen und Eltern, die betroffen sind, Menschen zur Seite stellen möchten, die eine bestimmte Erfahrung gemacht haben, welche nicht zur Diskussion freigegeben wird. Oft ist es so, dass Menschen, die bestimmte Diskriminierungserfahrungen nicht gemacht haben, automatisch in Machtverhältnisse kommen. Aussagen wie beispielsweise: „Kenne ich gar nicht…Wirklich?" Und „Erklär mal…" sollen vermieden werden und wir möchten nicht, dass Eltern sich erklären müssen, sondern, dass ihre Lebensrealität mit einer Selbstverständlichkeit angenommen wird, und das schafft einfach der Peer-to-Peer-Ansatz. Außerdem soll das verhindern, dass wir automatisch dieses Machtgefälle von „wir helfen" reproduzieren. […] Einmal im Jahr gibt es ein Gesamttreffen aller Multiplikator*innen. Außerdem gibt es ein zusätzliches Treffen im Jahr für alle Multiplikator*innen, die eine Familienpatenschaft haben oder an einer interessiert sind. Die Sitzung wird auch immer moderiert. An den Kooperationsschulen haben wir Multiplikator*innenteams, die sich regelmäßig treffen. Dabei geht es um den kollegialen Austausch und Beratung.

Neben den Basisschulungen gibt es Zusatzschulungen. Diese orientieren sich an den geäußerten Bedarfen der Multiplikator*innen. Wir hatten zum Beispiel eine Schulung mit Referent*in zum Thema: Umgang mit rassistischen Äußerungen im Übersetzungskontext. Dabei ging es auch um den Umgang damit und darum, wie man mit eigenen Erfahrungen umgehen kann. Die Zusatzschulungen sind immer voll. Dabei wird deutlich, dass sich die Ehrenamtlichen weiterbilden und weiterentwickeln möchten, aber auch, dass auf geäußerte Bedarfe von der Stabsstelle reagiert wird. Das sind Selbstwirksamkeitserfahrungen, welche gute und wichtige Momente sind, die wir in diesem Kontext gemeinsam erleben. Die Multiplikator*innen wissen darüber hinaus, dass sie sich bei Fragen oder Irritationen jederzeit bei mir melden können. Es ist die enge Beziehung und Begleitung der Ehrenamtlichen, die bei INET wichtig ist.

Henriette Spellenberg: Werden Rassismen oder andere Formen der Diskriminierung offen angesprochen bei INET und von wem?

Lâle Tipieser: Ja, wenn Betroffene Rassismuserfahrungen äußern, man kennt es auch aus dem Sexismus, kommt häufig zunächst die Aussage: „jetzt bist du aber arg feinfühlig oder arg sensibel". Auch wenn es um (sexuelle) Übergriffe geht, welche zur Sprache gebracht werden, ist eine der häufigsten Fragen: „Was hattest du denn an?" Es geht also darum, wie gehe ich als Multiplikator*in und selbst betroffene Person ins Gespräch, um für die Eltern da zu sein. Das Betroffensein ist hier eine Stärke. Dennoch ist auch eine sehr große Verletzlichkeit da, und der Umgang damit ist immer tagesform-abhängig. Da versuchen wir auch, die Multiplikator*innen mit ihren Themen abzuholen und ins Gespräch zu gehen. Ich möchte nicht, dass die Multiplikator*innen ihre eigene Verletzlichkeit immer offen zeigen müssen um verstanden zu werden. Oft ist es aber leider so, dass man sagen muss, was eine*n verletzt hat, bis irgendwann jemand etwas versteht.

4 Elternbildung im Kontext von Migration

Henriette Spellenberg: Wer ist die Zielgruppe der Multiplikator*innen?

Lâle Tipieser: Wir haben den Schwerpunkt auf Elternbildung gesetzt und arbeiten beispielsweise daran, wie wir Eltern erreichen und unterstützen können und in welchen Räumen sie Bedarfe äußern können. Geäußerte Bedarfe versuchen wir dann umzusetzen oder die Eltern in der Umsetzung zu begleiten. Wir gehen in unserer Arbeit der Frage nach, wie wir die Lebensrealitäten von Eltern, die so vielfältig sind, sichtbar machen und sie professionell, aber auch mit emotionaler Kompetenz begleiten können.

Henriette Spellenberg: Wie sieht der Alltag von Multiplikator*innen aus und was sind Inhalte der ehrenamtlichen Arbeit als Multiplikator*in?

Lâle Tipieser: Das ist relativ individuell. Es gibt zum Beispiel die Möglichkeit, INET bei Elternabenden der ganzen Elternschaft vorzustellen. Das heißt, wir stellen INET vor, begleiten Eltern an Elternabenden, auch in der jeweiligen Erstsprache und Multiplikator*innen organisieren Elterncafés an den Kooperationsschulen. Dort werden Räume angeboten, in denen sich Eltern bei der Gemeinsamkeit, Eltern von Kindern an dieser Schule zu sein, begegnen und austauschen können. Multiplikator*innen können auch Familienpat*innenschaften übernehmen. Das heißt sie begleiten eine Familie ein Schuljahr lang. Dafür bekommen die Multiplikator*innen zwei Stunden pro Woche. Auch die Patenschaft ist wieder ganz individuell gestaltbar. In einem ersten Gespräch besprechen wir zum Beispiel, was in der Familienpatenschaft möglich ist und wo die Grenzen liegen. Alles andere wird zwischen Familie und Multiplikator*in gestaltet. Aufkommende Fragen sind beispielsweise, ob auf einen Brief der Schule direkt reagiert werden muss, oder ob Multiplikator*innen auch mal über die Hausaufgaben schauen können. Eigentlich ist es nicht vorgesehen, in die Rolle einer Nachhilfe zu gehen, aber unter Corona haben wir das trotzdem verstärkt gemacht. Gerade im Lockdown 2020 war unsere Arbeit besonders kreativ. Die Multiplikator*innen waren sehr engagiert, den Kontakt zu Familie und Kindern zu halten und sie bei der Flut von Informationen zu unterstützen. Außerdem versuchen die Multiplikator*innen, ein Netzwerk für die Eltern aufzubauen, damit sie sich gut in Tübingen aufgehoben fühlen. Es geht um Wissensvermittlung: Wie komme ich an Informationen und wie sind die Wege, und die Wege gehe ich mit dir, bis du sie alleine gehen kannst.

5 Schulen im Kontext von Diskriminierung

Henriette Spellenberg: Ich bin auf das Projekt aufmerksam geworden, da Sie einen Vortrag im Rahmen einer Ringvorlesung mit dem Titel „Decolonise Lehrer*innenbildung" gehalten haben. Bitte beschreiben Sie, welche Bedeutung dieses Thema für Sie hat.
Lâle Tipieser: Ja. Das sind Momente, wie die genannten Machtgefälle, welche wirklich mitgedacht werden müssen und was bedeutet die Reproduktion von Diskriminierungen. Wir sind ja wirklich alle kolonialisiert mit all den Diskriminierungsmechanismen, sei es zum Beispiel Sexismus oder Rassismus, und da ist die Frage, wie schaffen wir das, was wir internalisiert haben, gut abgeben zu können – aber auch zu benennen, was die Auswirkungen sind. Darum fand ich diesen Titel der Ringvorlesung total empowernd. Eine Ringvorlesung, die das Problem benennt.
Henriette Spellenberg: Welche Erfahrungen machen Sie in Ihrer Zusammenarbeit mit Schulen?
Lâle Tipieser*:* Dadurch, dass uns Schulen auch direkt anfragen, sind sie in der Regel auch sehr offen und dankbar dafür, dass sie sich einfach melden und nach Begleitung fragen können. Das ist aber natürlich trotzdem unterschiedlich von Schule zu Schule und mit wem man da im Austausch ist. Eine Herausforderung ist es aber, wenn Schulen sagen: „Mit Diskriminierung haben wir aber überhaupt kein Problem". Bei solchen Aussagen werde ich hellhörig. Weil die „Schule ohne Rassismus"-plakette nicht reicht. Hier muss noch mehr passieren. Die Herausforderung ist es, den Schulen zu verdeutlichen, dass Diskriminierung und Bildungsbenachteiligung kein Resultat von: „Ich kann eine Sprache nicht sprechen" ist. Viele denken, man könne nicht diskriminiert werden, wenn es keine Sprachbarriere gäbe, und nur die Sprachbarriere führe zu Kommunikationsschwierigkeiten. Dem ist nicht so. Auch ich persönlich erfahre mit meinen Kindern in der dritten Generation ausgrenzende und ausschließende Sprache, aber auch ein bestimmtes Gelesen- Werden. Die Herausforderung besteht darin, dies den Schulen rückzumelden, dass Bildungsbenachteiligungen weitere Ursachen hat. […] In Schulen bestehen Machtgefälle. Es ist wichtig, dass die Information aus der Basis, aus der Elternschaft, aus einer marginalisierten und diskriminierten Gruppe, aufgenommen und wieder zurück in die Schule transportiert wird, damit dort dann eine Professionalisierung der Arbeit stattfinden kann. Es ist uns ein großes Anliegen durch unsere Arbeit Schulen für unterschiedliche Lebensrealitäten zu sensibilisieren. Speziell, was es bedeutet intersektional von Bildungsbenachteiligung betroffen zu sein. Es fängt im ganz Kleinen an, wenn ich zum Beispiel eine Anfrage bekomme, bei welcher für ein Elterngespräch jemand

der arabisch spricht, benötigt wird. Dann schreibe ich der Schule: die*der Multiplikator*in wird Sie und die Familie bei dem Gespräch unterstützen. Das sind die kleinen wichtigen Momente von: „wer hilft wem" und „Wer bekommt wann Hilfe". Dadurch soll mehr Augenhöhe geschaffen werden und unterstrichen werden, dass die Multiplikator*in auch da ist, damit Lehrkräfte etwas verstehen und auch verstanden werden. Es geht darum, alle mitzunehmen, das ist ja Sinn der Schule.

Henriette Spellenberg: Welche Hürden sehen Sie im deutschen Schulsystem für Menschen mit (gelesener) Zuwanderungsgeschichte und was kann INET zur Sichtbarmachung von Diskriminierungen beitragen?

Lâle Tipieser: Es gibt noch viele Hürden. Auch, wie Menschen mit Zuwanderungsgeschichte an Schulen gelesen werden. Beispielsweise gibt es Situationen, in welchen Kinder aufgrund ihrer (gelesenen) Herkunft, stereotypisierenden Bezeichnungen ausgesetzt sind. Problematisch ist, was bei dem Gebrauch bestimmter Begriffe mitschwingt, woher die Begrifflichkeiten kommen, was mit entstehenden Bildern reproduziert wird und welche Rollen Kinder dann übernehmen, denen man immer wieder etwas zuschreibt.

Was wir mit INET machen können, ist Räume anzubieten, in denen Menschen für sich selbst sprechen können und dürfen, Menschen zu empowern und zu begleiten und Informationen geben, welche es braucht, um für sich selbst sprechen zu können. Außerdem benennen wir Dinge, wenn wir beispielsweise auf diskriminierende Worte oder Sichtweisen treffen, um aufzuklären, welche Benennung zielführender ist. Wir sprechen entstandene Irritationen an und lassen Aussagen nicht als selbstverständlich stehen. Besonders wichtig ist es uns, im Gespräch und damit im Austausch zu bleiben, damit wir gemeinsam einen Weg gehen können. Dabei ist eine sensible Gratwanderung zwischen Sichtbarmachung und Benennung der Schwierigkeiten, und dem in-Kontakt-bleiben-können nötig. Mit den Kooperationsschulen machen wir gute Erfahrungen. Die Schulen sind offen für das, was wir einbringen, und die meisten auch dankbar über die von uns benannten Irritationen. Oft wird sich auf das „Multikulti" der 80ger bezogen, aber es funktioniert so nicht mehr. Auch wenn es vermeintlich nett gemeint ist, merke ich an, dass es das nicht ist und auch nicht zielführend ist. Wenn wir das Schulen rückmelden, entsteht oft ein Aha-Moment. Da leistet INET viel Aufklärung. Neben der Zusammenarbeit mit Schulen und Kitas sind wir auch stark vernetzt mit zwei großen Netzwerken. Das sind einmal „Bündnis für Familie" und „Runder Tisch Kinderarmut". Bildungsbenachteiligung ist intersektional, daher ist auch Armut ein Thema. In all diesen Bündnissen, in der kommunalen Struktur, wie zum Beispiel in der Verwaltung oder in Stadtteiltreffs, bei allen Kooperations- oder Netzwerkpartner*innen, bringen wir unsere Sicht ein und sensibilisieren. Außerdem unterstützen wir auch die Netzwerkpartner*innen in der Art und Weise, wie sie ihre Zielgruppen ansprechen und erreichen können. Mit INET setzen wir da an, dass wir Perspektivenwechsel bei Problemstellungen anleiten und anbahnen.

Trotzdem sind natürlich nicht alle Schulen nur begeistert und dankbar – aber es ist eben auch nicht leicht, über Rassismus an Schulen zu sprechen.

6 Diskriminierungskritische und dekoloniale Lehrer*innenbildung

Henriette Spellenberg: Welche Bedarfe sehen Sie in der Lehrer*innenbildung?

Lâle Tipieser: Ich glaube es braucht viel Raum für Reflexion, auch von Diskriminierungsbegriffen, für *Critical Whiteness*, für die Sensibilisierung was Rassismus ist und was nicht, und viel Offenheit zur Reflexion von Machtverhältnissen in der Lehrer*innenausbildung. Es braucht intersektionale Lernräume und die Aufklärung darüber, was Intersektionalität bedeutet und das Bewusstsein dafür, dass Chancengleichheit für alle in Schulen so nicht gegeben ist, obwohl dies suggeriert wird. Es wird vermittelt, dass Schulen und das Schulsystem transparent wären und Chancengleichheit bestünde, aber das stimmt einfach nicht. Das ist keine gefühlte Wahrheit, sondern die Realität. Außerdem braucht es einen kritischen Blick auf Lernmaterialien, mit welchen Lehrkräfte arbeiten. Ein Beispiel aus der Praxis: In einem Schulbuch hieß es einmal: „Klara spielt Violine" und im Nebensatz dazu: „Ahmad möchte Schlitten fahren, aber sein Schlitten ist kaputt". Solche Sätze müssen nicht sein. Also muss auch Material kritisch betrachtet und überlegt werden, wie repräsentative Sätze für alle lauten könnten und wie dabei Raum geschaffen werden kann, in dem sich alle gesehen fühlen. Ein weiteres Beispiel wäre die ungleiche Bewertung von Sprachen in Schulen. Wenn gesagt wird, dass auf dem Pausenhof kein Arabisch oder Türkisch gesprochen werden darf, weil „dann weiß man ja nicht ob **ihr** über **uns** redet", während, wenn beispielsweise jemand Französisch spricht, es eine ganz andere Akzeptanz dazu gibt. Es braucht also ein Bewusstsein dafür, welche Chance in der Ausbildung steckt, um Menschen gut begleiten zu können.

Ich glaube, *Critical Whiteness* ist ein ganz wichtiger Punkt und auch Empowerment für von Diskriminierung betroffene Lehrkräfte. […] Ich glaube, wenn wir die Unterschiedlichkeit von Lebensrealitäten nicht auf dem Schirm haben und uns nicht kritisch reflektieren müssen im Umgang mit diesen Lebensrealitäten werden wir in 10 Jahren massive Probleme haben. […] Ich kann es manchmal nicht fassen, dass wir immer noch über dieselben Geschichten sprechen, die sich immer wieder wiederholen. Die Auseinandersetzung darf nicht nur dann erfolgen, wenn ein*e Lehrer*in sagt: „ich möchte jetzt 'Schule ohne Rassismus'- Workshops an der Schule". Ich glaube die Menschen sind sich gar nicht bewusst, dass es nicht immer die großen Geschichten sein müssen, die schlimm sind – die gibt es, keine Frage, aber was bereits Mikroaggressionen im schulischen Alltag mit Kindern machen – das sind Nadeln, die noch so tief feststecken, dass ich im Jahr über 30 Anmeldungen für die INET-Schulung habe. Daher denke ich, dass es die Verpflichtung zur Auseinandersetzung im Studium braucht, weil wir raus müssen aus den Glücks- oder Zufallsmomenten bei der Frage nach dem Kontakt zu diesen Themen.

Henriette Spellenberg: Welche Änderungen würden Sie sich im deutschen Schulsystem wünschen?

Lâle Tipieser: Ich würde mir persönlich zum Beispiel wünschen, dass es keine Gymnasien mehr gibt. In Tübingen gibt es ohnehin nur Gemeinschaftsschulen und Gymnasien als weiterführende Schulen. Aber wenn wir alle Schulen zu Gemeinschaftsschulen machen könnten, wo keine weitere Separation stattfindet und alle gemeinsam, auf unterschiedlichen Ebenen lernen können, auf unterschiedlichen Schwierigkeitsgraden, die sich aber auch verändern: Das fände ich einfach wunderbar. Schulen bräuchten auch die Bereitschaft dafür, in *allen* Bereichen betroffenen Menschen den Raum zu geben, um sprechen und gehört werden zu können und die Bereitschaft zuzuhören. Ich wünsche mir, dass es Schulen gelingt, dass Eltern und Kinder sprechen möchten und bestimmte Themen in ihre Agenda aufnehmen wie zum Beispiel Rassismuskritik, *Critical Whiteness* und Machtverhältnisse. Abschließend kann ich sagen, dass wir mit INET auf einem guten Weg sind, um Menschen zu erreichen, zu empowern und Schulen zu sensibilisieren. Die Kraft, die ich auch durch und bei den Ehrenamtlichen spüre ist enorm, und das gibt mir Hoffnung, dass jetzt die Betroffenen sprechen und nicht nur über Betroffene gesprochen wird. Damit sind wir schon einen großen Schritt weiter als zu meiner Schulzeit, aber es ist noch ganz viel Luft nach oben.

Literatur

Hyatt, M. (2015). *Critical Whiteness: Weißsein als Privileg.* https://www.deutschlandfunk.de/critical-whiteness-weisssein-als-privileg.1184.de.html?dram:Article_id=315084.

Inklusion und Diversität im Angesicht ungleicher Machtverhältnisse von Bildungssituationen

Katja Beck und Lynn Hartmann

Zur Realisierung einer menschenrechtsbasierten Bildung, die den Herausforderungen des Lebens in einer globalisierten Gesellschaft der Postmoderne begegnet, muss Diversität sowohl hinsichtlich benachteiligender Wirkungen als auch möglicher Chancen untersucht werden. Die Orientierung an den Ansprüchen inklusiver Bildung ermöglicht es, Machtverhältnisse in pädagogischen Situationen sowie deren Legitimation zu diskutieren. Dieser Beitrag versucht die Frage zu beantworten, in welchem Verhältnis Inklusion, Diversität und Macht innerhalb des Bildungskontextes stehen und welche Konsequenzen sich hinsichtlich bestehender Strukturen der Lehrer- und Schulbildung ergeben.

K. Beck (✉)
Goethe-Universität Frankfurt, Hessen, Deutschland
E-Mail: k.beck@em.uni-frankfurt.de

L. Hartmann
PH Ludwigsburg, Baden-Württemberg, Deutschland
E-Mail: lynn.hartmann@ph-ludwigsburg.de

1 Einleitung

Im Jahr 2015 reihte sich die *Agenda 2030 für nachhaltige Entwicklung*[1] der Vereinten Nationen in eine bis in die Mitte des 20. Jahrhunderts zurückreichende Historie verbindlicher Erklärungen auf internationaler Ebene ein, die Anhaltspunkte zu einem globalen Auftrag zur Gewährleistung inklusiver Bildung liefern. Das vierte Ziel der Agenda beabsichtigt: „Inklusive, gleichberechtigte und hochwertige Bildung [zu] gewährleisten und Möglichkeiten lebenslangen Lernens für alle [zu] fördern" (Bundesministerium für wirtschaftliche Zusammenarbeit & Entwicklung, 2022). Obwohl zahlreiche Länder inzwischen dazu übergegangen sind, die internationalen Verpflichtungen in nationale Gesetze umzusetzen, macht der Weltbildungsbericht 2020 deutlich, dass die Gesetzgebung weltweit hinsichtlich eines weiten Verständnisses von Inklusion (siehe Kap. 2) immer noch als weitgehend unzureichend zu beurteilen ist (UNESCO, 2020, S. 32). Die partizipierenden Staaten befinden sich diesbezüglich in verschiedenen Stadien der Entwicklung einer inklusiven Bildungspolitik und inklusionsförderlichen Rahmenbedingungen (UNESCO, 2020, S. 38). Die Gesetze unterscheiden sich darin, inwieweit sie sich auf das Recht auf inklusive Bildung für alle beziehen oder, wie es weiterhin mehrheitlich der Fall ist, auf spezifische von Exklusion bedrohte Gruppen begrenzt bleiben (UNESCO, 2020, S. 32). Es ist bekannt, dass die segregierende Beschulung von Schüler*innen nach unterschiedlichen Aspekten mit ähnlichen Formen von Diskriminierungs-, Stereotypisierungs- und Stigmatisierungsmechanismen einhergeht und ebenso gegenteilig die Inklusion von Schüler*innen mit unterschiedlichen Diversitätsmerkmalen in Regelklassen diesen Prozessen entgegenwirken kann (UNESCO, 2020). Obwohl Inklusion bereits seit vielen Jahrzehnten in Wissenschaft und Politik diskutiert wird (Hinz, 2009), verdeutlicht der Weltbildungsbericht, dass Lehrkräfte, Lehrmaterialien und Lernumgebungen weiterhin häufig von homogenen Lerngruppen ausgehen und somit die Vorteile von Vielfalt ignorieren (UNESCO, 2020, S. 1). Weiterhin macht die UNESCO (2020) als ein wesentliches Hindernis für die Realisierung inklusiver Bildung die mangelnde Überzeugung von Lehrkräften aus, dass Vielfalt in jeder Lerngruppe existiert, wünschenswert und für den Lehr-Lernprozess wertvoll ist. Daher wirbt dieser Beitrag für eine tiefergehende Auseinandersetzung mit Inklusion und Diversität im Rahmen der Lehrer*innenbildung und beabsichtigt, deren Relevanz zur Verhinderung von Gewalt in Bildungssituationen aufzuzeigen.

---

[1] 2030 Agenda for Sustainable Development.

2 Inklusive Bildung

Für die nähere Betrachtung des Konzepts inklusiver Bildung muss beachtet werden, dass eine objektive Definition kaum möglich ist, „weil jede Definition das subjektive Inklusionsverständnis des Autors, seine inklusionspädagogische und -politische Position widerspiegelt" (Wocken, 2020, S. 11). Für eine gewinnbringende Auseinandersetzung mit dem Thema wird somit eine selbstreflexive Perspektive vorausgesetzt, welcher die Autorinnen dieses Beitrags mit weitmöglicher Transparenz nachzukommen versuchen.

Wie bereits die durch den Weltbildungsbericht geschilderte inkonsistente Verwendung des Inklusionsbegriffs im Rahmen gesetzlicher Verordnungen verdeutlicht, wird der Diskurs um Inklusion durch unterschiedliche Definitionen des Begriffs selbst erschwert (Grosche, 2015; Grummt, 2019). Dabei werden „mitunter ein weiter und ein enger Inklusionsbegriff unterschieden" (Wocken, o. J., S. 7). Dem engen Begriffsverständnis von Inklusion liegt eine „Zwei-Gruppen-Theorie" (Hinz, 2004) zugrunde. Hierbei wird eine Minderheit in eine Allgemeinheit einbezogen, es sind jedoch auch mehrere Untergruppen vorstellbar. Häufig orientiert sich der enge Inklusionsbegriff an der Differenzlinie der Behinderung oder einem sogenannten diagnostizierten sonderpädagogischen Förderbedarf. Dem engen Inklusionsbegriff liegt eine Norm- und Defizitorientierung zugrunde, was sich beispielsweise daran zeigt, dass Unterschiede als Normabweichungen definiert werden, welche die Notwendigkeit der Eingliederung einer bestimmten Personengruppe nach sich ziehen. Demgegenüber steht das weite Begriffsverständnis, welches sich auf alle erdenklichen Heterogenitätsdimensionen (Hinz, 2004) bezieht, die in der menschlichen Gesellschaft auftreten können. Inklusion lässt sich demnach beschreiben als „den Aufbau von Strukturen, die allen Individuen bzw. Mitgliedern unterschiedlicher gesellschaftlicher Teilgruppen Einbeziehung in verschiedene Teilsysteme der Gesellschaft ermöglichen, bzw. […] den Abbau von Strukturen, welche diesem entgegenstehen" (Bartelheimer et al., 2020, S. 52). Der weite Inklusionsbegriff löst die defizitorientierte Sichtweise des engen Verständnisses ab, indem Diversität zur Norm erklärt und als Ressource verstanden wird (Siedenbiedel, 2015, S. 11).

3 Diversität

Als Grundvoraussetzung menschlichen Zusammenlebens und Ressource für ein solidarisches Miteinander sowie für gerechte, qualitätsvolle Bildung ist Diversität unumstößlich mit Inklusion verbunden. Dem Diversitätsmodell von Gardenswartz und Rowe (2002) folgend liegen der menschlichen Persönlichkeit interne, externe und organisationale Dimensionen zugrunde, die auf unterschiedlichen Ebenen in engerer oder weiterer Verbindung zur Kernpersönlichkeit stehen. Gardenswartz und Rowe (2002, S. 37) gehen davon aus, dass sich die der Persönlichkeit innewohnenden Diversitätsdimensionen auf das Verhalten und die Einstellungen einer Person auswirken, ohne dabei in deren direktem Einflussbereich zu liegen. Aus ihrer Perspektive trägt jede Dimension einerseits zur Identität eines Menschen und andererseits zu dessen Wahrnehmung in Form eines Informationsfilters bei (Gardenswartz & Rowe, 2002).

Je näher der Bezug zu inneren Ebenen der Persönlichkeit gegeben ist, desto weniger veränderbar erscheint das entsprechende Merkmal (Abdul-Hussain & Hofmann, 2013). Ebenso ist bei weiter außen gelagerten Dimensionen davon auszugehen, dass diese eher beeinflusst werden können und damit als inkonsistenter zu bewerten sind (Abdul-Hussain & Hofmann, 2013). Der menschlichen Persönlichkeit liegen insofern in ihrer Konstellation jeweils einzigartige Merkmalsmuster zugrunde, die sich jedoch aus geteilten Dimensionen zusammensetzen. Als Konsequenz dieses Sinnbilds ist davon auszugehen, dass sich im alltäglichen Leben Unterschiede und Gemeinsamkeiten zwischen Individuen manifestieren, die sich aus deren Begegnung ergeben. Je nachdem mit welchem Gegenüber man es zu tun hat und in welcher Situation sich eine Begegnung abspielt, treten andere Persönlichkeitsfacetten hervor, die mit den Merkmalsmustern/-konstellationen der Person gegenüber teilweise korrespondieren oder sich unterscheiden.

Nach diesem Verständnis kann eine Gleichheitsaussage oder Unterscheidung zwischen zwei Personen oder deren Lebenswelt immer „nur partiell und in einer bestimmten Hinsicht" (Prengel, 2019, S. 22) getroffen werden, da der Einzigartigkeit des Menschen geschuldet kein Persönlichkeitskonstrukt einem anderen vollkommen gleicht. Gleichheit und Verschiedenheit stehen in einem Abhängigkeitsverhältnis zueinander, die Existenz des einen ist also Voraussetzung für die Feststellung des jeweils anderen (Prengel, 2019). Dabei verweist der Begriff Verschiedenheit ebenso auf die „unaufhörliche Veränderlichkeit" (Prengel, 2019, S. 22) sowie die unmögliche Definierbarkeit der Welt.

Ein weites Begriffsverständnis von Inklusion zugrunde legend, kann davon ausgegangen werden, dass mit einzelnen Diversitätsdimensionen und Lebenssituationen mehr oder weniger diskriminierende oder bevorteilende Strukturen und Prozesse einhergehen. Je nach individuellem Merkmalsmuster und Umfeld haben Einzelpersonen somit bessere oder schlechtere Möglichkeiten zur Teilhabe an der Gesellschaft. Dies kann auf unterschiedliche Ursachen zurückgeführt werden, beispielsweise auf ungleich verteilte Ressourcen und strukturell beeinflusste Verhaltensweisen. Für den Bildungskontext bedeutet dies, dass Gemeinsamkeiten und

Unterschiede zwischen den individuellen Lebenssituationen und Persönlichkeiten von Schüler*innen bestehen und Lehrkräfte sich damit zusammenhängender bevorteilender als auch benachteiligender Strukturen bewusst sein sollten. Wichtig ist dabei zu beachten, dass Generalisierungen grundsätzlich vermieden werden sollten, da Diversität veränderbar und zukunftsoffen ist, was im Umkehrschluss bedeutet, dass Merkmalsmuster nicht unbedingt konstant sind. Eine Schwierigkeit der Thematik liegt darin, dass ein Perspektivwechsel notwendig ist, um über der eigenen Persönlichkeit innewohnende Diversitätsdimensionen hinweg auch andere Kategorien sowie damit zusammenhängende Wechselwirkungen erkennen und verstehen zu können.

Die Autorinnen möchten deshalb an dieser Stelle darauf hinweisen, dass auch die in Abb. 1 beispielhaft dargestellten Diversitätsdimensionen in gewisser Weise gesellschaftlich konstruiert und kulturell geprägt sind. Dies macht es notwendig, die eigene Wahrnehmung zu hinterfragen und zu betonen, dass in anderen gesellschaftlichen Zusammenhängen eventuell andere Aspekte bedeutsam wären.

4 Das weite Gewaltverständnis am Beispiel von epistemischer Gewalt

Ähnlich wie im Rahmen des Inklusionsdiskurses kann auch hinsichtlich der Kontroverse um Gewalt zwischen einem engen und einem weiten Gewaltbegriff unterschieden werden. Chojnacki (2019a) verdeutlicht, dass der weite Gewaltbegriff über direkte körperliche Gewalt hinausgeht und auch psychische, geschlechtsspezifische, sexualisierte und verschiedene Formen struktureller Gewalt einschließt. Unabhängig von der direkten Wahrnehmung sowie der Beziehung von Täter*innen und Opfern beschreibt strukturelle Gewalt jene Charakteristika gesellschaftlicher Systeme, die asymmetrische Machtpositionen hervorbringen und die Erfüllung grundlegender Bedürfnisse von gewissen Personen oder Personengruppen beschränken (Chojnacki, 2019a, b). Über die Naturalisierung gesellschaftlicher Hierarchisierungen wird die ungleiche Verteilung von Ressourcen und damit zusammenhängend unterschiedlicher Lebenschancen gerechtfertigt, die in weiterer Konsequenz zu menschlichem Leid oder gar Tod führen können (Chojnacki, 2019a, b). Die dafür verantwortlichen Mechanismen sozialer Marginalisierung und Diskriminierung sind teilweise nicht direkt wahrnehmbar, wenn man nicht selbst davon betroffen ist (Chojnacki, 2019b).

Auch im Bildungskontext werden diese Machtgefälle an zahlreichen Stellen deutlich und beschränken beispielsweise die Bildungschancen von Kindern und Jugendlichen aus Familien mit geringem Einkommen. Überdies trägt Bildung in

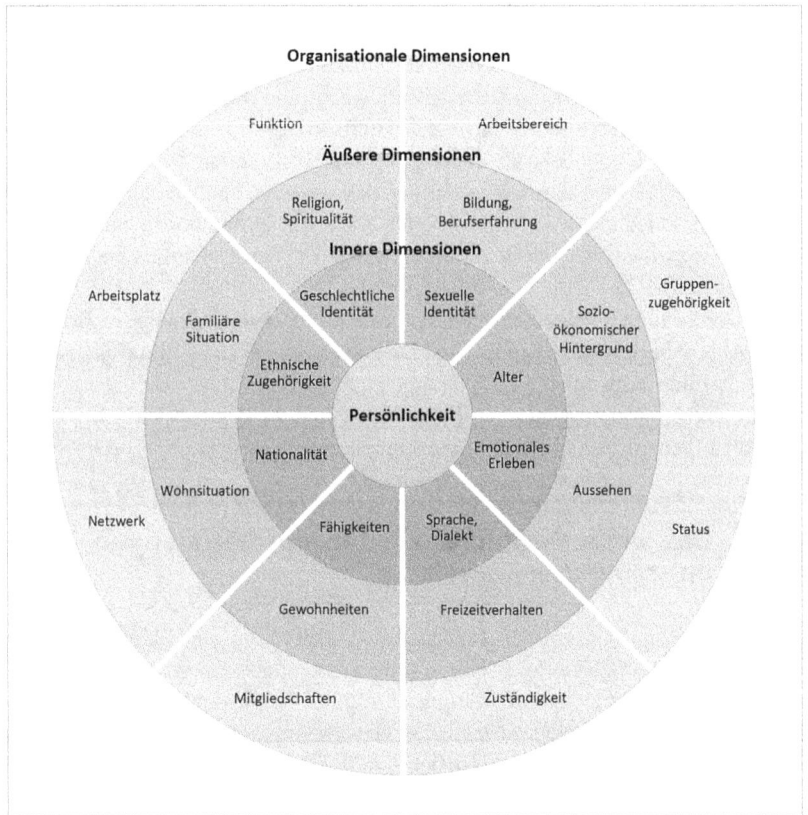

Abb. 1 *Eigene Grafik in Anlehnung an* Gardenswartz und Rowe (2002, S. 33)

Form von epistemischer Gewalt selbst zur Aufrechterhaltung von gewaltförmigen gesellschaftlichen Verhältnissen bei, indem das, was als Wissen bezeichnet wird, dessen „Genese, Ausformung, Organisationsform und Wirkmächtigkeit" (Brunner, 2020, S. 274) die Diskriminierung bestimmter Personengruppen legitimiert. Daher müssen „gesellschaftliche Strukturen, kulturelle und symbolische Sinnzuschreibungen sowie Wissensdiskurse" (Kluziak & Schlüter, 2021, o.S.) insbesondere von Lehrkräften hinterfragt werden, welche dieselben durch die eigene Arbeit (re-)produzieren.

5 Das Spezifikum von Macht in pädagogischen Beziehungen

Elias (2006) definiert Macht als ein gegenseitiges Abhängigkeitsverhältnis (Wolf, 2010, S. 545).

> „Insofern wir mehr von anderen abhängen als sie von uns, mehr auf andere angewiesen sind als sie auf uns, haben sie Macht über uns, ob wir nun durch nackte Gewalt von ihnen abhängig geworden sind oder durch unsere Liebe oder durch unser Bedürfnis, geliebt zu werden, durch unser Bedürfnis nach Geld, Gesundung, Status, Karriere und Abwechselung." (Elias, 2006, S. 119)

Mit dieser Überlegung macht er bereits deutlich, dass Macht nicht pauschal negativ zu bewerten ist. Dies ist gerade in pädagogischen Settings von besonderer Bedeutung, da jedes „pädagogische[s] Handeln im Sinne des Einwirkens auf andere, [...] ein Machtüberhang [ist]" (Krasselt, 2021, S. 395). Es begründet sich sowohl durch den strukturellen Machtüberhang, welcher durch das Generationenverhältnis entsteht als auch durch die „institutionell legitimierte Autoritätsmacht" des Erwachsenen (Glammeier, 2018, S. 13).

Darüber hinaus macht Wolf darauf aufmerksam, dass dieser Machtüberhang zugunsten des Erziehenden als die *notwenige Bedingung* für gelingende Erziehung verstanden werden kann (Wolf, 2010, S. 540; Wolf, 2016; S. 202). Sie ist die „strukturelle Voraussetzung" der Erziehung und besteht darin, dass Erziehende über mehr Machtmittel als zu Erziehende verfügen (Wolf, 2016, S. 202). Der Machtüberhang begründet sich dabei in den biologischen Differenzen (Wolf, 2016, S. 203). Erwachsene haben sowohl mehr Körperkraft als auch einen Vorsprung hinsichtlich „Orientierungsmitteln" und der Herstellung „emotionaler Balancen" (Wolf, 2016, S. 203 und 205). Dieser Machtüberhang ist notwendig und sinnvoll, um ein Erziehen und Lernen zu ermöglichen. Nur wenn der Erziehende über mehr Kompetenzen verfügt, kann bspw. eine Wissensvermittlung, Hilfestellungen hinsichtlich Orientierungsmitteln und eine emotionale Stabilität vermittelt werden. Auch der körperliche Machtüberhang kann funktional sein. Wolf gibt als Beispiel ein auf die Straße laufendes Kind an (2016, S. 206). Hier ist es notwendig, dass der Erziehende über die Kraft verfügt, das Kind festhalten und zurückziehen zu können. Damit eine Handlung jedoch als pädagogisch gewertet werden kann, muss sie zudem die hinreichende Bedingung der ethischen Legitimation erfüllen. Dazu muss die Handlung an den Interessen der zu Erziehenden ausgerichtet sein (Wolf, 2016, S. 208).

Es lassen sich immer wieder Gewaltsituationen durch den Machtmissbrauch an Schutzbefohlenen feststellen (Mayrhofer et al., 2019; Römisch, 2019). Die Machtverletzungen richten sich beispielsweise gegen Kinder, Mädchen und Frauen, Menschen mit Behinderung und Menschen mit Migrationshintergrund bzw. Fluchterfahrungen (Glammeier, 2018; Wolf, 2010). Die Aufzählung verdeutlicht, dass bestimmte Diversitätsdimensionen vermehrt betroffen zu sein scheinen. Der Umgang mit den Heterogenitätsdimensionen kann als eine „kaum zu bewältigende Herausforderung" empfunden werden (Bethge & Jantowski, 2020, S. 110). Diese Überforderung kann zu einem Gefühl der Machtlosigkeit seitens der Erziehenden führen, welches wiederum mit einem unreflektierten Umgang mit der eigenen Macht beantwortet wird. Vor dem Hintergrund von Inklusion und Diversität ist es daher besonders wichtig, die eigene Machtposition reflektiert zu betrachten und sich konstruktiv mit dieser auseinanderzusetzen (siehe Kap. 5).

6 Konsequenzen für die Lehrer*innen- und Schulbildung

Der menschenrechtlich begründete globale Auftrag, inklusive Bildung für alle Personen zu gewährleisten, konfrontiert Pädagog*innen weltweit damit, eigene Praktiken hinsichtlich des Spannungsfeldes von Gemeinsamkeit und Differenz zu reflektieren sowie Bildungssituationen bezüglich offensichtlicher als auch verborgener Macht- und Gewaltstrukturen zu untersuchen. Voraussetzung zur Entwicklung entsprechender Kompetenzen ist die Auseinandersetzung mit Diversität und damit zusammenhängend einem weiten Verständnis von Gewalt.

Im Hinblick auf die Lehrer*innenbildung für inklusiven Unterricht scheint besonders das Entwickeln einer Reflexionskompetenz hinsichtlich der Legitimation von Macht und Ungerechtigkeitsverhältnissen entscheidend, damit Lehrkräfte in ihrem beruflichen Alltag zielgerichtet sowie schnell prekäre Situationen erkennen und die darauf erforderliche Reaktion umsetzen können. Hierbei sind sowohl Interaktionen zwischen Lehrkräften und Schüler*innen, als auch zwischen Schüler*innen und sich daraus ergebende Wechselwirkungen zu berücksichtigen. Aus einem diversitätsbezogenen Verständnis von Inklusion ist abzuleiten, dass Lehrkräfte, die ihrer eigenen Persönlichkeit zugrunde liegenden Diversitätsdimensionen und darüber hinaus andere Lebensumstände und Persönlichkeitsmerkmale kennen sollten, um die eigene Wahrnehmung hinterfragen und sich in die Perspektive anderer hineinversetzen zu können.

Die Forderungen nach einer inklusiven Bildung machen es erforderlich, dass sich Lehrkräfte bereits im Rahmen ihrer Ausbildung mit Diversität und damit einhergehenden Formen von Gewalt und Privilegien auseinandersetzen. Aus der Übertragung des Diversitätsmodells nach Gardenswartz und Rowe (2002) auf den Bildungsbereich lässt sich ableiten, dass in Unterrichtssituationen verschiedene Diversitätsdimensionen im Umgang miteinander deutlich werden und sie die Wahrnehmung einzelner Personen unterschiedlich beeinflussen. Deshalb ist es entscheidend, dass Lehrkräfte die Begrenztheit der eigenen Wahrnehmung anerkennen. Diversitätssensibler Unterricht setzt indes eine Offenheit voraus, neue bisher unbekannte Aspekte wahrzunehmen und möglichst als Zugewinn für die Gemeinschaft nutzbar zu machen. Hinsichtlich epistemischer Gewalt müssen Lehrkräfte nicht nur entscheiden, welche Inhalte sie auf welche Art und Weise für ihre Schüler*innenschaft aufbereiten, auf was sie damit abzielen und welche Methoden sie dafür verwenden, sondern auch wer für die Erarbeitung dieser Wissensinhalte verantwortlich ist, welche Interessen hinter der Vermittlung gewisser Kompetenzen stecken und inwiefern dies relevant für die Lebensrealitäten der Schüler*innen ist.

Der verantwortungsvolle Umgang mit Macht ist in diesem Kontext für (angehende) Lehrkräfte ein besonders wichtiges Thema (Bethge & Jantowski, 2020, S. 118). Aufgrund der institutionalisierten Macht des Schulsystems und der Stellung der Lehrer*innen in diesem kommt ihnen automatisch mehr Macht als den Schüler*innen zu. Für eine gelingende pädagogische Interaktion ist der Machtüberhang der Erziehenden somit als notwenige Bedingung zu verstehen. Die hinreichende Bedingung ist jedoch die Begründung der Ausübung des Machtüberhangs (Krasselt, 2021, S. 395; Wolf, 2010, S. 541). Wolf spricht von der „spezifischen Legitimationspflicht", welche sich aus der Nutzung des Machtüberhangs ergibt (Wolf, 2016, S. 208). Dabei sind nur die Interaktionen als pädagogisch zu legitimieren, welche „eine Orientierung an den Interessen – insbesondere an den Entwicklungschancen – der Kinder nachweisen können" (Wolf, 2016, S. 208). Diese Forderung bindet „die Nutzung des Überhangs an enge ethische Grenzen" (Wolf, 2016, S. 209). Erziehende müssen ihre Handlungen stets reflektieren und hinsichtlich der „Entwicklungshilfe" des Erziehenden begründen können (Krasselt, 2021, S. 396; Wolf, 2016, S. 209). Fehlt eine solche Legitimation „besteht zumindest der Verdacht des Missbrauchs" (Wolf, 2016, S. 210). Um (institutionellen) Machtmissbrauchen präventiv beggnen zu können, müssen innerhalb der Lehrer*innenbildung die strukturelle Macht in Bildungs- und Erziehungssettings, Machtquellen und die Notwendigkeit der Legitimation von Macht thematisiert werden. Angehende Lehrkräfte müssen befähigt werden, ihre Handlungen reflektieren, hinterfragen und anpassen zu können. Nur dadurch können positive pädagogische Interaktionen innerhalb einer diversen Gesellschaft ermöglicht werden.

Literatur

Abdul-Hussain, S., & Hofmann, R. (2013). *Dimensionen von Diversität.* erwachsenenbildung.at. https://erwachsenenbildung.at/themen/diversitymanagement/grundlagen/dimensionen.php.

Bartelheimer, P., Behrisch, B., Daßler, H., Dobslaw, G., Henke, J., & Schäfers, M. (2020). *Teilhabe - eine Begriffsbestimmung.* Springer VS.

Bethge, A., & Jantowski, A. (2020). Macht – ein Thema in der Lehrkräftefortbildung zum Förderschwerpunkt esE vor dem Hintergrund inklusiver Beschulung und Unterrichtung? ESE. *Emotionale und soziale Entwicklung in der Pädagogik der Erziehungshilfe und bei Verhaltensstörungen, 2*(2), 108–120.

Brunner, C. (2020). *Epistemische Gewalt. Wissen und Herrschaft in der kolonialen Moderne.* Transkript.

Bundesministerium für wirtschaftliche Zusammenarbeit und Entwicklung. (2022). *SDG 4: Hochwertige Bildung.* https://www.bmz.de/de/agenda-2030/sdg-4. Zugegriffen: 1. Nov. 2022.

Chojnacki, S. (2019a). Gewalt – eng oder weit? Skizzen einer Kontroverse. *FKF_Kollektiv.* https://blogs.fu-berlin.de/fkfkollektiv/glossary/gewalt-kontroverse/.

Chojnacki, S. (2019b). Strukturelle Gewalt. *FKF_Kollektiv.* https://blogs.fu-berlin.de/fkfkollektiv/2020/03/02/strukturelle-gewalt/.

Elias, N. (2006). *Was ist Soziologie?* In G. Schriften & N. Elias (Hrsg), im *Auftr. der Norbert-Elias-Stichting Amsterdam von Reinhard Blomert: Bd. 5.* Suhrkamp.

Gardenswartz, L., & Rowe, A. (2008). *Diverse teams at work. Capitalizing on the power of diversity.* Society For Human Resource Management.

Glammeier, S. (2018). Machtmissbrauch in Institutionen für Kinder und Erwachsene mit Behinderung. In *Gemeinsam Leben: Zeitschrift für Inklusion, 26*(1), 13–20).

Grosche, M. (2015). Was ist Inklusion? In P. Kuhl, P. Stanat, B. Lütje-Klose, C. Gresch, H. A. Pant, & M. Prenzel (Hrsg.), *Inklusion von Schülerinnen und Schülern mit sonderpädagogischem Förderbedarf in Schulleistungserhebungen* (S. 17–39). Springer VS.

Grummt, M. (2019). *Sonderpädagogische Professionalität und Inklusion.* Springer VS.

Hinz, A. (2004). Vom sonderpädagogischen Verständnis der Integration zum integrationspädagogischen Verständnis der Inklusion!? In I. Schnell & A. Sander (Hrsg.), *Inklusive Pädagogik* (S. 41–74). Julius Klinkhardt.

Hinz, A. (2009). Inklusion – Historische Entwicklungslinien und internationale Kontexte. In A. Hinz, I. Körner, & U. Niehoff (Hrsg.), *Von der Integration zur Inklusion. Grundlagen - Perspektiven – Praxis* (S. 33–52). Lebenshilfe-Verlag.

Kluziak, L., & Schlüter, J. (2021). Epistemische Gewalt. *FKF_Kollektiv.* https://blogs.fu-berlin.de/fkfkollektiv/2021/07/14/epistemische-gewalt/.

Krasselt, S. (2021). Zwischen Bestimmen und Bestimmtwerden – Macht und Verantwortung in der Pädagogik. *Zeitschrift für Individualpsychologie, 46*(4), 388–402. https://doi.org/10.13109/zind.2021.46.4.388.

Mayrhofer, H., Schachner, A., Mandl, S., & Seidler, Y. (2019). *Erfahrung und Prävention von Gewalt an Menschen mit Behinderung.* Bundesministerium für Arbeit, Soziales, Gesundheit und Konsumentenschutz. https://broschuerenservice.sozialministerium.at/Home/Download?publicationId=718.

Prengel, A. (2019). *Pädagogik der Vielfalt.* Springer VS.
Römisch, K. (2019). Wenn die Selbstbestimmung massiv verletzt wird. Gewalt und ihre gesundheitlichen Folgen. In K. Walther & K. Römisch (Hrsg.), *Gesundheit inklusive* (S. 177–195). Springer Fachmedien Wiesbaden.
Siedenbiedel, C. (2015). Inklusion im deutschen Bildungssystem - eine Bestandsaufnahme. In C. Siedenbiedel & C. Theurer (Hrsg.), *Grundlagen Inklusiver Bildung. Teil 1: Inklusive Unterrichtspraxis Und -Entwicklung* (S. 9–28). Prolog-Verlag.
UNESCO (2020). *Global education monitoring report. Inclusion and education: All means all.* https://en.unesco.org/gem-report/report/2020/inclusion.
Wocken, H. (2020). *Die Zähmung der Inklusion. Separation integriert Inklusion.* Feldhaus.
Wocken, H. (o. J.). Inklusive Bildung. Annäherungen an den Begriff der Inklusion und Forderungen an die Inklusionsforschung. http://www.hans-wocken.de/Texte/Inklusive%20Bildung.pdf.
Wolf, K. (2010). Machtstrukturen in der Heimerziehung. *Neue Praxis, 40*(6), 539–557.
Wolf, K. (2016). Zur Notwendigkeit des Machtüberhangs in der Erziehung. In B. Kraus & W. Krieger (Hrsg.), *Macht in der Sozialen Arbeit. Interaktionsverhältnisse zwischen Kontrolle, Partizipation und Freisetzung* (4. Aufl., S. 173–214). Jacobs.

Geschichten der „Anderen": Dekolonialisierung der historischen Bildung durch den Dialog mit Geflüchteten

Illie Isso

1 Einleitung

Nicht erst seit den Ereignissen des Sommers 2015 ist Deutschland ein Einwanderungsland. Die Krisenherde im Nahen Osten führten nahezu zu einer Verdoppelung der geflüchteten Menschen in Deutschland (Statistisches Bundesamt, 2023). Das Ziel dieser Menschen war – und ist es weiterhin – nach Europa zu flüchten, speziell nach Deutschland als sogenanntes „Hauptzielland" (Bundesamt für Migration und Flüchtlinge, 2023), um eine Zukunft für sich sowie ihre Familien im Einwanderungsland zu ermöglichen. Obgleich sie wenig Materielles mit sich führen, kommen sie mit sowohl vielfältigsten als auch ähnlichen psychischen und physischen Erfahrungen, Erinnerungen, Erzählungen und Zukunftserwartungen nach Deutschland (Autorenkollektiv, 2016[1]; Brücker et al., 2016). Zugewanderte führen sowohl ihre eigenen biografischen Geschichten

---

[1] Die genannten Kategorien sind aus einer hermeneutischen Analyse von den gesammelten Texten eines Autorenkollektives entwickelt worden. Die Autorinnen und Autoren erzählen – aus ihrem Exil in Deutschland – vom Alltag in ihrem Herkunftsland, von Fluchterfahrungen und dem Leben in Deutschland. Die Anthologie hat den Titel „Weg sein – hier sein: Texte aus Deutschland", mit einem Vorwort von Sherko Fatah.

I. Isso (✉)
PH Ludwigsburg, Baden-Württemberg, Deutschland
E-Mail: illie.isso@ph-ludwigsburg.de

© Der/die Autor(en), exklusiv lizenziert an Springer Fachmedien Wiesbaden GmbH, ein Teil von Springer Nature 2024
S. Leitner und A. Böhmer (Hrsg.), *Decolonise Lehrer*innenbildung*,
https://doi.org/10.1007/978-3-658-43410-6_9

als auch kollektive Geschichtsbilder mit sich.[2] Diese kollektiven Geschichtsbilder unterscheiden sich, wie noch gezeigt werden soll, von den kollektiven Geschichtsbildern, die sich in der deutschen Erinnerungs- und Geschichtskultur zeigen.

Im Zentrum des aktuellen Geschichtsunterrichts in deutschen Bildungseinrichtungen steht das Geschichtsbewusstsein, welches sich thematisch überwiegend auf vorbiografische und nationale Inhalte der Erinnerungs- und Geschichtskultur bezieht (Rüsen, 2008, 2013). Gleichzeitig zielt historische Bildung darauf ab, Menschen dazu zu befähigen, sich in ihrer Lebenswelt zu orientieren und zukünftig handlungsfähig zu sein (Völkel, 2017a). Die mitgebrachten Geschichten können, so meine Vermutung, aufgrund ihrer raum-zeitlichen Alterität nur begrenzt mit denen der Erinnerungs- und Geschichtskultur in Deutschland korrespondieren.

Die Erinnerungs- und Geschichtskultur, also „die Art und Weise, wie eine Gesellschaft mit Vergangenheit und Geschichte umgeht" (Pandel, 2013, S. 164), ist als solche nicht konkret beobachtbar, sie zeigt sich vielmehr in konkreten Handlungen in Form von Erinnerungspraktiken – in der Fachliteratur als „doing history" oder „doing memory" bezeichnet (Ahlrichs et al., 2015, S. 89–91). Diese Erinnerungspraktiken von geflüchteten Menschen werden an und durch die deutsche „Meistererzählung" (Jarausch & Sabrow, 2002) angepasst bzw. ihr unterworfen. In diesem Zusammenhang werden die Narrationen der eigenen Migrations- und Fluchtgeschichte von strukturellen – exkludierenden – Umständen des Aufnahmelandes gefärbt (Luimpöck, 2021). Eine Praxis der Unterwerfung der leiblichen Existenz von Geflüchteten findet statt, insofern eine Assimilation zur herrschenden Meistererzählung erwartet und forciert wird, indem der Raum für die Erinnerungspraktik geflüchteter Menschen marginalisiert wird[3]. Diese findet überwiegend in negativem Sinne Beachtung, etwa als abweichend und fremd (Ceylan, 2012, S. 20). Insofern wird die leibliche Existenz der Geflüchteten in Form ihrer Erinnerungspraktiken dadurch kolonialisiert.

---

[2] Wir sind als Menschen, wie der Titel von Wilhelm Schapps Werk attestiert, stets „in Geschichten verstrickt" (2012). Damit sind wir durch unser handelndes Selbst „gleichzeitig und unhintergehbar in Situationen verwickelt" (Völkel, 2017a, S. 76; vgl. hierzu auch Waldenfels, 1985, S. 197).

[3] Indem sich die Fragen im deutschen Einbürgerungstest u. a. an dem Themenbereich „Geschichte und Verantwortung" (Bundesamt für Migration und Flüchtlinge, 2023) orientieren, wird die Tendenz zum Bekenntnis zur gängigen deutschen Geschichtsdeutung ersichtlich (vgl. hierzu Bundesamt für Migration und Flüchtlinge, 2023).

Diese Kolonialisierung[4] wird durch den – gegenwertig vorherrschenden – geschichtsdidaktischen Diskurs, in der die Erinnerungs- und Geschichtskultur als Meistererzählung vermittelt wird, verstetigt[5]. Bärbel Völkel schlägt vor, solchen Kolonialisierungspraktiken innerhalb der Geschichtsdidaktik (Völkel, 2017a, S. 215) mit einer Praktik der dialogischen Geschichte (Völkel, 2017a, S. 214–216) zu begegnen. Die dialogische Geschichte nach Völkel zielt auf die ambiguitätstolerante und zukunftsoffene Reflexion der verleiblichten Erinnerungspraktiken – in Form von Begegnungen – ab. Es geht hier also nicht darum, eine Meistererzählung, die keinen Raum für Abweichung bietet, fortzuschreiben oder neu zu setzen, sondern ein Verständnis der Geschichte über unterschiedliche Narrationen zu fördern – in der geflüchtete Menschen, deren Geschichten und Geschichte ebenso einen Platz haben. Dadurch werden neue Handlungsräume eröffnet, die gegen die Kolonialisierung „fremder" Erinnerungspraktiken steht.

Dieser Beitrag thematisiert den bildungspolitischen und geschichtsdidaktischen Status quo. Ausgehend davon werden die Kolonialisierungstendenzen im Umgang mit historischer Bildung gegenüber Geflüchteten aufgezeigt, um auf Möglichkeiten deren Dekolonialisierung hinzuweisen.

2 Bildungspolitischer Status Quo

In den letzten Jahren gab es einige bildungspolitische Impulse für den Geschichtsunterricht in einer Einwanderungsgesellschaft, unter anderem zwei Stellungnahmen der Kultusministerkonferenz (KMK).

Erstens liegt die Empfehlung *Interkulturelle Bildung und Erziehung in der Schule* (KMK, 2013) vor, in der unter anderem die fächerübergreifende Förderung interkultureller Kompetenzen in den Bildungseinrichtungen betont wird. Besonders die Kompetenzen „Wissen und Erkennen", „Reflektieren und Bewerten" und „Handeln und Gestalten" werden für das historische Lernen hervorgehoben

---

[4] Der Begriff der Kolonialisierung wird in diesem Beitrag als hegemoniales, westliches Denkmuster und sich daraus ergebende Praktiken verstanden, die sich in „Zivilisationsleistungen oder kulturelle Lebensformen" (Simons, 2017, S. 168) wiederfinden und denen sich zugewanderte Menschen in Deutschland zu unterwerfen haben (vgl. Castro Varela, 2018).

[5] Der Bezug auf die Meistererzählungen ist im geschichtsdidaktischen Diskurs nicht unumstritten. Gleichzeitig ist ein ambivalenter Umgang mit diesen zu beobachten, einerseits werden Meistererzählungen innerhalb der Profession kritisiert, anderseits werden diese jedoch weiterhin als eine Art Eckpfeiler der Geschichtsdidaktik betrachtet. Zur Kritik an den Meistererzählungen im geschichtsdidaktischen Diskurs vgl. Alavi, 1998; Popp, 2003; Lücke, 2016; Völkel, 2017b.

(KMK, 2013, S. 4). Schüler*innen sollen lernen, den „Einfluss kollektiver historischer Erfahrungen auf interkulturelle Begegnungen"– besonders in Bezug auf Fremdbilder – zu erkennen (KMK, 2013, S. 4).

Zweitens empfiehlt die KMK *Erinnerungskultur als Gegenstand historisch-politischer Bildung in der Schule* (KMK, 2014), in der ein Bildungsauftrag für eine historische, biografische und politische Bildung deutlich beschrieben wird. So sollen Prinzipien der „Multiperspektivität und Kontroversität" Beachtung finden und „Geschichte und Geschichtsbilder" (KMK, 2014, S. 4) als Konstrukte begriffen werden. Im Fokus steht ein sowohl biografisches als auch „[k]ultursensibles, sozialsensibles und reflexives Erinnern" (KMK, 2014, S. 5) von Kollektiven und Individuen – in der ausdrücklich auch die persönlichen und familiären Geschichten der Lernenden inbegriffen sind. Eine zentrale Fragestellung lautet, wie Weltgeschichte von Schüler*innen mit einer „Familienbiografie aus deutschen, anderen europäischen und außereuropäischen Ländern erlebt, auch im Rahmen einer Exilgeschichte verstanden und bewertet" (KMK, 2014, S. 4) werden kann.

Aus dieser bildungspolitischen Perspektive, die das Potenzial historischer Lernprozesse im Geschichtsunterricht für eine Einwanderungsgesellschaft unterstreicht, sollen im weiteren Verlauf Perspektiven der Dekolonialisierung der geschichtsunterrichtlichen Entwicklung dargeboten werden.

3 Status Quo zum Geschichtsbewusstsein und zum historischen Lernen im Geschichtsunterricht

Als zentrales Kriterium historischen Lernens im Geschichtsunterricht gilt bereits seit den 1970er-Jahren – und konsensual bis zum heutigen Zeitpunkt – das Geschichtsbewusstsein. Karl-Ernst Jeismann verbindet mit diesem Begriff allgemein die Deutung von Vergangenheit mit dem Verstehen der Gegenwart und einem Ausblick auf Zukunft (Jeismann, 1977, S. 12).

Darauf aufbauend wird der Terminus des Geschichtsbewusstseins[6] von Jörn Rüsen in einem engeren Kontext verwendet. Er definiert ihn als „Sinnbildung über Zeiterfahrung" (Rüsen, 1983, 24–25) und meint damit eine Sinnhaftigkeit in Bezug auf Zeitdimensionen, welche durch historische Erzählungen generiert wird. Erst diese, so Rüsen, verleihen dem Individuum und dem Kollektiv Orientierung

---

[6] Wichtig ist hier der Verweis auf die Systematisierung und Differenzierung unterschiedlicher Theoriebildungen des Geschichtsbewusstseins in strukturanalytische, funktionstypologische und genetische Ansätze von Bernd Schönemann (vgl. hierzu Schönemann, 2012).

und vermitteln Handlungskompetenz (Rüsen, 2008, S. 49). Geschichtsbewusstsein zielt sowohl auf „kulturelle Orientierung" (Rüsen, 1997, S. 24) als auch auf „kulturelle Kohärenz" (Pandel, 2013, S. 23) und „kulturelle Identität"[7] (Pandel, 2013, S. 143) ab. Um Geschichte so zu denken, werden sogenannte Meistererzählungen[8] konstruiert. Diese historischen Erzählungen folgen „logisch zwingend aus der Notwendigkeit, die eigene kulturelle Identität historisch auszudrücken" (Rüsen, 2002, S. 218) und diese zu entfalten.

Geschichtsbewusstsein als Sinnbildung über Zeiterfahrung verfolgt das Ziel einer kulturellen Orientierung, bringt jedoch gleichzeitig ethnozentrisches Denken hervor (Rüsen, 2002, S. 210). Rüsen erfasst das Problem der national-kulturellen Referenzpunkte, welche sich in einer transformierten Einwanderungsgesellschaft ergeben (Rüsen, 2008, S. 8). Er versucht, den Ethnozentrismus zu disziplinieren, indem er von der *„Einheit der Menschheit durch die Vielheit der Kulturen"*[9] (Rüsen, 2002, S. 229) spricht. Was er damit meint ist ein interkulturelles Miteinander, welches durch das „regulative Prinzip der wechselseitigen Anerkennung" (Rüsen, 2002, S. 230) geprägt wird. Wie und worin genau diese Anerkennung – bzw. diese Einheit – zu finden ist, bleibt allerdings undeutlich.

Dieses (historische) Denken erweist sich in einer postmigrantischen Gesellschaft[10] (Foroutan, 2016, S. 232) als problematisch, denn es exkludiert ganze

---

[7] Kursiv im Original.

[8] Für Jörn Rüsen sind Meistererzählungen Universalgeschichten, die die eigene kulturelle Identität prägen und gleichzeitig die Differenz zu anderen und deren Andersheit generieren. Er erkennt bei diesen Meistererzählungen – mit ihrem ethnozentrischen Charakter – durchaus eine bedenkliche Neigung in Bezug auf interkulturelles Miteinander, gleichzeitig beherrschen diese gegenwärtig das historische Lernen (vgl. hierzu Rüsen, 2002, 217–218). Meistererzählungen und deren nationaler Charakter werden kritisch betrachtet, so plädiert beispielsweise Susanne Popp für eine geschichtsdidaktische Reflexion der „Struktur des gegebenen nationalhistorischen Basis-Narrativs selbst" (Popp, 2003, S. 73). Diese Strukturen seien für die Qualität historischen Lernens, v. a. im Kontext einer Einwanderungsgesellschaft, wenig förderlich (vgl. hierzu Popp, 2003, S. 75–76).

[9] Kursiv im Original.

[10] Mit postmigrantisch wird der Fokus auf die „Dynamik des Wandels und auf die Verantwortung der gesamten Gesellschaft für die stattfindenden Transformationsprozesse" (Foroutan, 2016, S. 232) gelenkt, womit die andauernde Fixierung auf ‚die' Migranten ausgeblendet wird (Foroutan, 2016, S. 232). Es geht vor allem darum, „die konstruierte Trennlinie des Migrantischen als bedeutungslos zu betrachten und Gesellschaftsanalysen neu auf Fragen der ökonomischen, geschlechtsspezifischen, machtorientierten, kulturell und ethnisch bzw. rassistisch legitimierten Ungleichheit zu lenken. Die postmigrantische Gesellschaft ist von Ambivalenzen und Unübersichtlichkeit geprägt …; gleichzeitig beinhaltet sie das Versprechen einer radikalen, über das Migrantische hinausweisenden Utopie der Gleichheit"

Gruppen von Menschen und erschwert inkludierende Prozesse im interkulturellen Sinne (Völkel, 2017a).

Völkel verweist – in Anlehnung an Niklas Luhmann – auf die tradierte Deutung von Nation und Kultur als Komplementärbegriffe (Völkel, 2017a, S. 23) und kritisiert darauf aufbauend die kulturelle und damit nationale Bezugnahme historischen Lernens (Völkel, 2017a, S. 40–41). Denn wenn historische Sinnbildungsprozesse an kulturelle Fixpunkte gekoppelt sind, welche historisch aus den (nationalen) Meistererzählungen gespeist werden, erhält „die Nationalgeschichte [...] eine strukturelle Orientierungsfunktion" (Völkel, 2017a, S. 19). Gerade diese strukturelle Orientierungsfunktion historischer Lernprozesse „bildet ja den Kern des aktuellen geschichtsdidaktischen Konsenses" (Völkel, 2017a, S. 19), so Völkel weiter. Damit werden spezifische historisch-nationale Inhalte thematisch behandelt und andere hingegen marginalisiert. Es wird die Vorstellung sowohl eines Inneren als auch eines Äußeren, eines Wir und Die[11], erzeugt. Die Geschichte der Mehrheitsgesellschaft – also „unsere" Geschichte – wird thematisch behandelt und kommuniziert, die Geschichte der Anderen wird kaum kommuniziert und infolgedessen marginalisiert (Völkel, 2016, S. 41–42). Die „kulturelle Dominanz"[12] (Rommelspacher, 1997, S. 256) wird in einer Nation denen zugeschrieben, die die Kommunikation innerhalb der Nation anführen, so Völkel weiter (Völkel 2017a, S. 40–41).

Demzufolge gehören zur Nation diejenigen, deren soziale Bindung große kulturelle Schnittmengen aufweisen. „Unsere" Kultur wäre mit „unserer" Geschichte und der Idee „unserer" Nation verwoben. „Ihre" Geschichte – in dem Fall die der Zugewanderten – wäre mit der Idee „ihrer" Nation verbunden (Völkel, 2017b, S. 96).

Der gegenwertige geschichtsdidaktische Diskurs steht somit in der Gefahr eines Gerechtigkeitsproblems (Nussbaum, 2011). Unsere Gesellschaft ist zugleich heterogen und egalitär. Denn „unter uns" leben Menschen, welche momentan

---

(Foroutan, 2016, S. 232), in der Herkunft keine Rolle spielt (vgl. hierzu auch Foroutan et al., 2018).

[11] Hans-Jürgen Pandel schreibt dem Identitätsbewusstsein, als soziale Dimension, die Trennung in „wir und ihr/sie" zu – als dichotome Kategorisierung von Dimensionen des Geschichtsbewusstseins (Pandel, 1991). Die Kategorisierung „Wir und die Anderen" soll in diesem Zusammenhang kritisch betrachtet werden.

[12] Birgit Rommelspacher prägte den Begriff der „Dominanzkultur" (Rommelspacher, 1998, S. 23). Für sie ist „Dominanzkultur als ein Geflecht verschiedener Machtdimensionen zu begreifen" (S. 23), welche sich reziprok beeinflussen. Erstere beeinflusst das Leben, Handeln, Denken und Fühlen aller, die in unserer Gesellschaft leben (Rommelspacher, 1998, S. 22–23).

keine oder eine nur mangelhafte historische Bildung im Sinne des aktuellen geschichtsdidaktischen Konsenses erhalten. Genaugenommen verfehlt diese Art von historischer Bildung ihren egalitären Auftrag, weil sie Menschen ausklammert, die aus einem anderen Kulturraum stammen. Somit wird in der Egalität „unserer" Gesellschaftsstrukturen eine bestimmte Hierarchie implementiert und verfestigt (Rommelspacher, 1998, S. 22–23). Die Bildungsangebote historischen Lernens scheinen eher auf die Verfestigung kultureller Unterschiede abzuzielen (Völkel, 2016, S. 43).

Martin Lücke wiederum führt an, dass die Erinnerungskultur nahezu ausschließlich an nationalen Bedürfnissen ausgerichtet ist, womit sie das „Nationale als hegemonialen Gedenkrahmen" (Lücke, 2016, S. 59) stabilisiert und in heutigen Einwanderungsgesellschaften exkludierend wirkt (Lücke, 2016, S. 59).

Angesichts dieser Privilegierung einer gruppenspezifischen Geschichte im heterogenen und pluralen Nationalstaat wird die Marginalisierungstendenz von Geflüchteten mit ihren historischen Wissenskomplexen deutlich. Diese oben beschriebene Kolonialisierungstendenz innerhalb der Geschichtsdidaktik erfordert von der Profession eine strukturelle Um- bzw. Neugestaltung des fachspezifischen Primats des Geschichtsbewusstseins.[13] Diese Kategorie des Faches kann somit nicht weiter als Imperativ für den Geschichtsunterricht gelten (Völkel, 2016, S. 44). Im Folgenden werden einzelne Aspekte dieser Unterminierung von Migrations- und Fluchtgeschichten näher dargestellt, um von dort ausgehend Perspektiven für eine Dekolonialisierung zu eröffnen.

4 Geschichten im Kontext von Geschichte

4.1 Die Bedeutung historischer Erzählungen für den Geschichtsunterricht

Für Reinhard Koselleck ist Geschichte nicht ohne den Begriff der Zeit zu denken (Koselleck, 2018, S. 9). Auch Jörn Rüsen schreibt von der Zeitlichkeit als anthropologisch universellem Zustand des Menschseins, als „Grundtatbestand der menschlichen Kultur" (Rüsen, 2003, S. 110). Gleichzeitig erkennt er nicht jeder deutenden Auseinandersetzung mit Zeit einen geschichtlichen Charakter zu. Zum einen begegnet dem Individuum Zeit als *„reale Veränderung der Welt, in der kontingente Ereignisse auftreten"*[14] (Rüsen, 2003, S. 110–111) und verarbeitet

---

[13] Vgl. hierzu auch v. Borries (2008).
[14] Kursiv im Original.

werden müssen. Zum anderen begegnet sie den Menschen als „innere zeitliche Erstreckung" (Rüsen, 2003, S. 111) des Bewusstseins. Hier üben vor allem Wünsche, Emotionen und Gefühle einen großen Einfluss aus. Dieser inneren zeitlichen Erstreckung schreibt er keine historische Relevanz zu und beschränkt somit Geschichte auf eine Zeitebene, die der individuellen Lebenszeit vorgelagert ist (Rüsen, 2013, S. 48). Diese Auffassung kritisiert Jürgen Straub. Ihm zufolge wird Geschichte (oder Historie) durch „Geschichten gebildet, in die mehrere [...] Menschen verstrickt sind, [...] die viele angehen und betreffen, berühren oder bewegen" (Straub, 2011, S. 85). Sie stehen für das „kollektive Schicksal, die Erfahrung, Erwartungen und Orientierungen" (Straub, 2011, S. 85) von Menschen. Zeitlich begrenzt sind diese Geschichten nicht, denn „alles was war, ist und möglicherweise sein wird" (Straub, 2011, S. 85), kann deren Teil sein.

Nach Wilhelm Schapp lassen sich Geschichten nur aus einer Beziehung zu diesem „Verstricktsein" (Schapp, 2012, S. 85) verstehen, das Verstricktsein eines Menschen kann nicht von der Geschichte gelöst werden. Der Mensch ist stets in Geschichte verwoben, „wie man sie kennt, und man kennt sie soweit, als man darin verstrickt ist" (Schapp, 2012, S. 86). Geschichte wird von einem Individuum nicht einfach durchlaufen, vielmehr wird Zeit durch ein „Vorher und Nachher" (Schapp, 2012, S. 140) in Geschichte(n) erfahrbar bzw. über Sinnzusammenhänge generiert (Schapp, 2012). Wenn wir also Geschichten erzählen, uns kognitiv bzw. sprachlich mit ihnen auseinandersetzen, werden Differenzen in Zeit (und Raum) bewusst wahrnehmbar. Diese „elaboriert-historischen"[15] (Rein, 2021) Erzählungen – hier von geflüchteten Jugendlichen – ließen sich so für historische Lern- und Lehrprozesse fruchtbar machen.

Historische Erzählungen gelten als Basisoperation historischen Denkens und sind von daher als ein zentrales Merkmal im aktuellen Geschichtsunterricht anzuerkennen (v. Borries, 2008, S. 175–176). Für Rüsen stellt das (historische) Erzählen mit ausschließlich vorbiografischen Inhalten eine „Fundamentalkategorie" (Rüsen, 2008, S. 49) in Bezug auf Geschichtsbewusstsein dar. Nach Rüsen ist „Erzählen [...] Sinnbildung über Zeiterfahrung, es macht aus Zeit Sinn" (Rüsen, 2008, S. 49) und zielt damit – vor allem im Geschichtsunterricht – auf die Orientierungs- und Handlungsfähigkeit von Lernenden ab (Rüsen, 2008, S. 50).

Bodo von Borries betont, dass „Historie [...] nur in Form von Geschichten" (v. Borries, 2008, S. 175) vorkommt und weiter als „Erzählungen über Zeitverlauf und Wandlungen" (v. Borries, 2008, S. 175) zu verstehen ist. Auch

---

[15] Unter elaboriert-historisch versteht Franziska Rein eine „bewusste Auseinandersetzung mit Erfahrungen (eigenen und denen Dritter)" (Rein, 2021, S. 135). Dabei werden „biografisch bedeutsame subjektive Erklärungen ... [und] Erfahrungen" miteinander zu sinnvollen Geschichten verbunden (Rein, 2021, S. 151).

Michele Barricelli stellt fest, dass sich „Geschichte ganz und gar über die Erzählung konstituiert" (Barricelli, 2012, S. 259). Ebenso konstatiert Wolfgang Hasberg, dass es vor allem „Sprachhandlungen" (Hasberg, 2016, S. 138) sind, welche geschichtsdidaktische Bildungsprozesse ausmachen. In der Geschichtsdidaktik wird hier der Begriff der *Narrativität* verwendet, der ein Prinzip der Organisierung „historischer Aussagen" (Barricelli, 2014b, S. 149) beschreibt. Dies bedeutet, dass Geschichte dann entsteht, wenn Erzählungen bzw. Narrationen vergangene Ereignisse bedeutungsvoll miteinander verknüpfen (Barricelli, 2014b). Historische Erzählungen und deren Inhalte beziehen sich stets auf vergangene Zeit. Sie bringen diese in eine chronologische Ordnung. Gleichzeitig bilden historische Erzählungen keine vergangene Wahrheit ab.[16] Sie sind als sinnvolle *„subjektive Deutungsleistung"*[17] (Barricelli, 2012, S. 259) zu verstehen, die anschließend auf ihre intersubjektive Verbindlichkeit reflektiert werden (Barricelli, 2016, S. 131). Eine „narrative Sinnbildung" (Barricelli, 2015, S. 26) wird dabei erst durch den Bezug von Vergangenheit auf die Gegenwart durch das Erzählen geformt.

Historische Narrationen klammern die „biografische Zeit, also die biografische Vergangenheit" (Rein, 2021, S. 60) nicht zwingend aus. Im Kontext historischer Erzählungen erscheint dieser Gedanke grundsätzlich auf eigene elaboriert-historische Erzählungen von Schüler*innen übertragbar[18] (Rein, 2021, S. 60–61). Die Herstellung von Sinn wird nicht notwendigerweise durch den Bezug auf die vorbiografische Vergangenheit hergestellt. Im Gegenteil: Rein zeigt, dass Sinn – und damit Handlungsfähigkeit – durch den Bezug zur eigenen Zeitlichkeit hergestellt wird. Damit hebt sie die Bedeutung der eigenen biografischen Situation bezüglich des Erzählens hervor. Für gelingendes historisches Lernen sind das biografische Verständnis von Zeitlichkeit und die damit verbundene Herstellung von Sinn zentral. Wird diese Dimension im Geschichtsunterricht ausgeklammert, so wird der zentrale Anspruch von historischem Lernen nicht getroffen (Rein, 2021).

Von der Marginalisierung biografischer Perspektiven im Geschichtsunterricht sind alle Schüler*innen betroffen. Eine besonders problematische Konsequenz ergibt sich für die Handlungsfähigkeit von Schüler*innen, die darüber hinaus

---

[16] Nach Rüsen müssen sich Erzählungen auf „reale Geschehnisse der Vergangenheit" (Rüsen, 2013, S. 48) beziehen, um als historisch zu gelten.

[17] Kursiv im Original.

[18] In Bezug auf inklusive historische Lehr- und Lernprozesse werden die sprachlich-kognitiven Voraussetzungen, welche für historische Erzählungen prägend erscheinen, kritisch betrachtet (vgl. hierzu Rein, 2021; Völkel, 2017a).

auch von der nationalen Meistererzählung[19] ausgeschlossen sind. Damit gemeint sind somit auch geflüchtete Jugendliche, die Teil der deutschen Gesellschaft und deren Zukunft sind. Denn diese Menschen kommen nach Deutschland und führen Erzählungen mit sich, durch welche sie handlungsfähig sind, wie der folgende Abschnitt zeigt. Entsprechend bleibt im aktuellen geschichtsdidaktischen Diskurs die Frage offen, welche biographisch relevanten Geschichten geflüchtete Jugendliche in den Geschichtsunterricht mitbringen und aus welchen Elementen sich diese biographisch-historischen Erzählungen von Menschen zusammensetzen, die zugewandert sind.

4.2 Der Leib und seine Bedeutung für historische Erzählungen

Mit dem Bezug auf die Zeitebene der inneren zeitlichen Erstreckung nimmt Rüsen zugleich Bezug auf einen phänomenologischen Ansatz. Diesen Aspekt greift auch Völkel auf, allerdings stellt sie die Gattung Zeit als einen alternativen Zugang im geschichtsdidaktischen Kontext dar. Damit wäre Zeitbewusstsein als zentrale Kategorie bzw. als Phänomen im leiblichen Sinne „dem Geschichtsbewusstsein vorgelagert" (Völkel, 2016, S. 45). Dieser Gedankengang zielt sowohl auf die „primäre Erfahrungswelt" als auch auf die „Geschichte als sekundären Erfahrungsraum" (Völkel, 2016, S. 46) des Subjekts ab. Völkel beschreibt den primären Erfahrungsraum zugehörig zur Lebenswelt, in der die sogenannte orientierte Zeit als biografische Zeit erlebt wird, im Gegensatz zur historischen Zeit, die zu der Welt der Ideen gehört. Der Mensch besitzt orientierte Zeit – durch das Erleben in Raum und Zeit. Das bedeutet: Über die Bewegung im Raum und damit verknüpfte sinnliche Wahrnehmung erschafft sich der Mensch diese orientierte Zeit selbst (Völkel, 2017a, S. 96–97).

Der Zusammenhang zwischen Räumlichkeit und Leiblichkeit ist aus einer phänomenologischen Betrachtung bedeutsam. Der Leib, so Waldenfels, ist im Wesentlichen durch seine unhintergehbare Kontinuität gekennzeichnet. Er ist permanent da, wenn ich mich hin zur Welt orientiere, er „wandert mit mir wie ein Schatten" (Waldenfels, 2018, S. 31), ohne dass ich ihn als solchen wahrnehmen kann. Genauer betrachtet ist er ein „Ort der Reflexivität eigner Art" (Völkel, 2017a, S. 74). Der Leib, so Waldenfels, „ist von sich aus auf sich selbst zurückbezogen" (Waldenfels, 2018, S. 36), weshalb in der Phänomenologie von

---

[19] Barricelli (2011) spricht von einem „erzählerischen (sozialen) Zentrum" (Barricelli, 2011, S. 62), zu welchem einzelne historische Erzählungen in Bezug zu setzen sind.

der leiblichen Reflexivität gesprochen wird (Waldenfels, 2018, S. 35–36). Für den Diskurs innerhalb der Geschichtsdidaktik bedeutet das, so Völkel: „Ich und meine Geschichte" sind unzertrennlich miteinander verstrickt und „wir verhalten uns wie Schauende und Geschaute" (Völkel, 2017a, S. 75) zueinander. Ich lebe in meiner und durch meine Geschichte, ich kann sie zwar als Objekt kognitiv fassen, doch nur zu einem Teil. Die sinnlichen Erfahrungsräume der (meiner) Geschichte bleiben der Vernunft verschlossen. Dieser „leiblich-historischen Erfahrung" (Völkel, 2017a, S. 75) kann sich der Mensch nur über die leibliche Reflexivität annähern. Reflexiv im leiblichen Sinne wird es dann, wenn man begreift, dass wir sowohl Geschichte haben als auch „überall und rundherum geschichtlich" (Völkel, 2017a, S. 75) sind. Dies bedeutet, dass Zugewanderte diese nicht einfach ablegen oder sich eine „neue Geschichte" anlegen können. Das „Dort" und „Hier" – als Spannungsfeld – schreibt sich in den Leib ein. Sinnbildung wird also nicht nur über Zeiterfahrung, sondern auch über Raumerfahrung modelliert (Völkel, 2017a, S. 82–83).

4.3 Fachdidaktische Forschung zu Interkulturalität in historischen Lern- und Lehrprozessen

Viola B. Georgi und Oliver Musenberg konstatieren, dass ein Geschichtsunterricht, welcher in nationalen Dimensionen „gedacht und gemacht" (Georgi & Musenberg, 2020, S. 40) wird, an „empirischer und konzeptioneller Plausibilität" (Georgi & Musenberg, 2020, S. 40) verliert.

Mitte der 90er-Jahre wurden erste Studien bekannt, die sich mit Inter- und Multikulturalität in historischen Lern- und Lehrprozesse befassten. Darunter befinden sich die vielzitierten Studien von Bodo von Borries und Bettina Degner (Namensänderung: Alavi bis 2018). In seiner Studie[20] plädiert von Borries (1995) unter anderem – auch in Bezug auf interkulturelle Verständigung – für eine Neuausrichtung geschichtlichen Lernens im Geschichtsunterricht (vgl. v. Borries, 1995, S. 430).

Degner setzte mit ihrer Studie (Alavi, 1998) einen Meilenstein für den Diskurs von historischen Lern- und Lehrprozessen in Bezug auf Globalisierung und vor allem Migration. Sie identifizierte eine Dominanz der nationalen Meistererzählungen im Geschichtsunterricht und wies bereits vor mehr als 20 Jahren

---

[20] In der Studie wurden 32000 Neuntklässler in 27 Ländern befragt. Es wurden Vergleiche zu den Geschichtsvorstellungen und politischen Einstellungen Jugendlicher mit und ohne Migrationsgeschichte gezogen(vgl. hierzu v. Borries, 1995).

darauf hin, dass der zukünftige Geschichtsunterricht Themen aufgreifen sollte, die über nationale Grenzen und eurozentrische Blickwinkel hinausreichen (Alavi, 1998, S. 241). Mit ihrem Konzept „Geschichte lernen im interkulturellen Dialog" setzt sie den Fokus in historischen Lern- und Lehrprozessen auf gelebte Fremdheitserfahrung[21]. Diese Alteritätserfahrungen werden in Hinblick auf die Begegnung mit dem historisch Anderen bzw. dem Fremden reflektiert, wodurch, so Degner weiter, stets ein Momentum interkulturellen Perspektivenwechsels entsteht. So gesehen sei historische Bildung von Grund auf interkulturell und trage zum besseren Fremdverstehen bei (Alavi, 1998). Besonders Fremdverstehen wird in Hinblick auf das gesellschaftlich-historische Phänomen der Zuwanderung thematisiert und fruchtbar gemacht (Alavi & Henke-Bockschatz, 2004).

Hohe Relevanz in Bezug auf die Frage von Geschichtsbezügen Jugendlicher mit Einwanderungsgeschichte hat die Studie von Georgi (2003). Anstoß ist dabei ihre Überlegung, dass ein Anteil der „in Deutschland lebenden jungen Menschen [...] über Familien- und Kollektivgeschichten sowie über tradierte historisch-politische Erfahrungen, die sich von den ‚deutschen' unterscheiden" (Georgi, 2003, S. 9) verfügen. Ihre Forschung zum Geschichtsbewusstsein und der Frage nach deren Bedeutung für den Prozess der Identitätsbildung führen abschließend zur Forderung nach einem notwendigen Einbezug der Familiengeschichten von Schüler*innen in den Geschichtsunterricht (Georgi, 2003, S. 317–318).

Weiter ist die qualitative Studie von Johannes Meyer-Hamme (2009a) zu erwähnen. Darin spricht er sich für eine notwendige Reflexion von unterschiedlichen historischen Identitäten bei Jugendlichen mit Einwanderungsgeschichte aus. Denn, so Meyer-Hamme, die Schüler*innen lernen insbesondere dann Geschichte, „wenn [sie] im Zusammenhang mit dem Unterrichtsthema ihre historischen Identitäten reflektieren" (Meyer-Hamme, 2009a, S. 86) und im besten Fall verändern. Anhand von fünf interviewbasierten Einzelfallstudien[22] untersucht er, wie sich die Proband*innen kulturell identifizieren und welche Auswirkungen die Teilhabe am Geschichtsunterricht auf ihre konstruierte historische Identität hat. Besonders hervorzuheben ist dabei der Umstand, dass er den Schüler*innen bewusst ermöglicht, die für sie relevanten historischen Inhalte frei zu wählen[23] (Meyer-Hamme, 2009b, S. 16–17).

Die mitgeführten elaboriert-historischen Erzählungen geflüchteter Jugendlicher und deren Relevanz für den Geschichtsunterricht finden in der bisherigen

---

[21] Vgl. dazu Alavi & Henke-Bockschatz, 2004; auch Barricelli, 2014a, S. 71.

[22] Von Bedeutung ist der Umstand, dass die interviewten Schüler*innen alle den Leistungskurs Geschichte besuchten.

[23] Hier unterscheidet er sich von Georgi und den oben genannten Autorinnen und Autoren.

fachdidaktischen Forschung keine Beachtung. Sie sollten daher im Fokus eines dekolonialisierten geschichtsdidaktischen Diskurses stehen.

5   Ausblick für eine offene Zukunft

Die obigen Ausführungen zeigen, wie der gegenwärtige geschichtsdidaktische Diskurs Geflüchtete im Kontext der dominanten Erinnerungs- und Geschichtskultur als „Andere" konstruiert, da sie nicht Teil der hegemonialen Meistererzählungen sind. Oftmals beschränkt sich das Inklusionsbestreben in der Geschichtsdidaktik auf eine eurozentrische Erweiterung der Meistererzählung in Bezug auf globalgeschichtliche Entwicklungen. Hinsichtlich des Anspruches der Dekolonialisierung allerdings macht Castro Varela (2018) deutlich, dass diese nur möglich ist „wenn das imperialistische Subjekt aus dem Gleichgewicht gerät; wenn eine asymmetrische Ignoranz freigelegt wird" (Castro Varela, 2018, S. 16). Das Gleichgewicht der Meistererzählung kann ins Schwanken gebracht werden, wenn die narrative Dimension von Migrations- und Fluchtgeschichte in ihrer Leiblichkeit im Umgang mit Geschichte beachtet wird – wie exemplarisch am Beispiel der geflüchteten Jugendlichen deutlich gemacht wurde. Für historische Bildung bedeutet dies erstens, dass sie den Fokus auf „[t]raditionale Erzählungen mit ihren Verpflichtungen gegenüber Ursprung und Herkunft, ihrem Sinn für Einheit und Unversehrtheit" (Barricelli, 2015, S. 33), die als eine „ideologisch scharfe Waffen gegenüber den jeweils Nicht-Mitgemeinten" (Barricelli, 2015, S. 33) betrachtet werden, aufbrechen kann, sofern sie den Rekurs auf Meistererzählungen hinter sich lässt.

Hier bildet der bildungspolitische Anspruch der KMK wertvolle Ansatzpunkte, die die Dekonstruktion der Meistererzählung noch nicht vollständig leisten kann. Die Dekonstruktion der Meistererzählung in der historischen Bildung ist hier nur begrenzt möglich, weil die biografische Perspektive nicht in ihrer Leiblichkeit begriffen wird, in der die Erinnerungspraktiken ihren Ausdruck und damit ihre Verstetigung finden. Entsprechend bedeutet dies für die Dekolonialisierung der historischen Bildung zweitens, dass diese auf die verleiblichten Erinnerungspraktiken eingehen muss. Ignoriert die historische Bildung die Leiblichkeit der Erinnerungspraktik, führt dies zu einem Weitertragen von Herrschaft, das zwar epistemisch infrage gestellt wird, aber implizit durch leiblich eingeschriebene Praktiken – auch in Form eines Habitus – perpetuiert wird und somit weiterhin von den Betroffenen implizit erfahren wird.

Um die Geschichten von in der historischen Bildung kolonialisierten „Anderen" für eine Dekolonialisierung eben dieser historischen Bildung fruchtbar zu machen, können folgende Fragen erste Ansatzpunkte für die weitere Forschung bieten:

Welche Geschichten aus der Zeitgeschichte sind für geflüchtete Jugendliche aus deren biografisch-historischer Perspektive prägend? Welche Bedeutung haben die mitgeführten Geschichten im Kontext der biographischen und kollektiven Erinnerungen für die Einwanderungsgesellschaft? Möchten die Jugendlichen diese Geschichten in die Aufnahmegesellschaft einbringen? Falls ja, aus welchen Gründen? Wie sollte die Aufnahmegesellschaft aus Perspektive der Erzählenden mit diesen mitgeführten Geschichten umgehen? Wie sollte ein Dialog über Geschichte aus der Perspektive der Geflüchteten gestaltet sein, um eine *gemeinsame* Zukunft zu eröffnen? Dabei ist es wichtig, Raum für die leiblichen Verknüpfungen von Vergangenheit mit Gegenwart und Zukunft in einer postmigrantischen Gesellschaft zu lassen, ohne diese Verknüpfungen unter Vorzeichen der hegemonialen Erinnerungskultur zu stellen. Weiterhin sollte offen betrachtet werden, wie Jugendliche aus ihren Erfahrungen, ihrer Lebensgeschichte und der ihres familiären Umfelds biografisch-historische Inhalte konstruieren. Im Kontext dieser Fragen ist gerade bei Geflüchteten ein besonderes Augenmerk auf die Bedeutung von Brüchen in ihrer Biografie zu legen – also wie diese sinnbildend in Geschichte(n) und Situationen verstrickt sind. Damit wird eine Geschichte möglich, die Raum für die leiblichen Verknüpfungen von Vergangenheit, Gegenwart und Zukunft in einer postmigrantischen Gesellschaft lässt und gleichzeitig einen Dialog mit geflüchteten Jugendlichen fördert, um eine gemeinsame Zukunft zu gestalten und die historische Bildung zu dekolonisieren.

Literatur

Ahlrichs, J., Baier, K., Christophe, B., Macgilchrist, F., Mielke, P., & Richtera, R. (2015). Memory practices in the classroom. On reproducing, destabilizing and interrupting majority memories. *Journal of Educational Media, Memory, and Society, 7*(2), 89–109. https://doi.org/10.3167/jemms.2015.070206.

Alavi, B. (1998). *Geschichtsunterricht in der multiethnischen Gesellschaft. Eine fachdidaktische Studie zur Modifikation des Geschichtsunterrichts aufgrund migrationsbedingter Veränderungen*. IKO – Verlag für Interkulturelle Kommunikation.

Alavi, B., & Henke-Bockschatz, G. (Hrsg.). (2004). *Migration und Fremdverstehen. Geschichtsunterricht und Geschichtskultur in der multiethischen Gesellschaft*. Schulz-Kirchner Verlag.

Autorenkollektiv. (2016). *Weg sein – hier sein. Texte aus Deutschland*. Secession Verlag für Literatur.

Barricelli, M. (2011). Historisches Erzählen: Was es ist, soll und kann. In O. Hartung, I. Steininger, & T. Fuchs (Hrsg.), *Lernen und Erzählen interdisziplinär* (S. 61–82). VS Verlag.
Barricelli, M. (2012). Narrativität. In M. Barricelli & M. Lücke (Hrsg.), *Handbuch Praxis des Geschichtsunterrichts* (Bd. 1). (S. 255–280). Wochenschau Verlag.
Barricelli, M. (2014). Fremdverstehen/Alterität. In U. Mayer, H.-J. Pandel, G. Schneider, & B. Schönemann (Hrsg.), *Wörterbuch Geschichtsdidaktik* (S. 71–72). Wochenschau.
Barricelli, M. (2014). Narrativität. In U. Mayer, H.-J. Pandek, G. Schneider, & B. Schönemann (Hrsg.), *Wörterbuch Geschichtsdidaktik* (S. 149–150). Wochenschau.
Barricelli, M. (2015). Worte zur Zeit. Historische Sprache und narrative Sinnbildung im Geschichtsunterricht. In *Zeitschrift für Geschichtsdidaktik, 14*(1), 25–46. https://doi.org/10.13109/zfgd.2015.14e.1.25.
Barricelli, M. (2016). „Das wollt' ihr nur erzählen". Versuche narrativer Kunst im Geschichtsunterricht. In J. Meyer-Hamme, H. Thünemann, & Meik Zülsdorf-Kersting (Hrsg.), *Was heißt guter Geschichtsunterricht? Perspektiven im Vergleich* (S. 123–135). Wochenschau Verlag.
Borries, B. (1995). *Das Geschichtsbewußtsein Jugendlicher. Erste repräsentative Untersuchung über Vergangenheitsdeutungen, Gegenwartswahrnehmungen und Zukunftserwartungen von Schülerinnen und Schülern in Ost- und Westdeutschland*. Juventa.
Borries, B. (2008). *Historisch denken lernen – Welterschließung statt Epochenüberblick. Geschichte als Unterrichtsfach und Bildungsaufgabe*. Verlag Barbara Budrich.
Brücker, H., Kunert, A., Mangold, U., Kalusche, B., Siegert, M., & Schupp, J. (2016). *Geflüchtete Menschen in Deutschland – eine qualitative Befragung. IAB-Forschungsbericht 9/2016. Aktuelle Ergebnisse aus der Projektarbeit des Instituts für Arbeitsmarkt- und Berufsforschung*. Institut für Arbeitsmarkt- und Berufsforschung. https://doku.iab.de/forschungsbericht/2016/fb0916.pdf.
Bundesamt für Migration und Flüchtlinge. (2022). *Migrationsbericht 2021. Zentrale Ergebnisse*. https://ec.europa.eu/migrant-integration/library-document/migrationsbericht-2021_de.
Bundesamt für Migration und Flüchtlinge. (2023). *Einbürgerung in Deutschland. 33 Fragen aus unterschiedlichen Bereichen*. https://www.bamf.de/DE/Themen/Integration/ZugewanderteTeilnehmende/Einbuergerung/einbuergerung-node.html. Zugegriffen: 22. Juni 2023.
Castro Varela, M. (2018). Erlaubter Wahnsinn. Migrationspädagogische und Postkoloniale Perspektiven in Theorie und Praxis. In SchlaU-Werkstatt für Migrationspädagogik (Hrsg.), *Migrationspädagogische Praxis in der Zusammenarbeit mit jungen Geflüchteten. Eine Suchbewegung. Jahrestagung 2017* (S. 8–15). SchlaU-Werkstatt für Migrationspädagogik.
Ceylan, R. (Hrsg.). (2012). *Islam und Diaspora. Analysen zum muslimischen Leben in Deutschland aus historischer, rechtlicher sowie migrations- und religionssoziologischer Perspektive*. Peter Lang.
Foroutan, N. (2016). Postmigrantische Gesellschaften. In H. U. Brinkmann & M. Sauer (Hrsg.), *Einwanderungsgesellschaft Deutschland. Entwicklung und Stand der Integration* (S. 227–254). Springer VS.
Foroutan, N., Karakayali, J., & Spielhaus, R. (2018). Einleitung: Kritische Wissensproduktion zur postmigrantischen Gesellschaft. In N. Foroutan, J. Karakayali, & R. Spielhaus

(Hrsg.), *Postmigrantische Perspektiven. Ordnungssysteme, Repräsentationen, Kritik* (S. 9–18). Campus Verlag.
Georgi, V. B. (2003). *Entliehene Erinnerung. Geschichtsbilder junger Migranten in Deutschland*. Hamburger Edition.
Georgi, V. B., & Musenberg, O. (2020). Diversitätserfahrungen im Geschichtsunterricht. In S. Barsch, B. Degner, C. Kühberger, & M. Lücke (Hrsg.), *Handbuch Diversität im Geschichtsunterricht. Inklusive Geschichtsdidaktik* (S. 36–53). Wochenschau Verlag.
Hasberg, W. (2016). Analytische Wege zum besseren Geschichtsunterricht. Historisches Denken im Handlungszusammenhang Geschichtsunterricht. In J. Meyer-Hamme, H. Thünemann, & M. Zülsdorf-Kersting (Hrsg.), *Was heißt guter Geschichtsunterricht? Perspektiven im Vergleich* (S. 136–159). Wochenschau Verlag.
Jarausch, K. H., & Sabrow, M. (Hrsg.). (2002). *Die historische Meistererzählung. Deutungslinien der deutschen Nationalgeschichte nach 1945*. Vandenhoeck & Ruprecht.
Jeismann, K.-E. (1977). Didaktik der Geschichte. Die Wissenschaft von Zustand, Funktion und Veränderung geschichtlicher Vorstellungen im Selbstverständnis der Gegenwart. In E. Kosthorst (Hrsg.), *Geschichtswissenschaft. Didaktik, Forschung, Theorie* (S. 9–33). Vandenhoeck & Ruprecht.
Koselleck, R. (2018). *Zeitschichten. Studien zur Historik* (5. Aufl.). Suhrkamp.
Kultusministerkonferenz. (2013). *Interkulturelle Bildung und Erziehung in der Schule (Beschluss der Kultusministerkonferenz vom 25.10.1996 i. d. F. vom 05.12.2013)*. https://www.kmk.org/fileadmin/veroeffentlichungen_beschluesse/1996/1996_10_25-Interkulturelle-Bildung.pdf.
Kultusministerkonferenz. (2014). *Erinnern für die Zukunft. Empfehlungen zur Erinnerungskultur als Gegenstand historisch-politischer Bildung in der Schule (Beschluss der KMK vom 11.12.2014)*. https://www.kmk.org/fileadmin/pdf/PresseUndAktuelles/2014/2014-12-11-Empfehlung_Erinnern_fuer_die_Zukunft.pdf.
Luimpöck, S. (2021). Kulturalisierung und Mehrsprachigkeit in der biografischen Fallarbeit mit Geflüchteten: Herstellung und Dekonstruktion der Kategorie „Flüchtling" in narrativen Gesprächssettings. *Österreichisches Jahrbuch für Soziale Arbeit*, *3*(1), 313–335. https://doi.org/10.30424/OEJS2103313.
Lücke, M. (2016). Auf der Suche nach einer inklusiven Erinnerungskultur. In B. Alavi & M. Lücke (Hrsg.), *Geschichtsunterricht ohne Verlierer!? Inklusion als Herausforderung für die Geschichtsdidaktik* (S. 58–67). Wochenschau.
Meyer-Hamme, J. (2009a). „Dieses Kostüm ‚Deutsche Geschichte'": Historische Identität Jugendlicher in Deutschland. In V. B. Georgi & R. Ohliger (Hrsg.), *Crossover Geschichte. Historisches Bewusstsein Jugendlicher in der Einwanderungsgesellschaft* (S. 75–89). Edition Körber-Stiftung.
Meyer-Hamme, J. (2009b). *Historische Identitäten und Geschichtsunterricht. Fallstudien zum Verhältnis von kultureller Zugehörigkeit, schulischen Anforderungen und individueller Verarbeitung*. Schulz-Kirchner Verlag.
Nussbaum, M. C. (2011). *Die Grenzen der Gerechtigkeit. Behinderung, Nationalität und Spezieszugehörigkeit*. Suhrkamp.
Pandel, H.-J. (1991). „Dimensionen und Struktur des Geschichtsbewusstseins". In H. Süssmuth (Hrsg.), *Geschichtsunterricht im vereinten Deutschland. Auf der Suche nach Neuorientierung* (Bd. 1) (S. 55–73). Nomos Verlag.
Pandel, H.-J. (2013). *Geschichtsdidaktik. Eine Theorie für die Praxis*. Wochenschau.

Popp, S. (2003). Weltgeschichte im Geschichtsunterricht? Geschichtsdidaktische Überlegungen zum historischen Lernen im Zeitalter der Globalisierung. In S. Popp & J. Forster (Hrsg.), *Curriculum Weltgeschichte. Interdisziplinäre Zugänge zu einem global orientierten Geschichtsunterricht* (S. 68–104). Wochenschau Verlag.

Rein, F. (2021). *Historisches Lernen im Förderschwerpunkt geistige Entwicklung. Eine Studie zur Sinnbildung durch die eigene Lebensgeschichte.* V&R unipress.

Rommelspacher, B. (1997). Identität und Macht. Zur Internalisierung von Diskriminierung und Dominanz. In H. Keupp & R. Höfer (Hrsg.), *Identitätsarbeit heute. Klassische und aktuelle Perspektiven der Identitätsforschung* (S. 250–269). Suhrkamp.

Rommelspacher, B. (1998). *Dominanzkultur. Texte zu Fremdheit und Macht* (2. Aufl.). Orlanda Frauenverlag.

Rüsen, J. (1983). *Historische Vernunft. Grundzüge einer Historik: Die Grundlagen der Geschichtswissenschaft.* Vandenhoeck & Ruprecht.

Rüsen, J. (1997). Was heißt: Sinn der Geschichte? (Mit einem Ausblick auf Vernunft und Widersinn). In K. E. Müller & J. Rüsen (Hrsg.), *Historische Sinnbildung. Problemstellungen, Zeitkonzepte, Wahrnehmungshorizonte, Darstellungsstrategien* (S. 17–47). Rowohlt Taschenbuch.

Rüsen, J. (2002). *Geschichte im Kulturprozess.* Böhlau.

Rüsen, J. (2003). *Kann gestern besser werden? Zum Bedenken der Geschichte.* Kadmos.

Rüsen, J. (2008). *Historische Orientierung. Über die Arbeit des Geschichtsbewusstseins, sich in der Zeit zurechtzufinden* (2. Aufl.). Wochenschau Verlag.

Rüsen, J. (2013). *Historik. Theorie der Geschichtswissenschaft.* Böhlau.

Schapp, W. (2012). *In Geschichten verstrickt. Zum Sein von Mensch und Ding* (5. Aufl.). Verlag B. Heymann.

Schönemann, B. (2012). Geschichtsbewusstsein – Theorie. In M. Barricelli & M. Lücke (Hrsg.), *Handbuch Praxis des Geschichtsunterrichts* (Bd. 1). (S. 98–111). Wochenschau Verlag.

Simons, O. (2017): Kolonialismus als Kultur. In: D. Göttsche, A. Dunker und G. Dürbeck (Hrsg.), *Handbuch Postkolonialismus und Literatur* (S. 168–171). J.B. Metzler.

Statistisches Bundesamt. (2023). Schutzsuchende nach Schutzstatus und Berichtsjahren. Abgerufen am 22. Juni 2023 von https://www.destatis.de/DE/Themen/Gesellschaft-Umwelt/Bevoelkerung/Migration-Integration/Tabellen/schutzsuchende-zeitreihe-schutzstatus.html#fussnote-2-116874. Zugegriffen: 22. Juni 2023.

Straub, J. (2011). Geschichten erzählen, Geschichte bilden. Grundzüge einer narrativen Psychologie historischer Sinnbildung. In J. Straub (Hrsg.), *Erzählung, Identität und historisches Bewußtsein. Die psychologische Konstruktion von Zeit und Geschichte* (4. Aufl.) (S. 81–169). Suhrkamp.

Völkel, B. (2016). Kategorien oder Inhalte? Erste Annäherungen an eine inklusive Geschichtsdidaktik. In B. Alavi & M. Lücke (Hrsg.), *Geschichtsunterricht ohne Verlierer!? Inklusion als Herausforderung für die Geschichtsdidaktik* (S. 34–57). Wochenschau.

Völkel, B. (2017a). *Inklusive Geschichtsdidaktik. Vom inneren Zeitbewusstsein zur dialogischen Geschichte.* Wochenschau Verlag.

Völkel, B. (2017b). Schattenseiten des Nationalstaates. Menschen ‚mit' (und ‚ohne') Geschichte in Einwanderungsgesellschaften. In B. Völkel & T. Pacyna (Hrsg.), *Neorassismus in der Einwanderungsgesellschaft. Eine Herausforderung für die Bildung* (S. 89–126). Transcript.

Waldenfels, B. (1985). *In den Netzen der Lebenswelt.* Suhrkamp.

Waldenfels, B. (2018). *Das leibliche Selbst. Vorlesungen zur Phänomenologie des Leibes* (7. Aufl.). Suhrkamp.

Südosteuropa als (post-)koloniale Spielwiese am Beispiel der Lehrer*innenbildung in Rumänien

Mirona-Horiana Stănescu und Stefan Jeuk

1 Einleitung

Dieser Beitrag geht zurück auf eine langjährige Kooperation der Babeş-Bolyai Universität Cluj-Napoca (Rumänien) und der Pädagogischen Hochschule Ludwigsburg (Deutschland). Unter anderem bieten die Autor*innen seit mehreren Jahren gemeinsame Seminare (Fachdidaktik Deutsch) für Studierende beider Hochschulen an, die Arbeitssprache ist Deutsch. Möglich wird diese Kooperation durch die Tatsache, dass es in Rumänien aus historischen Gründen ein deutschsprachiges Schulwesen gibt, in dem Kinder von der Vorbereitungsklasse[1] bis zum Schulabschluss (Bakkalaureat, entspricht dem Abitur) eine deutschsprachige Schule besuchen können. Dies erfolgt nicht nach dem Muster der sog. Auslandsschulen, vielmehr handelt es sich um ein Angebot des rumänischen Staates, an ca. 80 Schulen ist dieser Bildungsgang möglich (Zoppelt et al., 2015).

In diesem Beitrag wollen wir am Beispiel Rumäniens zeigen, dass und in wieweit die deutsche Sichtweise auf Osteuropa postkoloniale Züge trägt. Die Wurzeln liegen im Spätmittelalter, als Siebenbürgen, damals Teil des ungarischen

---

[1] Seit dem Schuljahr 2012/2013 ist der erste Jahrgang der Grundschule in Rumänien die Vorbereitungsklasse.

M.-H. Stănescu
Babeş-Bolyai Universität Cluj, Cluj-Napoca, Rumänien
E-Mail: mirona.stanescu@ubbcluj.ro

S. Jeuk (✉)
PH Ludwigsburg, Baden-Württemberg, Deutschland
E-Mail: jeuk@ph-ludwigsburg.de

© Der/die Autor(en), exklusiv lizenziert an Springer Fachmedien Wiesbaden GmbH, ein Teil von Springer Nature 2024
S. Leitner und A. Böhmer (Hrsg.), *Decolonise Lehrer*innenbildung*,
https://doi.org/10.1007/978-3-658-43410-6_10

Königreichs, von deutschen Siedlern kolonisiert wurde. So zumindest eine mögliche Lesart. Deutsch zu sein war in der Folge über Jahrhunderte in Ungarn, später im Fürstentum Siebenbürgen und in Österreich-Ungarn, mit Privilegien verbunden, die erst im 20. Jahrhundert in der Folge der Weltkriege vollständig abgebaut wurden. Die „Geschichte und Tradition der deutschen Minderheit in Rumänien" (Baier et al., 2013) lässt sich auch als eine Geschichte des Abbaus dieser Privilegien lesen. Die absolute Mehrheit der Nachfahren der deutschen Siedler wanderte nach dem Zweiten Weltkrieg und insbesondere nach dem Sturz des Ceaușescu-Regimes (1989) nach Deutschland aus. Dort wurden sie als „Deutsche" erneut privilegiert behandelt, vor allem im Vergleich zu anderen Arbeitsmigrant*innen.

Eine postkoloniale Haltung gegenüber Rumänien lässt sich nach unserer Auffassung an verschiedenen Aspekten belegen. Zum einen gibt es nach wie vor eine Wahrnehmung von Rumänien bzw. Siebenbürgen als rückständig, geradezu als mittelalterlich. Dies lässt sich u.a. an der Darstellung in Medien und Filmen zeigen.[2] Hinzu kommt, dass die Geschichte Osteuropas oder gar der deutschen Ostbesiedelung in der Bundesrepublik kaum bekannt ist, allenfalls im Kontext des zweiten Weltkriegs und der kommunistischen Herrschaft finden die Ereignisse in Rumänien in deutschen Geschichtsbüchern bzw. im Geschichtsunterricht Erwähnung[3]. Die deutschsprachige Minderheit wird demgegenüber im Kontext der deutschen Geschichte gesehen und nicht in die Geschichte Rumäniens eingeordnet.

---

[2] Ein besonders eindrucksvolles Beispiel ist der Hollywood Film *Van Helsing* (2004), der zum einen die Frankenstein-Geschichte (Shelley, 1818/1909) mit Stokers Dracula (1897) verbindet und zum anderen eine Aktionfilmversion des klassischen Gruselgenres abgibt. Die Menschen, die in der Nähe von Draculas Burg wohnen, in Transsylvanien, werden alle als tumbe, ungebildete und verängstigte Bauern dargestellt, denen der westliche Aktionheld erst einmal zeigen muss, wie man sich wehrt. Einzige Ausnahme ist die schöne „Zigeuner"-Prinzessin. Diese Darstellung ist sicher extrem und nicht zwingend repräsentativ für die Wahrnehmung Rumäniens in Deutschland. Und die Rezipient*innen dürften sich, wie bei anderen Filmen dieses Genres auch, darüber im Klaren, sein, dass es sich um Fiction handelt. Die Gespräche mit vielen Studierenden verweisen aber darauf, dass so wenig anderes Wissen über Rumänien und die Geschichte Rumäniens vorhanden ist, dass diese und weitere Dracula-Bücher und -Filme durchaus einflussreich für die Vorstellungen über „Rumänien", insbesondere Transsilvanien, sind.

[3] Im Bildungsplan für Gymnasien in Baden-Württemberg für das Fach Geschichte findet sich weder die sogenannte deutsch Ostbesiedelung, noch die Geschichte deutscher Minderheiten. Insgesamt ist die Geschichte Osteuropas kaum repräsentiert. Die russische Geschichte spielt erst ab dem 20. Jahrhundert eine Rolle und zur Geschichte Rumäniens oder des sog. Balkans finden sich keine Einträge. Auch die deutsche Kolonialgeschichte wird allenfalls am Rande erwähnt.

Seit 2007 ist Rumänien Mitglied in der Europäischen Union und strebt den Beitritt zum Schengenraum an. Es gibt vielfältige wirtschaftliche Verflechtungen, große Unternehmen haben in Rumänien mehrere Niederlassungen, insbesondere in ehemals deutschsprachigen Gebieten in Siebenbürgen. Dort profitiert man davon, dass es auf Grund des nach wie vor existierenden deutschsprachigen Schulwesens viele gut qualifizierte Hochschulabsolvent*innen mit hervorragenden deutschen Sprachkenntnissen gibt. Darüber hinaus gibt es eine Abwerbung deutschsprachiger Fachkräfte nach Deutschland.

In dem folgenden Beitrag werden wir zunächst herleiten, dass und inwieweit die deutschsprachige Besiedelung Siebenbürgens als Teil einer deutschen Kolonialgeschichte zu sehen ist. Daraufhin erfolgt ein kurzer Abriss über die Geschichte der deutschen Minderheit in Rumänien sowie über das deutschsprachige Schulwesen.

Im Anschluss ordnen wir das derzeitige Verhältnis von Deutschland zu Rumänien ansatzweise in eine postkoloniale Theorie ein. Anhand des deutschsprachigen Schulwesens in Rumänien soll gezeigt werden, inwiefern dies als Vorbild für Deutschland dienen kann und auf welche Weise Deutschland von dem vermeintlich rückständigen Rumänien lernen kann. Die Perspektive ist eine europäische Mehrsprachigkeits- und Bildungspolitik, die sich von nationalstaatlichen Mustern löst und die Mehr- und Vielsprachigkeit der Menschen ins Zentrum der Betrachtung rückt.

2 Betätigungsfelder der (post)kolonialen Theoriebildung

Die Wahrnehmung Deutschlands als Kolonialmacht beschränkt sich meist auf die Zeit, in der Deutschland als „Schutzmacht" auftrat und ein Kolonialreich in Afrika, Asien und der Südsee aufgebaut hatte. Beginnend mit der Gründung einer Handelskolonie im heutigen Ghana durch Brandenburg-Preußen (1640 bis 1688) wurde vor allem nach der Berliner Konferenz 1884 durch das Deutsche Reich ein Kolonialreich errichtet, das vor dem Ersten Weltkrieg das drittgrößte Kolonialreich war (Gründer & Hiery, 2022). Berühmt ist der Ausspruch eines deutschen Staatssekretärs (von Bülow), der für die Deutschen einen „Platz an der Sonne" (Castro Varela & Dhawan, 2020, S. 39) forderte. Die deutsche Kolonialherrschaft war von großer Brutalität gekennzeichnet, was erst in den letzten Jahren aufgearbeitet wird (Zeller, 2022). Sie endete mit dem Ersten Weltkrieg.

Insbesondere in Deutschland ist die Wahrnehmung der eigenen Kolonialgeschichte stark durch die Erfahrung und Aufarbeitung des Faschismus und des

Holocaust in den Hintergrund geraten. Doch auch in der postkolonialen Theoriebildung wurde die deutsche Kolonialgeschichte zunächst ausgeklammert (etwa von Said, 1978/2019). Wie Castro Verela und Dhawan (2020) konstatieren, ist das in Bezug auf die deutsche Kolonialgeschichte falsch, denn deutsche Wissenschaftler, Geschäftsleute (u.a. beim Sklavenhandel), Forscher und Soldaten (als Söldner) waren im Auftrag anderer europäischer Kolonialmächte in vielfältiger Weise am Auf- und Ausbau des Kolonialismus beteiligt. Deutsche Wissenschaftler haben wesentlichen Anteil an dem, was Said (1978/2019) „Orientalismus" nennt, einem „Wissenssystem über den Orient" (Said, 1978/2019, S. 14), das sich als Instrument von Imperialismus, Macht und Ausbeutung bewährt hat.

Im Folgenden gilt es zu zeigen, dass die Anwerbung deutscher Siedler durch Könige und Fürsten osteuropäischer Staaten seit dem 12. Jahrhundert in eine postkoloniale Theoriebildung eingeordnet werden kann.[4] Im Hinblick auf eine postkoloniale Theoriebildung ist zu zeigen, wie diese Geschichte bis heute unsere Beziehung zu den Ländern Osteuropas prägt, dargestellt am Beispiel Rumäniens.

Osterhammel (2006) versteht Kolonialismus als

> eine Herrschaftsbeziehung zwischen Kollektiven, bei welcher die fundamentalen Entscheidungen über die Lebensführung der Kolonisierten durch eine kulturell andersartige und kaum anpassungswillige Minderheit von Kolonialherren unter vorrangiger Berücksichtigung externer Interessen getroffen und tatsächlich durchgesetzt werden. Damit verbinden sich in der Neuzeit in der Regel sendungsideologische Rechtfertigungsdoktrinen, die auf der Überzeugung der Kolonialherren von ihrer eigenen kulturellen Höherwertigkeit beruhen. (S. 8)

Begriffsgeschichtlich bezeichnet *Kolonialismus* die Begründung von neuen Siedungsräumen und ist ein altes und verbreitetes Phänomen, das bis in die Antike zurückgeht. Der Begriff wird aus lateinisch *colere* abgeleitet und bedeutet so viel wie *bebauen,* aber auch *hegen* und *pflegen.* Die Kolonie ist als eine Ansiedlung oder Niederlassung zu verstehen, indem die Menschen mit ihren materiellen Gütern, aber auch mit ihren Lebensweisen und Ideen in neue Gebiete ziehen. Als Begründung für diese Erschließung von neuen Territorien gilt der Einsatz von Ackerbau, Viehzucht und wirtschaftliche Entwicklung. Oft wird die indigene Bevölkerung vertrieben und ausgerottet, in anderen Fällen versklavt und

---

[4] Auch die häufig und irreführend als „innere Kolonisation" bezeichnete Expansion Russlands seit dem 16. Jahrhundert oder die koloniale Expansion des osmanischen Reiches werden bisher unseres Wissens, ebenso wie die deutsche Ostkolonisation, insgesamt wenig von der postkolonialen Theoriebildung erfasst. Auch die Expansionspolitik Österreich-Ungarns auf dem Balkan ab 1699 und verstärkt ab 1878 oder die sogenannten polnischen Teilungen im 18. Jahrhundert könnten unter dieser Perspektive analysiert werden.

unterdrückt. Die Kolonisatoren rechtfertigen diese koloniale Aggression durch den Wunsch, die primitiven, unterentwickelten, barbarischen und minderwertigen „Anderen" zu zivilisieren (Castro Varela & Dhawan, 2020, S. 30). Die Bedeutungsfixierung auf den „Anderen" ist im Hinblick auf Herrschaft, Macht und Ausbeutung zu sehen und ist untrennbar verbunden mit der Konstruktion des überlegenen europäischen Selbst (Said, 1978/2019). Als Ausgangspunkt wird von Castro Verela und Dhawan (2020, S. 35) die Annahme einer „terra nullis" gesehen. Es handelt sich um ein unkultiviertes Land, das keiner anerkannten Macht untersteht, dementsprechend gewissermaßen niemandem gehört und daher erschlossen werden muss.

In abgewandelter Form war genau dies bei der ersten deutschen Besiedelung Siebenbürgens im Auftrag des ungarischen Königs (vermutlich ab dem Jahr 1150) der Fall (Baier et al., 2013). „Die Kolonien entstehen dabei im Sinne der postkolonialen Theorie als ›Kopien‹ des zum ›Original‹ erklärten ›Mutterlandes‹ der Kolonisatoren" (Castro Varela & Dhawan 2020, S. 35). So verstanden ist die Bildung von Siedlungen durch deutsche Auswanderer eine Inbesitznahme neuer Gebiete, allerdings nicht im Auftrag der deutschen Staatsmacht, sondern im Auftrag des ungarischen Königs. Das Grundmuster, dass ein gewissermaßen unkultiviertes Land durch Siedler, die im Besitz von Wissen und Kultur sind, urbar gemacht, also kultiviert wird, bleibt gleich. Auch der Faktor, dass bereits dort lebende Menschen nicht als Subjekte wahrgenommen werden und die Machtposition fast vollständig bei den Siedlern verbleibt, ist gegeben.

3 Geschichte der deutschen Minderheit in Siebenbürgen (als Beispiel)

Die ersten „deutschen" Siedler kamen nach Transsilvanien („das Land jenseits der Wälder") um das Jahr 1150 hauptsächlich aus dem Rheinland, aus Moselfranken und aus Gebieten des heutigen Luxemburgs auf Ruf des ungarischen Königs Géza II., um das Land vor Mongolen- und Tatareneinfällen zu sichern und zur wirtschaftlichen Entwicklung des Landes beizutragen (Baier et al., 2013). Diese Saxones[5], die sich auf dem sog. „Königsboden", also Pfründen des ungarischen Königs, niederließen, erhielten unterschiedliche Privilegien, darunter auch die

---

[5] Die Herkunft des Namens, der sich in der heutigen Bezeichnung „Siebenbürger Sachsen" findet, ist unklar. Einige Quellen gehen davon aus, dass „Saxones" im 12. und 13. Jahrhundert, insbesondere in Folge der Herrschaft der Sachsenkaiser, allgemein als „Sachsen" bezeichnet wurden. Die siebenbürgisch-sächsische Mundart ist dem Moselfränkischen (oberdeutschen) und nicht der sächsischen (mitteldeutschen) Varietät zuzuordnen.

freie Richter- und Pfarrerwahl, die Gerichtsbarkeit nach eigenem Gewohnheitsrecht, die Zollfreiheit und freie Märkte. Die deutschen Kolonisten verpflichteten sich, dem König einen Jahreszins zu zahlen und Kriegsdienst zu leisten. Durch den Goldenen Freibrief, dem sogenannten „Andreanum" (Roth, 2006, S. 7), wurden der besondere Status und die Vorrechte der Siedler fixiert. Bis Ende des 18. Jahrhunderts sollten sich die Siebenbürger Sachsen ihre Rechte und Privilegien immer wieder bestätigen lassen. Das führte zu einem Standes- und Nationalbewusstsein, das man heute noch bemerken kann, auch wenn die deutsche Minderheit heute nur noch 0,13 % der Bevölkerung Rumäniens beträgt (Institutul Naţional Statistică, 2021). Die Privilegien umfassten seit der Reformation auch die freie Wahl der Religion und die Bestellung eigener Pfarrer, seit ca. 1540 sind die Siebenbürger Sachsen evangelisch-lutherisch.[6]

Das Fürstentum Siebenbürgen war als Teil des Königreichs Ungarn seit dem hohen Mittelalter und bis zur Zerschlagung Ungarns 1526 durch das Osmanische Reich politisch in drei Stände gegliedert: den ungarische Adel, die Szekler (ungarischsprachige Siedler im Osten Siebenbürgens) und die Siebenbürger Sachsen. Obwohl letztere die vergleichsweise kleinste Gruppe war, waren sie wirtschaftlich am bedeutendsten. Die ständische Verfassung verlieh ihnen ein gleiches Mitspracherecht wie den beiden anderen sog. Staatsnationen. Die Bevölkerungsmehrheit des Fürstentums, die Rumänen, und die größte in Siebenbürgen lebende Minderheit, die Roma, waren nicht vertreten und hatten kein Wahlrecht. Die Privilegien der drei Verfassungsgruppen blieben auch in osmanischer Zeit (ca. 1540 bis 1699) weitgehend erhalten, Siebenbürgen erreichte in dieser Zeit den Status eines selbstständigen Fürstentums unter osmanischer Oberherrschaft (Djuvara, 2011).

Den Siebenbürger Sachsen folgten weitere Siedler aus dem deutschsprachigen Raum: in der Gegend von Sathmar/Satu Mare ließen sich Einwanderer aus Oberschwaben nieder, im 13. und 14. Jahrhundert kamen deutsche Siedler in die Maramuresch, Ende des 18. Jahrhunderts folgten ihnen deutschsprachige Holzarbeiter aus der Gegend von Gmunden (Oberösterreich) und der Zips (Slowakei) sowie weitere Gruppen (Baier et al., 2013).

---

[6] Auf den Zusammenhang zwischen Religion und Kolonialismus kann an dieser Stelle nicht eingegangen werden, vgl. dazu Castro Varela & Dhawan, 2020, S. 62 ff.

Nach mehr als 150 Jahren Türkenherrschaft wurde das Banat im Jahr 1716 eine Provinz des Heiligen Römischen Reiches Deutscher Nationen.[7] Die Regierung in Wien wollte Landwirtschaft, Handel und Handwerk wieder beleben, sodass Kolonisten aus dem westlichen Grenzraum des deutschen Sprachraums angeworben wurden. In den nächsten 70 Jahren (1722-1790) kamen ca. 70.000 Bauern, Handwerker, Berg- und Facharbeiter ins Land. Auch sie erhielten Privilegien und Vorteile, die aber nicht mehr so erheblich waren wie die der Siebenbürger Sachsen.

Der Zerfall des Vielvölkerstaats Österreich-Ungarn nach 1918 ermöglichte es, Siebenbürgen, das Banat, das Sathmarer Gebiet und die Maramuresch zu vereinigen. Die beiden größten deutschsprachigen Minderheitengruppen, die Siebenbürger Sachsen und die Banater Schwaben, stimmten für den Anschluss an das Königreich Rumänien. Auf der großen Nationalversammlung in Karlsburg/Alba Iulia am 1.12.1918 wurde das Dokument „Die Karlsburger Beschlüsse" (Schüller, 2009, S. 46) unterzeichnet, das den Minderheiten weiterhin bestimmte Rechte versprach. So durften sie im Parlament vertreten sein, eine eigene freie Presse und Schulen mit sog. muttersprachlichem Unterricht haben. Ihre konfessionelle Freiheit wurde gesichert[8]. Jedoch wurden nicht alle Versprechungen eingehalten. So verloren z. B. die sächsischen Gemeinden und die evangelische Kirche große Teile ihres Grundbesitzes, was heute noch als große Demütigung wahrgenommen wird. Obwohl der muttersprachliche Unterricht erhalten wurde, wurden Pflichtfächer in rumänischer Sprache eingeführt.

In der 30er-Jahren des 20. Jahrhunderts etablierte sich in Rumänien eine Königsdiktatur, die in eine faschistische Diktatur überging, die mit den Achsenmächten koalierte. Die Nazis konnten erreichen, dass die wehrfähigen Deutschen aus Siebenbürgen zur Waffen-SS eingezogen werden konnten, dies wurde von vielen (aber nicht allen) Deutschen befolgt. In der Folge wurden zwischen 1945 und 1951 70.000 bis 80.000 erwachsene Rumäniendeutsche in sowjetische

---

[7] In der traditionellen Geschichtsschreibung ist von einer „Befreiung" von der Türkenherrschaft die Rede (Gräf & Hirsch, 2016). Diese Sichtweise erscheint zumindest einseitig. So wurden aus Temeswar nach der Belagerung und erfolgreichen Erstürmung durch Prinz Eugen (1716) Menschen türkischer und serbischer Herkunft vertrieben, innerhalb der neuen Stadtbefestigung durften sich nur Deutsche bzw. Österreicher ansiedeln. Die Vertriebenen, deren Familien seit 150 Jahren dort gelebt hatten, im Falle serbischer Herkunft auch länger, dürften dies kaum als Befreiung wahrgenommen haben. „Befreiung" als Begriff ergibt nur Sinn im Kontext einer Begrenzung auf nationales und territoriales Besitzdenken seitens der Habsburgerherrschaft.

[8] Obwohl dies von den Siebenbürger Sachsen als Rückschritt wahrgenommen wurde, sind dies wesentlich mehr Privilegien, als z.B. heutzutage türkischsprachigen Sprachminderheiten in Deutschland zugestanden wird.

Arbeitslager verschleppt, unabhängig davon, ob sie mit den Nazis kooperiert hatten oder nicht (Sebaux, 2019). Herta Müller hat dies in ihrem berühmten Werk „Atemschaukel" (2009) verarbeitet.

Nach der Ausrufung der Volksrepublik Rumänien am 31.12.1947 waren alle Bürger des Landes, sowohl die Mehrheitsbevölkerung als auch die Minderheiten, von Maßnahmen, die dem sozialistischen Aufbauprozess dienen sollten, betroffen. Alle privaten Industrie- und Gewerbebetriebe Rumäniens wurden in Staatseigentum überführt, die Landwirtschaft wurde kollektiviert, im August 1948 wurden alle Schulen verstaatlicht. All dies führte dazu, dass viele Rumäniendeutsche nach dem Zweiten Weltkrieg und besonders nach dem Fall des Kommunismus den Exodus wählten. Vor 1989 musste die Bundesrepublik Deutschland für jede*n Rumäniendeutsche*n, die*/der nach Deutschland umsiedelte, ein „Kopfgeld" zahlen. So kam es, dass bis 1989 insgesamt 242.370 Rumäniendeutsche gewissermaßen abgekauft wurden (Sebaux, 2019).

Nach 1989 verließ die Mehrheit der in Rumänien lebenden Deutschen das Land. Nach 800 Jahren nahmen sie den Weg zurück in ihr altes „Vaterland". Dort wurden sie gegenüber anderen Arbeitsmigrant*innen erneut privilegiert behandelt, was z.B. den Zugang zum Arbeitsmarkt anbelangt. Die Zahl der Deutschen aus Rumänien, die sich seit 1950 in der Bundesrepublik Deutschland niedergelassen haben, lag zum Ende des Jahres 2018 bei rund 430.000 (Sebaux, 2019).

In der Volkszählung von 2021 (Institutul Național Statistică, 2021) wurden ca. 19.000.000 Einwohner*innen in Rumänien gezählt, 89,3 % bezeichnen sich als Rumänen, die restlichen 11,7 % verteilen sich auf die Sprachminderheiten der Ungarn (6 %), Roma (3,5 %) und weitere 18 anerkannte Sprachminderheiten (Ukrainer, Deutsche, Türken, Armenier, Italiener, Bulgaren, Griechen, jüdische Gemeinschaften, lipowenische Russen, Kroaten, Albaner, Tataren, slawische Makedonier, Serben, Ruthenen, Slowaken, Tschechen und Polen).[9]

Bis heute ist eine nicht vollständig geklärte Frage, welche Bevölkerung in Siebenbürgen vor der ungarischen und deutschen Landnahme im 12. Jahrhundert lebte. Bis heute gibt es die „ungarische" Annahme, dass das Land unbesiedelt gewesen sei und die rumänische Mehrheitsbevölkerung nach und nach aus der Walachei im Süden und Moldawien im Osten eingewandert sei. Aus dieser Annahme leiten ungarische Nationalist*innen bis heute einen Besitzanspruch

---

[9] Die Feststellung, welcher ›Nationalität‹ eine Person angehört, beruht auf eigenen Angaben, mithin also auf Selbstattribuierungen. Es ist davon auszugehen, dass es eine Reihe von Nachkömmlingen aus Verbindungen z.B. zwischen als ‚Deutsch' und als ‚Rumänisch' gelesenen Personen gab und gibt, die mehrere Nationalitäten angeben könnten. Dies ist in der Statistik nicht sichtbar.

auf Siebenbürgen ab. Rumänische Historiker*innen gehen demgegenüber davon aus, dass die Rumän*innen als Nachfahren der romanisierten Daker schon immer dort waren, was nach derzeitigem Stand wahrscheinlicher erscheint (zur Diskussion vgl. Boia, 2003; Djuvara, 2011). Festzuhalten bleibt, dass den im Mittelalter eingewanderten Kolonisten ein Machtstatus zugesprochen wurde, den sie über Jahrhunderte bewahren konnten und der einem kolonialen Selbstverständnis entspricht. Diejenigen, die nach Rumänien einwanderten, erhofften sich Privilegien, welche sie in der Folge auch bekamen. Sie waren in der Rolle als Kolonisten erfolgreicher und privilegierter, als sie dies in ihren Herkunftsländern gewesen waren[10]. Im Vergleich mit anderen Bevölkerungsgruppen waren sie privilegierter und konnten diese kolonialen oder imperialen Bevorzugungen zumindest in Teilen lange Zeit aufrechterhalten und weitertradieren.

4 Deutsche Schulen in Rumänien

Die ersten Schulen der Siebenbürger Sachsen wurden bereits 1334 urkundlich erwähnt. Die Schulen, die von der Kirche und von der Gemeinde verwaltet wurde, waren anfänglich nur für Jungen gedacht und dienten der Ausbildung des klerikalen Nachwuchses. „Bis 1453, ..., sind für mehr als die Hälfte der siebenbürgischen Gemeinden Schulen nachgewiesen. Daraus läßt [sic] sich schließen, daß [sic] in vorreformatorischer Zeit fast jede Gemeinde mit deutscher Bevölkerung eine Schule besaß" (Kotzian, 1983, S. 117).

Während der Reformation traten die Siebenbürger Sachsen geschlossen zum lutherischen Glauben über. Eine Schlüsselgestalt der siebenbürgischen Reformation war der Humanist Johannes Honterus, der nicht nur zur Modernisierung der Kirche beitrug, sondern auch zur Strukturierung des deutschsprachigen Schulwesens (vgl. Philippi, 2008, S. 115). Er baute das Kronstädter Schulwesen neu auf, indem er eine Schulordnung einführte, die auch von anderen Schulen als Vorbild übernommen wurde. Ab dem Jahr 1722 wurde die allgemeine Schulpflicht sowohl für Jungen als auch für Mädchen der evangelischen Konfession eingeführt. Ein Grund für den vergleichsweise frühen und umfassenden Ausbau des deutschsprachigen Schulwesens ist sicher darin zu sehen, dass es für eine Bevölkerungsgruppe in der Minderheitensituation erklärtes Ziel ist, die eigene Sprache zu fördern und zu unterstützen und auch eine eigene Bildungselite hervorzubringen. Da die deutschen Privilegien auf der politischen Beteiligung beruhten,

---

[10] Es ist zu bedenken, dass es im ausgehenden Mittelalter im Römischen Reich deutscher Nationen vergleichbare Privilegien für Nicht-Adelige nur im städtischen Bürgertum gab.

war eine auf Schriftlichkeit beruhende Bildung essentiell. Zudem wurde über das deutsche Schulwesen die eigene „deutsche" Kultur bewahrt.

Auch die Banater Schwaben gründeten Schulen mit deutschsprachigem Unterricht. Besonders unter Maria Theresia (ab 1740) erlebten die Schulen einen Aufschwung. Die von ihr erlassene „Allgemeine Schulordnung für die deutschen Normal-, Haupt- und Trivialschulen in sämtlichen königlichen Erbländern" trat am 6. Dezember 1774 in Kraft und war für die ganze Monarchie verpflichtend.

Bei der Vereinigung der verschiedenen Landteile zu Großrumänien stand man vor der Aufgabe, das Schulwesen zu vereinheitlichen (Brandsch, 1926, S. 22). Da im Friedensvertrag von 1919 auch ein Minderheitenschutz vereinbart worden war, musste allen Bürger*innen das Recht auf eigene „Muttersprache" gewährt werden:

> Der rumänische Staat garantiert jedem seiner Bürger das Recht, in seiner Sprache unterrichtet zu werden. Nach diesem Grundsatz wird der Unterricht an den staatlichen Volksschulen in der Sprache der Mehrheit der Bevölkerung einer Gemeinde erteilt. Für die Minderheit, die eine genügende Anzahl von Schülern stellt, um wenigstens eine Lehrkraft beschäftigen zu können, werden Parallelklassen errichtet, in denen in der Sprache der Minderheit unterrichtet werden soll. (Kirițescu, 1943, S. 448)

Im Jahr 1948 begann in Rumänien eine „Intensivierung der Verfolgung von Religion und Kirche" (Roth, 2006, S. 138). Durch diese Maßnahmen waren auch die deutschen (konfessionellen) Schulen betroffen. Alle deutschen Schulen in Siebenbürgen werden 1948 enteignet und zu Staatsschulen umgewandelt. Dies bedeutet, dass an diesen Schulen auch Klassen für die Rumänen eingeführt wurden, denn es sollte kein eigenständiges deutsches Schulwesen mehr existieren. Somit endete zwar das eigenständige deutsche Schulwesen, nicht aber der deutschsprachige Unterricht per se. Die deutschen Klassen blieben erhalten, wurden allerdings fortan sowohl von siebenbürgisch-sächsischen als auch von rumänischen und ungarischen Kindern besucht. Alle Unterrichtsfächer sind in deutscher Sprache, außer dem rumänischen Sprach- und Literaturunterricht, Geschichte Rumäniens und Geografie Rumäniens (vgl. König, 2005).

Im Rahmen der Umgestaltung des rumänischen Bildungssystems nach 1989 sind in Rumänien auch Veränderungen des deutschsprachigen Schulwesens zu verzeichnen. Durch den Regierungsbeschluss vom Mai 1990 über die Organisation und Funktionsweise des Schulwesens in Rumänien (Monitorul oficial, 1990), sowie durch die Einführung des Unterrichtsgesetzes im Juli 1995 (Legea invatamantului, 2003) wurden spezifische Bestimmungen für das Schulwesen der nationalen Minderheiten festgelegt. Neben der Grundlegung des Rechts auf Bildung für alle Bürger*innen wird allen 20 nationalen Minderheiten explizit das

Recht auf Bildung, Unterricht, Errichtung und Organisation von Bildungseinheiten und -abteilungen in der Sprache der jeweiligen Minderheit zugesichert (Legea invatamantului, 2003; 84/1995: Art. 8, 118, 119). So kann man vom Kindergarten aus bis zum Abitur deutschsprachigen Unterricht erhalten. In Bukarest, Klausenburg/Cluj-Napoca, Hermannstadt/Sibiu, Kronstadt/Brașov, Temeswar/Timișoara und Iassy/Iași kann man sogar eine Reihe von Studiengängen in deutscher Sprache studieren.

Trotz der Auswanderungswellen der deutschsprachigen Minderheiten sind die deutschsprachigen Schulen in Rumänien weiterhin erhalten. Mittlerweile werden sie meist von nichtdeutschsprachigen Schüler*innen besucht, denn der Besuch einer deutschsprachigen Schule wird als Privileg gesehen. Der Grund dafür lässt sich leicht erklären: Die Einflüsse aus dem deutschen Sprachraum (z. B. Arbeitsmaterial, Lehrkräfte, Partnerschaften mit Schulen in Deutschland) bieten Bildungschancen, die später die Zukunftschancen und -perspektiven der Absolvent*innen dieser Schulen erhöhen und die auf dem Arbeitsmarkt eine wichtige Rolle spielen. Andererseits spiegelt sich in dem hohen Prestige der deutschen Schulbildung auch ein Aspekt der historischen Priviligiertheit der deutschsprachigen Minderheit. Gegenwärtig gibt es fast 25.000 Schüler*innen in deutschsprachigen Klassen, davon 90 Prozent rumänisch, die an 82 vollständig deutschsprachigen Schulen oder zumindest solchen, die über eine deutsche Abteilung verfügen, lernen. In 61 Fällen handelt es sich hierbei um allgemeinbildende staatliche Grundschulen, in den verbleibenden 21 um Gymnasien (vgl. Zoppelt et al., 2015).

5 Der (post)-koloniale Blick

Siebenbürgen war keine deutsche Kolonie im typischen Sinne. Siebenbürgen wurde nicht von deutschen Handelsorganisationen vereinnahmt und dann von deutschen Truppen besetzt, es war auch nicht Teil des Imperialismus des 19. Jahrhunderts, als Deutschland seinen „Platz an der Sonne" suchte. Es gab auch keinen Genozid an Rumän*innen, um die deutsche Machtposition zu sichern. Und es ist uns wichtig zu betonen, dass der Versuch, die deutsche Kolonisation osteuropäischer Gebiete in ein koloniales Denkmuster einzuordnen, nicht das Leid und das Unrecht relativieren soll, das deutschsprachigen Minderheiten in der Nachkriegszeit widerfahren ist.

In diesem Beitrag kommt es uns vielmehr darauf an zu zeigen, inwieweit die westeuropäische Perspektive auf Osteuropa, gezeigt am Beispiel Rumäniens bzw. Siebenbürgens, Aspekte kolonialer Diskurse in sich trägt und inwieweit der aktuelle Umgang mit Osteuropa auf (post)kolonialen Denkmustern beruht. Des Weiteren möchten wir den Versuch unternehmen zu zeigen, inwieweit ein Paradigmenwandel im Umgang mit Osteuropa Errungenschaften und Entwicklungen aufgreifen und für Europa nutzbar machen kann, die ihrerseits auf historischen Entwicklungen beruhen. Dies zeigen wir am Beispiel des deutschsprachigen Schulwesens in Rumänien.

Die Siebenbürger Sachsen und spätere Siedlergruppen wurden gerufen, um das Land zu kolonisieren, den Herrschenden Steuern einzubringen und um das Land zu sichern und gegen äußere Feinde (Mongolen, Tataren, Osmanen) zu verteidigen Es ging also um eine imperiale Sicherung von Ressourcen (Castrao Varela & Dhawan, 2020). Es waren bereits Menschen dort, denen, warum auch immer, diese Aufgabe nicht zugetraut wurde. Die Kolonisten erhielten umfangreiche Privilegien, die sie in Teilen bis zum Beginn des 20. Jahrhunderts bewahren konnten. Während sie an der politischen Macht beteiligt waren, wurden die rumänische und die Roma-Bevölkerung von der Macht weitgehend ausgeschlossen. Eine Einschränkung der Privilegien wird auch heute noch als Benachteiligung erfahren. Auch dies eine Entwicklung, die ebenso in klassischen Kolonien beobachtet werden kann. Die Kolonisten blieben weitgehend unter sich, nach allem, was wir heute wissen, müssen wir davon ausgehen, dass es über mehrere Jahrhunderte deutsche Dörfer und Städte gab, in denen eine nahezu rein deutsche Bevölkerung lebte. Da auch andere Bevölkerungsgruppen weitgehend unter sich blieben, kann von einem Akkulturationskonzept ausgegangen werden, das als Segregation bezeichnet wird (Jeuk, 2021)[11]. Übertragen auf die aktuelle Situation in Deutschland wären das vielfältige Parallelgesellschaften. Eine Besonderheit der sächsischen Bevölkerung war, dass es Zeiten gab, in denen sie sich einer strikten Geburtenkontrolle unterwarf: Um den erworbenen und von der Krone zugeteilten Besitz nicht durch Erbteilung zu verkleinern, wurde im 15. bis 17. Jahrhundert die Zahl der Geburten unter den Siebenbürger Sachsen immer wieder limitiert (Djuvara, 2011).

Ein weiterer Aspekt der kolonialen Haltung der Siedlergruppen ist in dem zumindest vordergründig erfolgreichen Versuch zu sehen, die deutsche Kultur zu bewahren und von den anderen Umgebungskulturen abzugrenzen[12] (Bergold-Caldwell & Georg, 2018). Dirim und Mecheril (2018) gehen davon aus, dass

---

[11] Auch hier wäre zu diskutieren, wieso segregative Tendenzen bestimmter Bevölkerungsgruppen in Deutschland tendenziell à priori als Gefahr gesehen werden und kritisch beäugt werden, der Blick auf die deutschen Minderheiten in Osteuropa, die ja explizit segragativ lebten, deutlich weniger kritisch ist.

[12] Es gibt z.B. in Sibiu (Hermannstadt) eine Reihe deutscher Restaurants, in denen man die typisch siebenbürgisch-sächsische Küche genießen kann. Als außenstehender Besucher

der Versuch, „Kultur" als essentialistisches Merkmal einer Gruppe darzustellen, als Teil des Versuches zu werten ist, Machstrukturen im Sinne einer Dominanzkultur zu sichern und gegen unterlegene Kulturen aufzuwerten. Das zeigt sich bis heute unter anderem in der hohen Reputation, die die deutsche „Kultur" heute noch in Rumänien genießt. Sie wird auch in dem Bemühen deutlich, die deutsche „Kultur" als „Kopie des Originals" (Castro-Varela & Dhawan, 2020, S. 35) zu konstituieren und zu bewahren. Die Konstruktion der „Deutschen" in der Abgrenzung zu den „Anderen" sichert den Status der Gruppe. Dies wird über das Konstrukt „Kultur" sichergestellt. Castro Varela (2016, S. 43) spricht in diesem Fall von einer „naturalisierten Vorstellung von nationaler Gemeinschaft". Rose (2016) geht davon aus, dass die damit verbundene Konstruktion des Anderen als primitiv und ungebildet zur Selbstvergewisserung der eigenen Wertigkeit dient. So gelang es den Siebenbürger Sachsen und weiteren deutschen Gruppen über 800 Jahre lang ihr „Deutschsein" zu bewahren.

Dass diese Perspektive keineswegs nur die Kolonisten selbst betraf, sondern im Herkunftsland über die Jahrhunderte geteilt und aufrecht erhalten wurde, zeigt sich eindrücklich darin, dass in der Nachkriegszeit von Seiten der Bundesrepublik große Anstrengungen unternommen wurden, die „Deutschen" aus Rumänien „zurück" zu kaufen. Im Hinblick auf Menschen, deren Vorfahren im 19. oder auch 20. Jahrhundert nach Süd- oder Nordamerika ausgewandert waren und deren Nachfahren längst Angehörige der jeweiligen Nationen sind, wäre niemand auf diese Idee gekommen. Es war auch umstandslos möglich, dass die Aussiedler in der Bundesrepublik sehr schnell eingebürgert wurden und als vollwertige „Deutsche" behandelt wurden. Es handelte sich um Privilegien, die für andere Einwanderungsgruppen bis heute unvorstellbar sind.[13] Dies ist nur denkbar, wenn man von einem ethnischen Konzept einer Nation ausgeht, das mit einem Dominanzdenken einhergeht. Konstruiert wird dies über eine essentialistische Vorstellung von deutscher Kultur (Dirim & Mecheril, 2018). Dies fügt sich ein in eine generelle Wahrnehmung Rumäniens und anderer osteuropäischer Länder als rückständig und korrupt, wobei Korruption so gesehen genuiner Bestandteil osteuropäischer (orientalischer?) „Kulturen" wäre.

---

sind jedoch viele der dort angebotenen Speisen unter anderem Namen auch in rumänischen Restaurants zu genießen. Zumindest auf der kulinarischen Ebene hat mehr Mischung (Hybridität, vgl. Bhaba, 2000) stattgefunden, als man dies wahrhaben wollte.

[13] Für viele Menschen, die aus Rumänien kamen, war dies eine großartige Chance und es geht nicht darum, die Chancen, die ihnen geboten wurden, zu diskreditieren. Zu fragen ist jedoch, welchen Menschengruppen mit welchen Begründungen Privilegien zugesprochen werden und welchen Gruppen eben auch nicht.

Anhand einzelner Aspekte der Geschichte der deutschen Minderheit in Siebenbürgen haben wir versucht, eine in Teilen postkoloniale Haltung, die von Seiten des Westens gegenüber osteuropäischen Ländern eingenommen wird, herzuleiten und historisch einzuordnen. Die Besiedelung Siebenbürgens war in vielerlei Hinsicht ein kolonialer Akt und die damit verbundene Sichtweise der Überlegenheit der (ehemaligen) Kolonisten, Angehöriger der deutschen „Kultur", hat nach unserer Wahrnehmung bis heute Bestand. Zu diskutieren wäre, ob Siebenbürgen, die anderen Landesteile Rumäniens sowie die Länder des so genannten Balkans insgesamt auch als Teil des „Orients" im Sinne von Said (1978/2019) zu betrachten sind, waren sie doch über Jahrhunderte unter osmanischem Einfluss und über 150 Jahre lang osmanisch beherrscht. Dies kann an dieser Stelle nicht vertieft werden.

Die Kolonialisierung der Welt durch den als „überlegen" gelesenen Westen ist nicht vorbei, sondern wirkt vielfältig auf subtile Weise in unserem Denken und Handeln weiter. Die osteuropäischen Länder werden als rückständig und bestenfalls „stehengeblieben" gesehen, die weiterhin die Unterstützung des Westens brauchen, um sich entwickeln zu können. In der Geschichte der deutschen Besiedelung Siebenbürgens und in den damit verbundenen Sichtweisen auf verschiedene „Kulturen" finden sich Grundlagen für diese Haltung. Der Neokolonialismus findet darüber hinaus neue Wege, um sich Ressourcen der vormals kolonisierten Länder zu sichern (Castro Varela & Dhawan, 2020). Wie andere Staaten Osteuropas, die sich nach dem Zusammenbruch der Sowjetunion wirtschaftlich völlig neu ausrichten mussten, wird Rumänien von deutschen Unternehmen als verlängerte Werkbank betrachtet – mit qualifizierten, günstigen, unter anderem deutschsprachigen Arbeitskräften. Gleichzeitig werden Arbeitskräfte abgeworben, um in Deutschland zu arbeiten. Dem rumänischen Staat, der für die Ausbildung aufgekommen ist, werden die Kosten nicht erstattet. Die europäische Freizügigkeit erweist sich für die wirtschaftlich schwächeren Länder als Nachteil, der ebenfalls in einen postkolonialen (oder besser neokolonialen) Sinn interpretiert werden kann. Postkoloniale Wirtschaftspolitik bedeutet so gesehen, Wettbewerbsvorteile für deutsche Unternehmen zu sichern, das Wohl der Menschen gerät in den Hintergrund (Castro Varela & Dhawan, 2020). Rumänien ist derzeit ein Auswanderungsland, dessen Entwicklungschancen wegen des Entzugs gebildeter und gut ausgebildeter Menschen limitiert sind, sodass die gegenwärtige Situation sich nur langsam ändert.

6 Perspektiven im Hinblick auf Schule, Bildung und Europa

In Rumänien gibt es 20 anerkannte Sprachminderheiten. Deren Status ist in der europäischen Charta der Regional- und Minderheitensprachen aus dem Jahr 1992 (Europarat, 1992) festgehalten. In Deutschland sind die anerkannten Sprachminderheiten Dänisch, Friesisch, Romanes und Sorbisch, sowie die Regionalsprache Niederdeutsch. Ziel der Charta ist, durch den Schutz der „gewachsenen Regional- und Minderheitensprachen, von denen einige allmählich zu verschwinden drohen, zur Erhaltung und Entwicklung der Traditionen und des kulturellen Reichtums Europas" beizutragen (Europarat, 1992, S. 1). Bedenkt man, dass bis in die 60er-Jahre vor allem in westeuropäischen Nationalstaaten vor dem Hintergrund einer nationalkulturellen Ideologie Minderheitensprachen unterdrückt und teilweise ausgerottet wurden (vgl. Cichon, 2008),erscheint dies als ein bedeutsamer Paradigmenwechsel. Die Charta gewährt Minderheiten Rechte wie eigene Schulen in staatlicher Verantwortung, Maßnahmen zum Schutz der Sprachen, politische Interessenvertretungen, den Gebrauch der Sprachen im öffentlichen Raum (z.B. mehrsprachige Beschilderungen) und vieles mehr. Diese Privilegien sind ausdrücklich nicht für zugewanderte Minderheiten gedacht.[14]

Wie gezeigt, gibt es in Rumänien aus historischen Gründen ein gut ausgebautes deutschsprachiges Schulwesen, ähnliches gilt für die ungarische Sprachminderheit. Da die deutschsprachige Minderheit das rumänische Staatsgebiet weitgehend verlassen hat, werden die deutschen Schulen vor allem von Kindern und Jugendlichen besucht, deren Erstsprache Rumänisch ist. Die Schulen werden derzeit von ca. 25.000 Schüler*innen besucht, ungefähr die Hälfte legt das Bakkalaureat (nach Klasse 12) ab und besteht somit auch das Deutsche Sprachdiplom, das zum Studium in Deutschland befähigt. Dies betrifft ca. 900 Schüler*innen pro Schuljahr (Demokratisches Forum, 2022). Diese unseres Wissens in Europa

---

[14] Angesichts der Tatsache, dass auch Westeuropa schon immer von Migration geprägt ist und dass viele der in Europa geschützten Gruppen ehemals Einwanderungsgruppen waren, zeigt, dass dieses Konzept einige Fragen offen lässt. So sind die im 18. Jahrhundert eingewanderten Banater Schwaben in Rumänien geschützt, die ebenfalls u.a. im 18. Jahrhundert nach Deutschland eingewanderten Hugenotten und andere Sprachminderheiten nicht. Die Betonung der Bedeutung des Kulturbegriffs in der Charta lässt letztlich ein nationalkulturelles Denken durchscheinen, das bestimmten, als „autochthon" verstandenen Minderheiten Schutz gewährt, anderen Minderheiten nicht. Auch hier geht es nicht darum, diesen Schutz infrage zu stellen, vielmehr geht es um die Frage, welchen Gruppen aus welchen Gründen dieser Schutz zuteil wird und welchen Gruppen eben auch nicht.

einzigartige Förderung einer Sprachminderheit ist bisher kaum im wissenschaftlichen Diskurs angekommen. So wird z.B. in internationalen Studien diskutiert, ob mehrsprachige Schulkonzeptionen geeignet sind, bildungsbedingte Nachteile von Sprachminderheiten zumindest in Teilen zu kompensieren. Dieser als Interdependenzhypothese (Cummins, 2000; Jeuk, 2021) bekannte Ansatz wird häufig im Kontext frankokanadischer Studien oder auch westeuropäischer Studien diskutiert. Konzeptionen des deutschen Schulwesens in Rumänien sind demgegenüber nicht im Blick der Forschung. Es scheint kaum vorstellbar, dass es in einem als rückständig gedachten Land, das zudem über 40 Jahre lang eine sozialistische Diktatur war, Konzeptionen gibt, von denen der als überlegen empfundene Westen lernen kann. Gleiches gilt für die Universitäten, auf die wir hier nicht eingegangen sind: An der Babeș-Bolyai Universität Cluj kann man das Lehramt für alle Altersgruppen in deutscher Sprache studieren, an der Lucian Blaga Universität in Sibiu das deutschsprachige Grundschullehramt. In Deutschland wird derzeit gerade einmal diskutiert, ob Sprachen von Sprachminderheiten als universitäre Studienfächer angeboten werden sollen.

Europapolitisch müssen wir leider feststellen, dass die derzeitige Politik wenig dafür tut, das einzigartige, auf Mehrsprachigkeit ausgerichtete Schul- und Hochschulsystem in Rumänien zu fördern. Im besten Fall werden Absolvent*innen abgeworben. Dies hat u.a. zur Folge, dass gut ausgebildete deutschsprachige Lehrkräfte dem rumänischen Schulsystem entzogen werden, was letztlich dazu führt, dass immer weniger Unterricht in deutscher Sprache angeboten werden kann. Neben Forschungskooperationen im Hinblick z.B. auf schulische Konzeptionen wäre durchaus eine direkte Unterstützung dieses einzigartigen, auf Mehrsprachigkeit bezogenen Schulsystems, zu wünschen. Gleichzeitig würde eine engere Kooperation auch die Weiterentwicklung dieser Konzeptionen befördern.

Wie oben angedeutet, ist es durchaus lohnenswert, die Geschichtete deutschsprachiger Minderheiten in einen postkolonialen Diskurs einzubinden. Ebenso erscheint es uns notwendig, die Geschichte der deutschsprachigen Minderheiten in Südost- und Osteuropa als einen wichtigen Aspekt der (europäischen) Migrationsgeschichte zu verstehen. In unseren Augen wäre ein Blick auf die Geschichte der deutschen Emigration und Remigration erforderlich, der einerseits koloniale Zusammenhänge mit einbezieht und andererseits die Chancen, die sich heute daraus ergeben, anerkennt und nutzt. Nicht zuletzt ist es lohnenswert, die Aufarbeitung der Migrationsgeschichte von Menschen, die als „Deutsche" gesehen werden, im Kontext der aktuellen Migrationsereignisse zu sehen. Es ist ein Teil (post)kolonialen Denkens, für Menschen, die als Angehörige der „eigenen Kultur" gesehen werden, selbstverständlich Privilegien und Ansprüche zu akzeptieren oder gar einzufordern, die man Menschen „anderer Kulturen" nicht bereit ist zuzugestehen.[15]

---

[15] Es ist schon bemerkenswert, dass z.B. unter so genannten Russlanddeutschen, die selbst nach Deutschland eingewandert sind und deren Vorfahren im 18. und 19. Jahrhundert ausgewandert waren, die Skepsis gegenüber Migration und der Zuspruch zur AfD besonders hoch sind (Panagiotidis, 2019).

Literatur

Baier, H., Bottesch, M., Nowak, D., Wiecken, A., & Ziegler, W. (2013). *Geschichte und Tradition der deutschen Minderheit in Rumänien*. Verlag Central.

Bergold-Caldwell, D., & Georg, E. (2018). Bildung postkolonial?! – Subjektivierung und Rassifizierung in Bildungskontexten. In H. Mai & T. Merl (Hrsg.), *Pädagogik in Differenz- und Ungleichheitsverhältnissen* (S. 69–89). Springer VS. https://doi.org/10.1007/978-3-658-21833-1_5.

Bhaba, H. (2000). *Die Verortung der Kultur* (M. Schiffmann & J. Freudl, Übers.). Stauffenburg.

Boia, L. (2003). *Geschichte und Mythos. Über die Gegenwart des Vergangenen in der rumänischen Geschichte*. Böhlau.

Brandsch, H. (1926). *Abriß einer Geschichte des rumänischen Schulwesens vor allem der Volksschule*. Schäßburg.

Castro Varela, M. (2016). Von der Notwendigkeit eines epistemischen Wandels. In T. Geier & K. U. Zaborowski (Hrsg.), *Migration: Auflösungen und Grenzziehungen. Perspektiven einer erziehungswissenschaftlichen Migrationsforschung* (S. 43–59). Springer VS.

Castro Varela, M., & Dhawan, N. (2020). *Postkoloniale Theorie. Eine kritische Einführung* (3. Aufl.). Transcript.

Cichon, P. (2008). Unterschiedliche Traditionen des sozialen und politischen Umgangs mit Mehrsprachigkeit in Europa. In A. Redder & K. Ehlich (Hrsg.), *Mehrsprachigkeit für Europa – sprachen und bildungspolitische Perspektiven* (S. 21–31). Gilles & Francke.

Cummins, J. (2000). *Language, power and pedagogy. Bilingual children in the crossfire*. Multilingual Matters. https://doi.org/10.21832/9781853596773.

Demokratisches Forum der Deutschen in Rumänien. (2022). *Statistik der Allgemeinbildenden Schulen mit Deutscher Abteilung in Rumänien*. https://www.fdgr.ro/statistik-der-allgemeinbildenden-schulen-mit-deutscher-abteilung-in-rumaenien-2021-2022/.

Dirim, İ., & Mecheril, P. (2018). *Heterogenität, Sprache(n), Bildung*. Julius Klinkhardt. https://doi.org/10.36198/9783838544434.

Djuvara, N. (2011). *Kurze Geschichte der Rumänen*. Monumenta.

Europarat (1992). *Europäische Charta der Regional- und Minderheitensprachen*. https://www.coe.int/de/web/european-charter-regional-or-minority-languages.

Gräf, R., & Hirsch, S. (Hrsg.). (2016). *Herrschaftswechsel. Die Befreiung Temeswars im Jahre 1716*. Rumänische Akademie.

Gründer, H., & Hiery, H. (Hrsg.). (2022). *Die Deutschen und ihre Kolonien*. BeBra.

Monitor oficial. (1990). *Hotarare nr. 521 din 12 mai 1990 privind organizarea si functionarea invatamintului in Romania in anul scolar (universitar) 1990/1991*. http://www.monitorul juridic.ro/act/hotarare-nr-521-din-12-mai-1990-privind-organizarea-si-functionarea-inv atamintului-in-romania-in-anul-scolar-universitar-1990-1991-emitent-guvernul-34665.html.

Institutul Național Statistică. (2021). *Primele date provizorii pentru Recensământul Populației și Locuințelor, runda 2021*. https://www.recensamantromania.ro/wp-content/uploads/2022/12/Date-provizorii-RPL_cu-anexe_30122022.pdf.

Jeuk, S. (2021). *Deutsch als Zweitsprache in der Schule* (5. Aufl.). Kohlhammer.

Kirițescu, C. (1943). *Școala română într-o răscruce de istorie, Fundația regală pentru literatură și știință. România Nouă.*
König, W. (2005). *„Schola seminarium rei publicae". Aufsätze zu Geschichte und Gegenwart des Schulwesens in Siebenbürgen und in Rumänien.* Böhlau.
Kotzian, O. (1983). *Das Schulwesen der Deutschen in Rumänien im Spannungsfeld zwischen Volksgruppe und Staat* [Dissertation]. Universität Augsburg.
Müller, H. (2009). *Atemschaukel.* Hanser.
Osterhammel, J. (2006). *Kolonialismus. Geschichte, Formen, Folgen.* C.H. Beck.
Panagiotidis, J. (2019). Migrationsgesellschaft Deutschland. *Informationen zur politischen Bildung, 340,* 12–15.
Philippi, P. (2008). *Land des Segens? Fragen an die Geschichte Siebenbürgens und seiner Sachsen.* Böhlau.
Rose, N. (2016). Differenz(en) aufrufen. Oder: wie ‚Migrationsandere' in der Schule erscheinen. In T. Geier, & K. Zaborowski (Hrsg.), *Migration: Auflösungen und Grenzziehungen* (S. 97–114). Springer VS. https://doi.org/10.1007/978-3-658-03809-0_6.
Roth, H. (2006): *Hermannstadt. Kleine Geschichte einer Stadt in Siebenbürgen.* Böhlau.
Said, E. W. (1978/2019). *Orientalismus.* Ullstein.
Schüller, S. O. (2009): *Für Glaube, Führer, Volk, Vater- oder Mutterland? Die Kämpfe um die deutsche Jugend im rumänischen Banat.* Lit.
Sebaux, G. (2019). (Spät-)Aussiedler aus Rumänien. *Informationen zur politischen Bildung, 340,* 56–67.
Shelley, M. (1818/1907). *Frankenstein; Or, The Modern Prometheus.* Pearson Longman.
Stoker, B. (1897). *Dracula.* Archibald Constable.
Legea invatamantului. (2003). *Lege nr. 84 din 24 iulie 1995 – Legea invatamantului (actualizata pana la data de 25 iunie 2003).* http://www.cnfis.ro/wp-content/uploads/2012/08/Legea-Invatamantului-nr.-84_1995.pdf.
Zeller, J. (2022). Das schwierige Erinnern an die koloniale Vergangenheit. In H. Gründer & H. Hiery (Hrsg.), *Die Deutschen und ihre Kolonien* (S. 297–315). BeBra.
Zoppelt, D., Iunesch, L. R., Hermann, A., & Mihaiu, T. (2015). *Deutschsprachiger Unterricht in Rumänien – ein Überblick über die Wahrnehmung der Stärken, Probleme und Chancen.* Schiller.

Die Vor(ur)teile des islamischen Religionsunterrichts – Sonderstellung eines neuen Faches

Atraa Al-Hashimi und Nicanora Wächter

1 Einleitung

Der Islam ist in Westeuropa und Deutschland eine Religion der Minderheit und wird in der dritten Generation von Muslim*innen in der Diaspora gelebt. Das Aufwachsen in der europäischen Gesellschaft, das Durchlaufen der hiesigen Institutionen und die Etablierung von multiplen Beziehungen im sozialen Gefüge führen bei der jungen Generation von Muslim*innen zu einer Selbstverortung als deutsche/europäische Muslim*innen und nicht, wie von Schiffauer für die erste Generation beschrieben, als Muslim*innen in Europa (Schiffauer, 2004, S. 354). Diese gesellschaftliche Gruppe mit deutsch-muslimischer Identität sucht nach öffentlicher Anerkennung durch eine gleichberechtigte Position, da Ungleichheit leicht zu Ausgrenzung und Diskriminierung führen kann (Schiffauer, 2004, S. 356). Die sich daraus ergebende Forderung nach solidarischer und rechtlicher Anerkennung findet Ausdruck im Versuch, die Praxis öffentlicher Erfahrungen mitzugestalten, um die eigenen Grundrechte sowie die Lebensform erhalten bzw. erweitern zu können (Ranke, 2005, S. 179).

Jedoch scheint der Eintritt des Islams durch seine Repräsentant*innen in die Öffentlichkeit der Gesellschaft bei der Mehrheitsbevölkerung die Frage nach der Identität der europäischen Wertegemeinschaft aufzuwerfen, welche im

---

A. Al-Hashimi · N. Wächter (✉)
PH Ludwigsburg, Baden-Württemberg, Deutschland
E-Mail: nicanora.waechter@ph-ludwigsburg.de

A. Al-Hashimi
E-Mail: atraa.al-hashimi@stud.ph-ludwigsburg.de

© Der/die Autor(en), exklusiv lizenziert an Springer Fachmedien Wiesbaden GmbH, ein Teil von Springer Nature 2024
S. Leitner und A. Böhmer (Hrsg.), *Decolonise Lehrer*innenbildung*,
https://doi.org/10.1007/978-3-658-43410-6_11

Vergleich zur Konstruktion eines fundamentalismusnahen sowie demokratieunfähigen Islams definiert wird (Ranke, 2005, S. 354). Besonders sichtbar wurde dieser Prozess in der Debatte zur Einführung des islamischen Religionsunterrichts (Plewnia, 2013). Der islamische Religionsunterricht beflügelte eine dynamische und multidisziplinäre Diskussion, auch im akademischen Diskurs. Zu Beginn stand insbesondere die Herausforderung der rechtlichen und politikwissenschaftlichen Einordnung im Vordergrund, da sich islamische Verbände erst organisieren mussten, um als juristischer Partner auf staatlicher Ebene verhandeln zu können (Spielhaus, 2018, S. 93). Mit der Einführung wurde folglich der empirische Blick auf die islamische Religionspädagogik gerichtet, wobei auch andere Wissenschaften, wie Sozial-, Politik- oder Erziehungswissenschaft, den Forschungsstand um ihre Perspektiven erweitert haben (Körs, 2023, S. 3). Die von der Akademie für Islam in Wissenschaft und Gesellschaft (AIWG) für das Jahr 2020 herausgegebenen Daten zeigen, dass 900 Schulen in der Bundesrepublik den islamischen Religionsunterricht (im Folgenden mit IRU abgekürzt) bzw. Islamkunde anbieten, welcher von 60.000 Schüler*innen besucht wird (Ulfat et al., 2020, S. 2).

Während die Debatte um die Zugehörigkeit des Islams und der Muslim*innen zu Deutschland punktuell in politischen und medialen Debatten weitergeführt wird (Strack, 2020), findet sich eine scheinbare Lösung im performativen Akt der institutionellen Verankerung des IRU, der sowohl von bildungspolitischer als auch von muslimischer Seite Unterstützung erfährt. Die Einigkeit der beiden Akteure, politische Vertreter*innen und islamische Interessensvertretungen, über die Entscheidung, den IRU an Schulen einzuführen, basiert dennoch auf unterschiedlichen Motiven und setzt dabei verschiedene Schwerpunkte. Beide Gruppen sehen die Integrationsfunktion des IRU als zentral an. Für die Politik steht dabei jedoch die Dialogfähigkeit von Muslim*innen in einer „werteplural orientierten Gesellschaft" (Kiefer & Mohr, 2009, S. 206) im Vordergrund, indem sie die Möglichkeit nutzen, sich die Grundlagen ihrer Religion in deutscher Sprache anzueignen. Für Muslim*innen stellt dieselbe integrative Funktion jedoch einen Beitrag zur Bemühung um die staatliche Anerkennung des eigenen Glaubens nach Art. 4 GG und der Zugehörigkeit als Muslim*innen zur deutschen kollektiven Identität dar (Foroutan, 2020, S. 25). Der IRU wird im Bundesland Baden-Württemberg nun seit dem Schuljahr 2006/2007 praktiziert (Land Baden-Württemberg, 2022). Nach dieser relativ kurzen Zeit kann trotzdem ein Zwischenfazit gezogen werden mit Blick auf das Verhältnis der angesprochenen, mit dem Unterricht verbundenen Motiven der beiden Interessensgruppen und den tatsächlichen Praktiken, wie sie sich in der schulischen Umsetzung zeigen. Es stellen sich also die Fragen, ob sich die beiden Positionen als miteinander vereinbar erwiesen haben, ob die Vielzahl von Erwartungen für den IRU und die in der Praxis Involvierten zu einer Zerreisprobe geworden sind oder womöglich die Vielfalt an Haltungen zu einem dynamischen Prozess der Suche, Auseinandersetzung und Aushandlung geführt hat. Hierzu sollen die beiden Positionen, der bildungspolitischen und muslimischen Interessensvertreter*innen, nun noch einmal genauer dargestellt werden. Um deren Einfluss und die daraus resultierenden Folgen auf die Klassenzimmer nachzuvollziehen, werden zwei Zugänge zur Analyse der schulischen Praxis gewählt, die die jeweilige Wirkungsmacht der verschiedenen Motive deutlich machen. Als erstes wird eine Analyse der Leitperspektive des Bildungsplans des IRU in Baden-Württemberg im Vergleich mit anderen Religionsfächern durchgeführt, um im nächsten Schritt den gelebten schulischen Alltag durch Interviews mit Lehrkräften des IRU im Vorbereitungsdienst auszuwerten, um so die Übertragung der Hoffnungen in den Praxisalltag zu überprüfen.

2 Der Sonderstatus des IRU

Der Islam im Exil wird mit der Gastarbeitergeneration verbunden, er reagiert nach Schiffauer auf die religiöse Bedürfnislage der Menschen mit Migrationserfahrungen, resultierend aus dem Fremdheitsgefühl der ersten Generation an Muslim*innen (Schiffauer, 2004, S. 351). Die Initiativen zur Wahrung der eigenen Religion, durch Errichtung von Moscheen sowie Etablierung von Gemeinden wurden „bottom up" von muslimischen Organisationen getragen, die das praktische Handlungsbedürfnis nur durch die Anlehnung an die Herkunftsländer umsetzen konnten, indem finanzielle Unterstützung und Bereitstellung von Theolog*innen und Imame zugestanden wurden. Das Interesse an der Entwicklung der religiösen Partizipation, so wie sie heute besteht, durch Etablierung des IRU und der Einrichtung von theologischen Fakultäten, schien seitens staatlicher Stellen in Deutschland nicht sonderlich ausgeprägt zu sein, da mitunter die strukturelle Barriere, den Islam nicht als offizielle Religionsgemeinschaft anzuerkennen, ihre Wirkmacht demonstrierte (Uçar, 2011, S. 196). Das komplexe Verhältnis von Staat und Religion ist in Deutschland über die Jahrhunderte hinweg ausgehandelt und festgeschrieben worden. Religionen in Deutschland weisen einen unterschiedlichen Rechtsstatus auf, die großen christlichen Kirchen werden als Körperschaft des öffentlichen Rechts behandelt (Bundesministerium des Innern und für Heimat [BMI], 2023). Obwohl der Religionsunterricht ein reguläres Schulfach ist und das Recht darauf sogar im deutschen Grundgesetz gemäß Art. 7 Abs. 3 GG verankert ist, variiert die Umsetzung der verfassungsrechtlichen Bildungsgesetze je nach Landesebene und Kulturhoheit (Stein et al., 2021, S. 3).

Im Gegensatz zur christlichen Religion kann der Islam in der Bundesrepublik jedoch nicht auf eine strukturell ähnliche Institution zurückgreifen. Verglichen mit den „verkirchlichten" Religionen wirkt der Islam daher strukturell „unorganisiert", tritt er doch nur in Gestalt von Dachverbänden und Gemeinden auf (Schröder & Hunger, 2016, S. 2). Schuppert erweitert die Diskussion kritisch auf die Institutionalisierungsbestrebungen von Religionen, mit der Forderung, sich auf das „Selbstverständnis einer Religionsgemeinschaft einzulassen und dieses bei der Auswahl von ‚modes of governance' zu berücksichtigen" (Schuppert, 2016, S. 50). Dennoch ist durch das Fehlen des Einflusses einer zentralen Kirchenorganisation der politische Einfluss der Bundesländer in Bezug auf den IRU daher höher (Kiefer & Mohr, 2009, S. 205).

Die Heterogenität des muslimischen Lebens in Deutschland konnte erneut in der MLD-Studie 2020 des Bundesamtes für Migration und Flüchtlinge deutlich gemacht werden (Pfündel et al., 2021). Anhand der diversen muslimisch geprägten Länder, auf die sich die Migrationsgeschichten der Muslim*innen in Deutschland zurückführen lassen und den verschiedenen Glaubensrichtungen der Muslim*innen, findet sich eine Vielfältigkeit in kulturellen und traditionellen Lebensweisen sowie in den Glaubensdogmen. Mit der ausschließlichen Ausrichtung des IRU in Baden-Württemberg an der islamischen Religionslehre sunnitischer Prägung leidet die religiöse Pluralität. Dies berechtigt zur Annahme, dass der Islam im Prozess der Gestaltung des IRU weitgehend auf einen angenommenen sunnitischen Grundkonsens reduziert wurde, was zu einem Verlust seiner Vielfalt führt. Ob also die multifaktoriellen Bedingungen bei der Etablierung des IRU beachtet worden sind, ist stark zu bezweifeln (Kiefer & Mohr, 2009, S. 209). Ebenso verweist Foroutan auf die Komplexität muslimischer Identitätsmodelle und macht dabei deutlich, wie die vielschichtigen und mehrdimensionalen Selbstbilder der Muslim*innen durch die Fremdwahrnehmung der Mehrheitsbevölkerung ignoriert und auf ein bipolares Referenzsystem reduziert werden. Die kategoriale Differenzierung in eine oppositionell konstruierte oder muslimische und nicht muslimische Identität, bietet keinen Raum für die bestehenden facettenreichen muslimischen Identitätsentwürfe in Deutschland (Foroutan, 2020, S. 43). Dieses damit verbundene Ausklammern der ethnischen, kulturellen und religiösen Pluralität erschwert die Stabilisierung des IRU und produziert Herausforderungen, die es auszuhalten gilt. Einen alternativen Ansatz durch einen dialogischen „Religionsunterricht für alle", wie er in Hamburg angeboten wird, wird von Vieregge und Weiße (2012, S. 58) diskutiert.

Der IRU steht nun vor der Herausforderung, all diese genannten Umstände und Einwirkungen zu berücksichtigen, auch wenn sich daraus Anforderungen ergeben, welche die Erwartungen an ein reguläres Schulfach, wie beispielsweise den evangelischen und katholischen Religionsunterricht, übersteigen: Diskriminierungserfahrungen des antimuslimischen Diskurses, mannigfaltige und hybride Identitätsentwürfe von Muslim*innen in der Diaspora sowie die kulturelle und ethnische Vielfalt des muslimischen Lebens sind vom IRU und den praktizierenden Lehrkräften zu berücksichtigen und im Unterrichtsgeschehen aufzugreifen. Das Einlösen der unterschiedlichen motivabhängigen Ziele äußert sich nicht nur durch die Bildung in der religiösen Tradition, sondern auch durch die Akzeptanzsteigerung des Islams im Allgemeinen und der Unterstützung im Aufbau des Selbstwertgefühls der jungen muslimischen Generation durch die explizite und offene Integration des Glaubens am Lernort (Uçar, 2011, S. 198).

3 Warum IRU? Motive der Einführung

3.1 Bildungspolitische Motive

Mit der Änderung des Integrationsparadigmas in den 2000er-Jahren starteten die ersten Versuche, in den verschiedenen Bundesländern den islamischen Religionsunterricht an den Schulen anzubieten (Spielhaus, 2018, S. 94). Trotz der anfänglich instabilen Situation des islamischen Religionsunterrichts ist nicht zu übersehen, dass die dabei involvierten Akteure unterschiedliche Absichten verfolgen. Der damalige Innenminister Wolfgang Schäuble machte deutlich, dass die Unterstützung des IRU hauptsächlich als Instrument zur Prävention von Extremismus dienen sollte. Das Ziel des Islamunterrichts sei es, sogenannten Hasspredigern den Boden zu entziehen, denn „[m]it islamischem Religionsunterricht machen wir ihnen sozusagen Konkurrenz" (Ramelsberger et al., 2010). Ein weiterer Aspekt ist der politisch und medial viel verwendete Begriff der „Integration". In der öffentlichen Diskussion werden mit diesem Begriff unterschiedliche, teils widersprüchliche Motive, Ziele und Bilder verbunden, dennoch scheint das Konzept „Integration" ein wichtiger Tragpfeiler zur Einführung des IRU gewesen zu sein (Heimann, 2011, S. 88). Es besteht der Eindruck, dass der deutsche Staat mit dem Islam Schwierigkeiten habe, die über das bloße „Anderssein" hinausgehen, die den Islam und Muslim*innen als Gegensatzkonstruktion zur deutschen Identität, eingebettet in einem europäischen Kontext, als antidemokratisch, intolerant und unaufgeklärtes Kollektiv hervorbringen (Foroutan, 2012, S. 11). Im Gegensatz zu anderen Religionen, die in Deutschland vertreten sind, wird der Islam als nicht mit dem freiheitlichen Staat und seiner Grundrechtsordnung kompatibel angesehen. Dies läge daran, dass der Islam seine Glaubensüberzeugungen dem gesamten staatlichen Wirken aufzwingen und sich nicht unterordnen wolle (Heimann, 2011, S. 8). Für die in Deutschland lebenden Muslim*innen werde damit die Möglichkeit geschaffen, in einem grundgesetzkonformen Islam unterwiesen zu werden, denn „aus Sicht der Mehrheitsbevölkerung wäre es wünschenswert, wenn bereits muslimische Kinder ein säkulares Verständnis ihrer Religion entwickeln würden, das jegliche religiöse Grundierung von Konflikten abmildern würde" (Heimann, 2011, S. 89). Daher ist das Fach außerdem mit der Forderung belastet, die gesellschaftliche Integration der Muslim*innen in die deutsche Gesellschaft zu befördern und radikalisierenden Kräften entgegenzuwirken (Stein et al., 2021, S. 7). Die integrative Funktion des IRU soll Muslim*innen, durch das Erlernen der Grundlagen ihrer Religion auf Deutsch, in die Lage versetzen, in einer wertepluralistischen Gesellschaft dialogfähig zu sein (Kiefer & Mohr, 2009, S. 206). Dies umfasst ebenfalls „eine grundgesetzkompatible religiöse Prägung muslimischer Kinder" (Heimann, 2011, S. 9) und soll zeitgleich die gleichberechtigte Teilhabe von Muslim*innen an staatlichen Einrichtungen voranbringen. Dennoch überwiegt die Erwartung, dass der IRU das erreichen soll, was bisher gesamtgesellschaftlich und politisch nicht gelungen sei: den Islam mit einem Mindestmaß an Loyalität gegenüber den verfassungsrechtlichen Grundwerten zu verknüpfen und diese den Muslim*innen näher zu bringen, um sie in eine offene und pluralistisch tolerante Gesellschaft zu integrieren (Khorchide, 2009, S. 174). Die Vermittlung von Glaubenssätzen und religiösen Traditionen, welche Kernaufgaben eines Religionsunterrichts sind, scheinen also aus bildungspolitischer Perspektive im IRU als sekundäres Ziel zu gelten. Vordergründig soll der IRU Integrationsleistung erbringen, indem er die islamische und europäische Identität von muslimischen Schüler*innen vereinbare (Khorchide, 2009, S. 174). Der IRU ist daher mit der Hoffnung verbunden, einen „deutschen Reformislam" zu etablieren, um der Radikalisierung von Jugendlichen entgegenzuwirken, ein nachhaltiges aufgeklärtes Verständnis vom Islam zu ermöglichen und die Integration voranzutreiben (Spielhaus, 2018, S. 93).

All diese Vorstellungen werden, in unterschiedlicher Kombination, als (bildungs-)politische Beweggründe für die Einführung und Etablierung des IRU angeführt. Es wird versucht, die bisherige Isolierung des Islams in Deutschland zu überwinden, indem durch den IRU ein Lernprozess für Muslim*innen zur Bildung einer europäischen islamischen Identität ermöglicht wird.

3.2 Motive der muslimischen Mehrheit

Die Mehrheit der muslimischen Menschen in Deutschland befürwortet laut einer Studie des Bundesamts für Migration und Flüchtlinge den islamischen Religionsunterricht an öffentlichen Schulen (Haug et al., 2009, S. 18). Sie erleben die Möglichkeit, ihre Kinder am schulischen IRU teilnehmen zu lassen, als eine neu gewonnene Chance, um die gesellschaftliche Teilhabe zu steigern und somit Lebenszufriedenheit zu generieren. Dies macht Behr im Religionsmonitor der Bertelsmann Stiftung 2008 mit den erhobenen empirischen Daten deutlich: Der Islam stellt einen positiven Multiplikator für die Bildungskarriere der Muslim*innen dar, indem er zum einen auf individueller Ebene eine leistungsmotivierende Haltung bewirkt und zum anderen auf struktureller Ebene, in Form eines ordentlichen Religionsfaches, eine Normalität im öffentlichen Bewusstsein schafft (Behr, 2008, S. 58). In postmigrantischen Gesellschaften, so Foroutan, besteht die Forderung marginalisierter Gruppen nach gesellschaftlicher und normativer Anerkennung, die dadurch eine Reflektion über die benachteiligte Position der Muslim*innen im sozialen Gefüge und die (religiös) hybride Identität beflügelt. Die Verarbeitung des konstruierten kulturellen Gedächtnisses der Diasporamuslim*innen führt zu Aushandlungsprozessen, die einen Anlass für die Neusortierung, Durchmischung und Transformation diskursiver Normalitätsvorstellungen liefern. Dadurch wird es möglich, die Zugehörigkeit zu hybriden und pluralen Gesellschaften und somit Teilhabe und Chancengleichheit neu zu verhandeln (Foroutan, 2022, S. 56). Diese aktive Mitgestaltung der Gesellschaft wirkt bereits in und durch schulische Institutionen, weshalb Muslim*innen den IRU als Mehrwert für die Bildungskarriere und Biografie ihrer Kinder wahrnehmen. Muslimisches Leben als Minderheit in Deutschland birgt einige Momente und Erfahrungen von Unsicherheit und Zweifel. Viele kulturell und/oder religiös marginalisierte Gruppen beschreiben diesen Zustand als eine Zerrissenheit zwischen zwei Welten und mit dem Gefühl, nie vollständige Zugehörigkeit zu empfinden (Mohagheghi, 2010, S. 224). Das Ausleben der religiösen Identität, insbesondere im Kontext von staatlich und gesellschaftlich anerkannten Institutionen, kann dabei für die Betroffenen eine größere Stabilität und das Gefühl von sozialer Sicherheit im täglichen Leben auslösen. Ein Wahr- und Ernstnehmen der islamischen Religion und Lebensweise in Deutschland wird durch den IRU signalisiert, was viele Muslim*innen dem IRU positiv gegenüberstehen lässt. Das emanzipatorische Element des IRU auf die Schüler*innen, wie beispielsweise das Entwickeln von Bewältigungsstrategien bei Lebenskrisen, das Denken in abstrakten Begriffswelten und die Wissenserweiterung über die klassischen

Bildungsgüter hinaus, ist nicht nur eine nützliche Auswirkung des Religionsunterrichts, sondern auch ein pädagogisch anzustrebendes Kompetenzziel, dessen sich auch die muslimischen Eltern bewusst sind und deshalb auf die bildungswirksame Haltung des IRU für ihre Kinder hoffen (Behr, 2008, S. 50). Die Schüler*innen sollen dabei sowohl nach außen Handlungsfähigkeit erlangen als auch im Inneren Sprachfähigkeit im eigenen Glauben erwerben. Im Zusammenhang mit diesem Wunsch besteht auch die Hoffnung auf eine qualitativ hochwertige religiöse Bildung (Mohagheghi, 2010, S. 225). Für glaubende Menschen führt die Auseinandersetzung mit den eigenen religiösen Glaubensüberzeugungen und -praktiken zu einer wünschenswerten Lebensorientierung. Die Entfaltung von Wissen und Werten in der Religion soll dabei auch den eigenen Kindern ermöglicht werden, indem sie die religiös notwendigen Kenntnisse, Fähigkeiten und Erfahrungen vermittelt bekommen, ermöglicht durch den Religionsunterricht als ordentliches Unterrichtsfach des schulischen Fächerkanons (Deutsche Bischofskonferenz, o. J.). Diesen Wunsch teilen auch Muslim*innen, die durch die Tradierung des Glaubens und die Kenntnis über die eigenen Glaubensgrundsätze Zugang zu religiösen Weltdeutungen und Lebensweisen sehen. Die Verbindung von religiösem Grundwissen mit der Orientierung zur Identitätsbildung ist eines der zentralen Motive, das gläubige (muslimische) Menschen dazu bewegt, auf eine religiöse Bildung für ihre Kinder zu hoffen. Hierfür bietet die Implementierung des IRU in den schulischen Lernraum eine Gelegenheit, da sie die bestehenden organisatorischen Strukturen nutzt und qualifizierte Lehrkräfte zur Verfügung stellt. Hierin liegt ein weiteres Motiv für den Zuspruch gegenüber dem IRU, da muslimische Eltern den staatlichen Bildungseinrichtungen eine faire Integration der Vermittlung islamischen Wissens, Werten und Traditionen zutrauen (Behr, 2008, S. 56).

Die bisher aufgezeigten Motive, Erwartungen und Hoffnungen der verschiedenen Positionen fokussieren stets die integrative Funktion des IRU als vordergründiges Element, weshalb die Etablierung von islamischer Theologie an deutschen Universitäten und die Einführung des islamischen Religionsunterrichts sicherlich erste Schritte in die Richtung der Dialogförderung und Anerkennung der in Deutschland lebenden Muslim*innen darstellt. Jedoch ist hier die Frage zu stellen, ob das angestrebte „Voranbringen der gesellschaftlichen Integration von Musliminnen und Muslimen und die ‚Bändigung' religiöser Unterweisung in den Moscheen" (Vieregge & Weiße, 2012, S. 57) nicht zu hoch gesteckte Ziele sind, die den IRU überlagern und überfordernd auf die Verantwortlichen, insbesondere die ausführenden Lehrkräfte, wirken.

4 Ein Blick in die Praxis des IRU

4.1 Der Bildungsplan IRU im Vergleich mit anderen Religionsfächern

Durch die mit ihm verbundenen Hoffnungen findet sich der IRU im Vergleich mit anderen Religionsfächern bereits in einer Sonderstellung. Auch im Bildungsplan Baden-Württemberg des Faches finden sich einige Unterschiede zu den christlichen und anderen angebotenen Religionslehren. In den Bildungsplänen und Leitfäden des Kultusministeriums Baden-Württemberg kommt der Demokratiebildung an Schulen eine bedeutende Rolle zu, da sie als Verpflichtung und Gewinn für alle Beteiligten und sämtliche Schulfächer angesehen wird. Die Bildung zum demokratischen Handeln in der Gesellschaft bezieht sich dabei auch auf das Wissen über die Normen und Mechanismen der demokratischen Grundordnung (Ministerium für Kultus, Jugend und Sport Baden-Württemberg [MKJS], 2019, S. 34). Die Bedeutung der Vereinbarkeit zwischen religiösen Grundsätzen und denen einer plural ausgerichteten demokratischen Gesellschaft wird im Bildungsplan für den IRU zentral gesetzt (MKJS, 2016, S. 5–6 und S. 50–51). Zwar findet der Schutz der demokratischen Ordnung auch in Bildungsplänen anderer Fächer Betonung, hier jedoch stets mit anderen Hintergrundmotiven und Begründungen. Damit erhält das Thema in den unterschiedlichen Bildungsplänen eine unterschiedliche Qualität: In den anderen Religionslehren wird Demokratiefähigkeit im Zusammenhang mit der Leitperspektive zur Bildung für nachhaltige Entwicklung (BNE) über ein ganzheitliches, also auf den gesamten schulischen Bildungsprozess bezogenes Konzept, durch Leitprinzipien und Kompetenzformulierungen eingebunden (MKJS, 2019, S. 8) und erfährt im Gegensatz zur Religionslehre IRU keine direkte Ansprache im Bildungsplan. Ein Zusammenhang von Demokratie und Religion im Kontext der nationalsozialistischen Verbrechen bzw. dem damit verbundenen Versagen des Verfassungsstaates taucht insbesondere in den Lehrplänen des evangelisch/katholischen und jüdischen Religionsunterrichts auf. Dieser Bezug fehlt im Bildungsplan des IRU und der anderen Religionsunterrichtsangebote komplett. Schiffauer et al. (2002) stellen eine Verbindung zwischen deutscher staatsbürgerlicher Kultur und der Behandlung des Nationalsozialismus in der Schule her. Der evangelische/katholische und jüdische Religionsunterricht scheint durch das Aufgreifen der Thematik eng in dieser staatsbürgerlichen Kultur verankert, während in den anderen Bildungsplänen diese Chance vergeben wurde. Die dem Islam und der konstruierten muslimischen Kollektividentität unterstellte Inkompatibilität mit den europäischen Werten und die Demokratieunfähigkeit (Foroutan, 2020, S. 31), wird, wie die Analyse zeigt, aus bildungsinstitutioneller Seite deutlich gemacht und anhand des Bildungsplans für den IRU reproduziert.

4.2 Erfahrungen der Lehrkräfte

Der IRU und die mit ihm verbundenen diversen gesellschaftlichen Motive und angestrebten Zielsetzungen entfalten sich in den Bildungseinrichtungen und werden insbesondere vom Lehrkörper getragen. Welche Wirkung dabei auf die IRU-Lehrkräfte, in Bezug auf ihre Profession, sowie in Bezug auf die geteilte Erfahrung als muslimische Minderheit in Deutschland durch die eigene Wahrnehmung und die Beobachtung ihrer Schüler*innen im schulischen Geschehen erfolgt, ist entscheidend für die Einordnung des IRU. Die hier als Grundlage dienende Beschreibung der Erfahrungen aus der Praxis bezieht sich auf eine empirisch durchgeführte Forschung, basierend auf Interviews mit drei Lehrkräften, die sich im Vorbereitungsdienst befinden. Sie unterrichten jeweils an Schulen der SEK I an unterschiedlichen baden-württembergischen Standorten. In leitfadengestützten Interviews wurden sie zu ihren Erfahrungen in der Praxis befragt. Dabei entstanden 80 Minuten Material, das dann transkribiert und einer Inhaltsanalyse nach Mayring (2022) unterzogen wurde. Das Material aus den Interviews bietet sich für eine noch weiter gehende Analyse an, die in einer späteren Studie vertieft werden soll. Sie entstanden aufgrund der erzählten Erfahrungen von Studierenden aus der Schulpraxis und stellen den Ausgangspunkt der hier dargestellten Überlegungen zum Sonderstatus des IRU dar. Die Gespräche mit den Lehrkräften, im Fokus standen hierbei die Erfüllung der Erwartungen an den IRU in der Praxis und die Annahme des Faches an den Schulen, ermöglichen eine erste Sondierung der gelebten Lage des IRU. Im Gespräch ergaben sich jedoch weitere Themenfelder, auf die hier auch kurz eingegangen werden soll.

Die Schule übernimmt als Bildungs- und Integrationsstätte die Verantwortung, in einer multikulturell ausgerichteten Gesellschaft, die Vielfalt konstruktiv anzugehen und den Umgang mit Wahrnehmungs- und Bewertungsmuster durch das erforderliche Reflexionsvermögen einzuüben und zu fördern (Ceylan, 2010, S. 52). Dieser Verantwortung entsprechend wurden auch die Motive und Ziele des IRU durch die interviewten Lehramtsanwärter*innen benannt. Für sie stand vor allem die integrative und emanzipative Funktion des Unterrichts im Vordergrund. Diese kann anhand von drei übergeordneten Motivatoren zusammengefasst und dadurch deutlich gemacht werden. Erstens: Indem die Schüler*innen die Kompetenz erwerben, sich über religiöse Inhalte in der deutschen Sprache mitteilen zu können, hoffen die Lehramtsanwärter*innen auf die Entfaltung einer emanzipatorischen Wirkung durch den IRU für die adressierten Lernenden. Der Ausbau der Sprachkompetenz in der eigenen Religiosität scheint dabei nicht nur Auswirkung auf die Ausgestaltung des Islams durch die junge Generation zu haben, sondern auch einen erheblichen Einfluss auf die Ausbildung der eigenen deutsch-muslimischen Identität, was den zweiten Motivator darstellt: Für glaubende Menschen hat die Religion einen identitätsstiftenden Charakter; dass dieser bei muslimischen Kindern und Jugendlichen, die der Stigmatisierung und Fremdzuschreibung durch die Dominanzgesellschaft ausgesetzt sind, einen besonderen Stellenwert erfährt, scheint für die interviewten Lehramtsanwärter*innen offensichtlich zu sein. Zur subjektiven Entfaltung der hybriden Identität, die den Aushandlungsprozess an pluralen Identitätsangeboten und der Frage nach sozialer Zugehörigkeit erfasst, wird die Unterstützung des IRU als notwendig erachtet (Foroutan, 2022, S. 54). Dies bedingt den dritten Motivator: die Integration der Schüler*innen und ihrer Lebenswelten durch die Anerkennung ihrer Religion. Denn das bisherige „Absitzen" der Zeit in Betreuungen oder einem inhaltlich anders gelagerten Ethikunterricht hat den Wunsch der Schüler*innen, von ihrer Bildungseinrichtung integriert zu werden um selbstbewusst in der Gesellschaft auftreten zu können, hoffnungsvollerweise aufgenommen:

„IRU empfinde ich selbst als ein sehr sinnvolles Fach, weil ... die Kinder zum einen natürlich ihre Religion erleben können und dass eben auch in der Schule ... und eine Bestätigung bekommen für ihre Identität." (Interview 3)

Die Umsetzung dieser Zielsetzung scheint jedoch stark von der entsprechenden Schule und dem Kollegium abhängig zu sein. Zwei der drei befragten Lehrkräfte konnten davon berichten, dass die Teilnahme am IRU zu einem markanten Merkmal der Schüler*innen wurde, das die Interpretation ihres Verhaltens und ihrer Persönlichkeiten beeinflusste. So wurde bei Verhaltensproblemen sowohl generalisierend als auch im individuellen Einzelfall ein Zusammenhang zwischen der Religion des Lernenden und diesem hergestellt. Eine Homogenisierung und Rückführung auf die konstruierte Rolle „der Muslim*innen" sei dabei besonders wahrzunehmen. Es werden Zuschreibungen beobachtet, die die IRU-Schüler*innen insgesamt als die Problemschüler*innen markieren:

„Und in Bezug auf das Kollegium ist es bei uns tatsächlich so, dass wenn es Probleme gibt mit Schülern, dass es dann immer heißt: Die IRU-Schüler. Obwohl die Schüler auch Mathe und Englisch haben ... aber das sind immer die IRU-Schüler. ... der Schüler hat einen Namen. Der Name würde auch reichen, um zu wissen, wer gemeint ist." (Interview 2).

Dabei ist in den Schilderungen aller drei Lehrkräfte zu beobachten, dass sich hier Religionsangehörigkeit und Kategorisierung des Migrationshintergrundes vermischten. Alle drei beschrieben diese Vermischungen in einer Weise, die auch rassistische Charakteristiken erfüllten. Durch die kollektiven Zuschreibungen verschiedener Merkmale wird ein bestimmtes Wissen akkumuliert, dass sie als „IRU-Schüler*innen" identifizierbar macht. Yasemin Shooman spricht dabei von der Rassifizierung von Muslim*innen im antimuslimischen Rassismus (Shooman, 2011, S. 64). Eine der Lehrkräfte beschrieb sich selbst als „europäisch aussehend, nicht so typisch migrantisch" und stellte die Vermutung an, dass dies einer der Gründe sei, warum sie im Vergleich zu anderen Lehrkräften weniger Vorbehalte durch das Kollegium erfahre, die sich zum Beispiel für das Tragen eines Kopftuches entschieden. Auch in der Ausbildung seien diese Unterschiede bereits thematisiert worden:

> *„Mit einer ... blonden Kollegin und noch einer Kollegin, die aber Kopftuch trägt, wurde uns zu dritt gesagt: Nichts gegen dich, die jetzt Kopftuch trägt, aber wir zwei seien eben der Türöffner für IRU, weil wir ja so mit diesem Aussehen IRU an den Schulen bringen können, ohne direkt Vorurteile zu erregen." (Interview 3)*

Dabei sehen sich die Lehrkräfte in einer doppelten Sonderrolle. Zum einen als Religionsfachkraft per se, mit der Wahrnehmung einer besonders exponierten Stellung im Kollegium durch die Zuschreibung von Verantwortung für die Schüler*innen, die der Gruppe des IRU zugeordnet werden, und einer stärkeren repräsentierenden Rolle als Vertreter*in des Islams. Letztere drückt sich aus in der „Googlefunktion":

> *„Aber dieses permanente Google spielen für irgendwelche Themen, die einfach komplett willkürlich aus der Luft gepickt sind, ist super anstrengend. ... Weil dann müssen wir uns noch richtig artikulieren, weil wenn ich jetzt im Stress was Falsches sage, hat das halbe Kollegium nach der nächsten Stunde ein ganz, ganz komisches Bild von der Religion. Und dann bin ich diejenige, die das verursacht hat." (Interview 1)*

Eine Problematik sehen sie ebenfalls in geringem Vorhandensein von qualitativen Unterrichtsmaterialien, da das bisherige Angebot aufgrund der „Neuheit" des Faches sehr selektiv sei. So entsteht neben dem Erstellen von Material eine weitere Belastung: Sie äußert sich zum Beispiel bei dessen Auswahl. Für die angehenden Lehrkräfte stellt sich oft die Frage nach der „Außenwirkung", ob das Material von Außenstehenden falsch verstanden werden könnte. Die Angst vor dem Islam vermeintlich anhaftenden „Radikalisierungstendenzen" spiegelt sich beispielsweise durch die indirekten Observierungen von Lerninhalten oder die direkten Aufforderungen wieder, die Grußformel „As-salamu alaykum" im Schulhaus nicht mehr zu verwenden, so zwei der drei befragten Lehramtsanwärter*innen.

Die von Stein et al. beschriebene Rolle der islamischen Religionslehrkräfte zur Deradikalisierung und „Prävention islamistischen Gedankengutes" (Stein et al., 2021, S. 11) in erlebten Umgangsformen erschweren das Integrationsvorhaben der Schüler*innen und behindern den konstruktiven Austausch über die Religion, indem:

> „… man dann in eine Position gerät, wo man dann auf einmal … irgendwo sitzt und die Taliban verteidigen muss. … Als würde man doch nur mehr über den Islam wissen wollen, weil es ja so exotisch ist und so unbekannt ist. So unbekannt ist der Islam gar nicht. Wie lange sind wir schon hier? Es reicht. Ist ja nicht so, dass wir vor zwei Tagen alle hergekommen sind…" (Interview 2)

Obwohl alle Interviewpartner*innen berichten, dass der Unterricht von den Schüler*innen, die direkt am Unterricht teilnehmen, und deren Mitschüler*innen positiv angenommen wird, beschreiben zwei der Lehramtsanwärter*innen, dass Lehrkräfte des Kollegiums dem Fach mit Vorbehalten gegenüberstehen. Dies drückt sich etwa in skeptischem Interesse an den vermittelten Inhalten aus oder der Sorge einer Schulleitung, einen modernen und offenen Islam unterrichtet zu wissen. Hier kommen die Vorbehalte gegenüber dem Islam wie sie sich im gesamtgesellschaftlichen Diskurs finden, zum Ausdruck. Es finden sich Anklänge an die „Wertedebatte" (Wagner, 2011, S. 172) und die Sorge einer möglichen Gefahr für eine demokratische Lebensweise, die den nächsten Schritt für die Konfrontation mit der Definitionsmacht nach Schiffauer ebnet, indem Muslim*innen „von Nicht-Muslimen danach klassifiziert und beurteilt werden, ob sie dem „eigentlichen humanen Islam" entsprechen oder „fundamentalistisch pervertiert" sind" (Schiffauer, 2004, S. 355).

Den IRU an der Schule gleichwertig mit anderen Religionsfächern als angenommen zu bewerten, wird zwar von einer Interviewpartner*in bestätigt, jedoch mit dem Hinweis, dass es sich hierbei um eine marginale Erfahrung handelt, die sich auf das Engagement und der Motivation der Schulleitung und des Kollegiums zurückführen lasse.

5 Fazit

Der antimuslimische Diskurs, konstruiert durch politische Akteure (Alternative für Deutschland, 2016, S. 48), mediale Positionierungen (Deutschlandfunk Kultur, 2022) und institutionelle Diskriminierung (Fereidooni, 2011, S. 18) verleitet zu einem Narrativ, das den Islam als feindselig beschreibt und die Muslim*innen herabwürdigt. Foroutan zeichnet das Radikalisierungspotenzial im antimuslimischen Diskurs anhand islamfeindlicher Delikte in der BRD nach und spricht dabei von einer konkreten „Bedrohung für ein demokratisches Zusammenleben" (Foroutan, 2020, S. 25). Diese konstruierte Sonderrolle des Islams und der Muslim*innen kommt dabei auch dem IRU zu und scheint ebenfalls in der Praxis noch nicht überwunden zu sein. Die vielschichtigen Hoffnungen, die sich mit seiner Einführung verbanden, prägen seine Umsetzung in den Schulen. Die Erfahrungen der von uns befragten Lehrkräfte im Vorbereitungsdienst stellen die Spannungen dar, die sich in der Praxis manifestieren. In der Person der Lehrkraft zeigen sich Forschungsbefunde, die Ova et. al (2020, S. 114) und Akbaba (2015) für migrantische Lehrkräfte im Allgemeinen beschreiben: Sie werden in besonderer Verantwortung für die Integration migrantischer Schüler*innen gesehen und nehmen diese auch wahr oder traten sogar mit dieser Motivation in den Lehrberuf ein. Mit der Funktion als IRU-Lehrkraft scheinen sich aber noch andere Erfahrungen zu verbinden, die stärker mit der gesellschaftlichen Wahrnehmung des Islams als im Widerspruch mit einem integrierten Leben in einem demokratischen Staat westlicher Prägung zu tun haben (Foroutan, 2020, S. 31). Auch in Schulen, in denen der IRU vom Großteil des Kollegiums als eine positive Entwicklung wahrgenommen wird, sehen sich die Lehrkräfte in einer besonderen Rolle der Repräsentation und des „Türöffners". Ceylan und Stein (2016, S. 211) beschreiben dies als die „Islamisierung der Integrationsdebatte", die sich auch auf den IRU auswirkt.

Die integrative Funktion des IRU wird von zwei Lehrkräften in der Umsetzung kritisch gesehen. Trifft die Einführung des IRU auf Vorbehalte im Kollegium, kann sich die Teilnahme am Unterricht zum Unterscheidungsmerkmal für die Schüler*innen entwickeln, das zur Erklärung von Schwierigkeiten und Verhaltensauffälligkeiten herangezogen wird. Dies erinnert an Befunde von Untersuchungen, die die Zuschreibung von Migrationshintergrund als Erklärungsmuster für schulische Problematiken durch Lehrkräfte beschreiben (Horvath, 2019). Damit verbunden ist eher eine Exponierung der Schüler*innen als eine positive Integration in die Schulgemeinschaft. Gesamtgesellschaftlich lässt sich mit Blick auf die Bildungspläne eine Verfestigung und Reproduzierung der Sonderrolle des Faches erkennen.

Dies ist insbesondere dann kritisch zu sehen, wenn sich beispielsweise bei den zitierten Interviewpartner*innen basierend auf der Markierung des IRU und der „IRU-Schüler*innen" eine Handlungsohnmacht in bestimmten schulischen Kontexten einstellt. Die Hoffnungen und Motive, welche aus muslimischer Perspektive in den IRU gesetzt wurden, scheinen nach Aussagen der angehenden Lehrkräfte, in einer Enttäuschung zu münden, da der Widerstand gegen herrschende Tendenzen des antimuslimischen Rassismus ihrer Profession die Gleichwertigkeit entzieht und ihrer Arbeit mit den Schüler*innen einen anderen Schwerpunkt, mit einem bitteren Nachgeschmack, verleihe. Beide Gruppen, Lehrkräfte und Schüler*innen, werden mit den (bildungs-)politischen Zielen der Radikalisierungsprävention und der Vereinbarkeit ihrer Religion mit den demokratischen Grundwerten adressiert und somit als kulturell-religiös verandert (Shooman, 2011, S. 65). Aus dieser Andersheit ergibt sich dann die Notwendigkeit der Integration, die zum dominanten Aspekt des IRU wird. Trotz der vereinten Bestrebungen zur institutionellen Etablierung des islamischen Religionsunterrichts an den Bildungseinrichtungen in Baden-Württemberg äußert sich die bisherige Diskussion in einer vielschichtigen Diversität bezüglich der zugrunde liegenden Motivationen und Ziele. Diese Vielfalt impliziert eine Belastung und Stigmatisierung sowohl des Fachs selbst als auch der beteiligten Lehrkräfte und der Schülerschaft. Die bildungspolitischen Bestrebungen zur Förderung demokratischer Kompetenzen und Integration erweisen sich als anspruchsvoll und prägend, da dem islamischen Religionsunterricht eine Sonderstellung im Vergleich zu anderen religiösen Lehrfächern in Baden-Württemberg zukommt. Die Hoffnung der muslimischen Eltern auf Anerkennung und hochwertige religiöse Bildung für ihre Kinder ist im schulischen Alltag durch die Entfaltung von Herausforderungen mit großer Mühe verbunden. Denn die Verantwortung der IRU-Lehrkräfte erstreckt sich nicht alleinig auf die Vermittlung fachspezifischer Inhalte, sondern umfasst ebenso den Schutz ihrer Schüler*innen gegenüber vorherrschenden Vorurteilen und Zuschreibungen, die sie wiederum als IRU-Schüler*innen markieren.

Literatur

Akbaba, Y. (2015). Paradoxe Handlungsanforderungen an Lehrer*innen „mit Migrationshintergrund". In K. Bräu & C. Schlickum (Hrsg.), *Soziale Konstruktionen in Schule und Unterricht. Zu den Kategorien Leistung, Migration, Geschlecht, Behinderung, Soziale Herkunft und deren Interdependenzen* (S. 139–153). Barbara Budrich.

Alternative für Deutschland. (2016). *Programm für Deutschland. Das Grundsatzprogramm der Alternative für Deutschland*. https://www.afd.de/wp-content/uploads/2017/01/2016-06-27_afd-grundsatzprogramm_web-version.pdf.

Behr, H. H. (2008). Was hat Schule mit Allah zu tun? In Bertelsmann Stiftung (Hrsg.), *Religionsmonitor 2008. Muslimische Religiosität in Deutschland. Überblick zu religiösen Einstellungen und Praktiken* (S. 50–59). Bertelsmann Stiftung.

Bundesministerium des Innern und für Heimat. (2023). *Körperschaftsstatus*. https://www.bmi.bund.de/DE/themen/heimat-integration/gesellschaftlicher-zusammenhalt/staat-und-religion/koerperschaftsstatus/koerperschaftsstatus-node.html.

Ceylan, R. (2010). Islamischer Religionsunterricht in einer multikulturellen Gesellschaft. In Heinrich-Böll-Stiftung (Hrsg.), *Muslimische Gemeinschaften zwischen Recht und Politik* (S. 50–54). Heinrich-Böll-Stiftung.

Ceylan, R., & Stein, M. (2016). Religiöse Erziehung in muslimischen Familien und Anforderungen an einen ‚guten Islamunterricht'. Forschungsstand und Forschungsperspektiven. In S. Hadeler, K. Moegling & G. Hund-Göschel (Hrsg.), *Was sind gute Schulen? Teil 3. Forschungsergebnisse* (S. 211–228). Barbara Budrich. https://doi.org/10.2307/j.ctvss3x3p.16.

Deutsche Bischofskonferenz. (o. J.). *Argumente für den Religionsunterricht an öffentlichen Schulen*. https://www.dbk.de/fileadmin/redaktion/veroeffentlichungen/Sonstige/argumente_fuer__den_religionsunterricht.pdf.

Fereidooni, K. (2011). *Schule – Migration – Diskriminierung*. Ursachen der Benachteiligung von Kindern mit Migrationshintergrund im deutschen Schulwesen: VS Verlag. https://doi.org/10.1007/978-3-531-92632-2.

Foroutan, N. (2012). *Muslimbilder in Deutschland. Wahrnehmungen und Ausgrenzungen in der Integrationsdebatte*. Abteilung Wirtschafts- und Sozialpolitik der Friedrich-Ebert-Stiftung. https://library.fes.de/pdf-files/wiso/09438.pdf.

Foroutan, N. (2020). Muslimische Identitäten. Soziale Konstruktionen und Performanz vor dem Hintergrund antimuslimischer Einstellungen in Deutschland. In S. E. Hößl, L. Jamal & F. Schellenberg (Hrsg.), *Politische Bildung im Kontext von Islam und Islamismus* (S. 21–53). Bundeszentrale für politische Bildung.

Foroutan, N. (2022). Hybride Identitäten in der postmigrantischen Gesellschaft. In H.-H. Uslucan & H. U. Brinkmann (Hrsg.), *Dabeisein und Dazugehören. Integration in Deutschland* (2. Aufl.) (S. 51–74). Springer VS. https://doi.org/10.1007/978-3-658-33785-8_3.

Haug, S., Müssig, S., & Stichs, A. (2009). *Muslimisches Leben in Deutschland*. Deutsche Islam Konferenz. https://www.bamf.de/SharedDocs/Anlagen/DE/Forschung/Forschungsberichte/fb06-muslimisches-leben.pdf?__blob=publicationFile&v=11.

Heimann, H. M. (2011). *Islamischer Religionsunterricht und Integration*. Lit.

Horvath, K. (2019). Unterschiede, Ungleichheiten, Unterscheidungen. Pädagogisches Kategorisieren zwischen Engagement, Rechtfertigung und Kritik. In C. Imdorf, R. J. Leemann & P. Gonon (Hrsg.), *Bildung und Konventionen. Die „Economie des conventions" in der Bildungsforschung* (S. 121–144). Springer VS. https://doi.org/10.1007/978-3-658-23301-3_4.

Khorchide, M. (2009). *Der islamische Religionsunterricht zwischen Integration und Parallelgesellschaft. Einstellungen der islamischen ReligionslehrerInnen an öffentlichen Schulen*: VS Verlag. https://doi.org/10.1007/978-3-531-91510-4.

Kiefer, M., & Mohr, I.-C. (2009). Islamwissenschaftliche Thesen zum islamischen Religionsunterricht. In I.-C. Mohr & M. Kiefer (Hrsg.), Islamunterricht – Islamischer Religionsunterricht – Islamkunde. Viele Titel – ein Fach? (S. 205–212). Transcript. https://doi.org/10.1515/9783839412220-011

Körs, A. (2023). Islamischer Religionsunterricht in Deutschland im Kaleidoskop empirischer Forschungen: Einleitung und Überblick. In A. Körs (Hrsg.), *Islamischer Religionsunterricht in Deutschland. Ein Kaleidoskop empirischer Forschung* (S. 1–12). Springer VS. https://doi.org/10.1007/978-3-658-39143-0_1.

Land Baden-Württemberg. (2022). *Schopper besucht islamischen Religionsunterricht*. https://www.baden-wuerttemberg.de/de/service/presse/pressemitteilung/pid/schopper-besucht-islamischen-religionsunterricht.

Mayring, P. (2022). *Qualitative Inhaltsanalyse. Grundlagen und Techniken* (13., überarb. Aufl.). Beltz.

Ministerium für Kultus, Jugend und Sport Baden-Württemberg. (2016). *Bildungsplan 2016. Gemeinsamer Bildungsplan der Sekundarstufe I. Islamische Religionslehre sunnitischer Prägung*. https://www.bildungsplaene-bw.de/site/bildungsplan/get/documents/lsbw/export-pdf/depot-pdf/ALLG/BP2016BW_ALLG_SEK1_RISL.pdf.

Ministerium für Kultus, Jugend und Sport Baden-Württemberg. (2019). *Demokratiebildung. Schule für Demokratie, Demokratie für Schule*. https://km-bw.de/site/pbs-bw-km-root/get/documents_E-2008466037/KULTUS.Dachmandant/KULTUS/KM-Homepage/Publikationen%202019/2019_Leitfaden%20Demokratiebildung.pdf.

Mohagheghi, H. (2010). Islamischer Religionsunterricht aus Sicht der Muslime in Deutschland. In H. H. Behr, C. Bochinger, M. Rohe, & H. Schmid (Hrsg.), *Was soll ich hier? Lebensweltorientierung muslimischer Schülerinnen und Schüler als Herausforderung für den Islamischen Religionsunterricht* (S. 223–228). Lit.

Ova, A., Stein, M., & Zimmer, V. (2020). Werteorientierungen von Lehrkräften mit und ohne Migrationshintergrund im Vergleich. *Zeitschrift für Schul- und Professionsentwicklung, 2*(1), 110–125. https://doi.org/10.4119/pflb-3947.

Pfündel, K., Stichs, A., & Tanis, K. (2021). *Muslimisches Leben in Deutschland 2020*. Deutsche Islam Konferenz. https://www.bamf.de/SharedDocs/Anlagen/DE/Forschung/Forschungsberichte/fb38-muslimisches-leben.pdf?__blob=publicationFile&v=15.

Plewnia, U. (13. November 2013). Das Kreuz mit Allah. Focus Magazin. https://www.focus.de/politik/deutschland/das-kreuz-mit-allah-berlin_id_1956245.html.

Ramelsberger, A., Jakobs, H.-J., & Denkler, T. (17. Mai 2010). „Selbst im Vatikan schauen sie auf uns". Wolfgang Schäuble im Interview. Süddeutsche Zeitung. https://www.sueddeutsche.de/politik/wolfgang-schaeuble-im-interview-selbst-im-vatikan-schauen-sie-auf-uns-1.270691-0.

Ranke, W. (2005). Integrität und Anerkennung bei Axel Honneth. *University of Wisconsin Press, 97*(2), 168–183.

Riedel, A. (22. Oktober 2022). Über Islamismus-Gefahr. Wie im Namen Allahs die Demokratie unterwandert wird [Radiobeitrag]. *Deutschlandfunk Kultur*. https://www.deutschlandfunkkultur.de/islamismus-demokratie-ahmad-mansour-100.html.

Schiffauer, W. (2004). Vom Exil- zum Diaspora-Islam Muslimische Identitäten in Europa. *Soziale Welt, 55*(4), 347–368.

Schiffauer, W., Baumann, G., Kastoryano, R., & Vertovec, S. (Hrsg.). (2002). *Staat – Schule – Ethnizität. Politische Sozialisation von Immigrantenkindern in vier europäischen Ländern*. Waxmann.

Schröder, N. J., & Hunger, U. (2016). Die strukturelle Einbindung des Islam zwischen privater Angelegenheit und öffentlichem Interesse. In U. Hunger & N. J. Schröder (Hrsg.), *Staat und Islam. Interdisziplinäre Perspektiven* (S. 1–19). Springer VS. https://doi.org/10.1007/978-3-658-07202-5_1.

Schuppert, G. F. (2016). Governance und Religion. Annäherung an ein komplexes Verhältnis? In U. Hunger & N. J. Schröder (Hrsg.), *Staat und Islam. Interdisziplinäre Perspektiven* (S. 43–70). Springer VS. https://doi.org/10.1007/978-3-658-07202-5_3.

Shooman, Y. (2011). Keine Frage des Glaubens. Zur Rassifizierung von ›Kultur‹ und ›Religion‹ im antimuslimischen Rassismus. In S. Friedrich (Hrsg.), *Rassismus in der Leistungsgesellschaft. Analysen und kritische Perspektiven zu den rassistischen Normalisierungsprozessen der ›Sarrazindebatte‹* (S. 59–76). Edition Assemblage.

Spielhaus, R. (2018). Der Umgang mit innerreligiöser Vielfalt im Islamischen Religionsunterricht in Deutschland und seinen Schulbüchern. In Z. Štimac & R. Spielhaus (Hrsg.), *Schulbuch und religiöse Vielfalt. Interdisziplinäre Perspektiven* (S. 93–116). V&R unipress.

Stein, M., Zimmer, V., Kart, M., Rother, P., Lautz, Y., Bösing, E., & Ayyildiz, C. (2021). Der islamische Religionsunterricht als Mittel der Radikalisierungsprävention. *IUBH Discussion Papers – Sozialwissenschaften, 4*(4), 1–20.

Strack, C. (18. September 2020). *Die Geschichte eines Satzes*. Deutsche Welle. https://www.dw.com/de/der-islam-und-deutschland-die-geschichte-eines-satzes/a-54966467.

Uçar, B. (2011). Zur Beheimatung des Islam, der Islamischen Theologie und des Islamischen Religionsunterrichts in Deutschland. *Denkströme – Journal der Sächsischen Akademie der Wissenschaften, 4*(7), 195–206.

Ulfat, F., Engelhardt, J. F., & Yavuz, E. (2020). *Islamischer Religionsunterricht in Deutschland. Qualität, Rahmenbedingungen und Umsetzung*. Akademie für Islam in Wissenschaft und Gesellschaft (AIWG). https://aiwg.de/wp-content/uploads/2020/12/AIWG-Expertise-Isamischer-Religionsunterricht-in-Deutschland_Onlinepublikation.pdf.

Vieregge, D., & Weiße, W. (2012). Antwort auf religiöse Vielfalt: Islamischer Religionsunterricht oder Religionsunterricht für alle? *Zeitschrift für Pädagogik und Theologie, 64*(1), 55–66. https://doi.org/10.1515/zpt-2012-0107.

Wagner, C. (2011). *Ressentiments gegen Muslime. Soziale Funktionen des Islam-Diskurses in Deutschland*. Tectum.

Printed in the USA
CPSIA information can be obtained
at www.ICGtesting.com
LVHW020232090724
784942LV00019B/163